全国中等职业学校国际商务专业系列教材
商务部十二五规划教材
中国国际贸易学会规划教材

语　文

应用文

主　编　杨鸣红　郑琼星
参　编　林杏儿

中国商务出版社
CHINA COMMERCE AND TRADE PRESS

图书在版编目（CIP）数据

语文．应用文／杨鸣红，郑琼星主编．—北京：
中国商务出版社，2015.7
全国中等职业学校国际商务专业系列教材　商务部十
二五规划教材　中国国际贸易学会规划教材
ISBN 978-7-5103-1352-3

Ⅰ.①语…　Ⅱ.①杨…　②郑…　Ⅲ.①语文课—中等
专业学校—教材②汉语—应用文—写作—中等专业学校—
教材　Ⅳ.①G634.301

中国版本图书馆 CIP 数据核字（2015）第 186791 号

全国中等职业学校国际商务专业系列教材
商务部十二五规划教材
中国国际贸易学会规划教材

语文（应用文）
YUWEN

主　编　杨鸣红　郑琼星
参　编　林杏儿

出　版：中国商务出版社
发　行：北京中商图出版物发行有限责任公司
社　址：北京市东城区安定门外大街东后巷 28 号
邮　编：100710
电　话：010—64269744　64218072（编辑一室）
　　　　010—64266119（发行部）
　　　　010—64263201（零售、邮购）
网　址：http://www.cctpress.com
网　店：http://cctpress.taobao.com
邮　箱：cctp@cctpress.com；bjys@cctpress.com
照　排：北京开和文化传播中心
印　刷：北京密兴印刷有限公司
开　本：787 毫米×1092 毫米　1/16
印　张：17.75　　字　数：334 千字
版　次：2015 年 7 月第 1 版　　2015 年 7 月第 1 次印刷
书　号：ISBN 978-7-5103-1352-3
定　价：45.00 元

编 委 会

总　序

　　为贯彻全国教育工作会议精神和教育规划纲要，建立健全教育质量保障体系，提高职业教育质量，以科学发展观为指导，全面贯彻党的教育方针，落实教育规划纲要的要求，满足经济社会对高素质劳动者和技能型人才的需要，全面提升职业教育专业设置和课程开发的专业化水平，教育部启动了中等职业学校专业教学标准制订工作。按照教育部的统一部署，在全国外经贸职业教育教学指导委员会的领导和组织下，我们制定了中职国际商务专业教学标准。

　　新教学标准的制定，体现了以下几方面的特点：

　　1. 坚持德育为先，能力为重，把社会主义核心价值体系融入教育教学全过程，着力培养学生的职业道德、职业技能和就业创业能力。

　　2. 坚持教育与产业、学校与企业、专业设置与职业岗位、课程教材内容与职业标准、教学过程与生产过程的深度对接。以职业资格标准为制定专业教学标准的重要依据，努力满足行业科技进步、劳动组织优化、经营管理方式转变和产业文化对技能型人才的新要求。

　　3. 坚持工学结合、校企合作、顶岗实习的人才培养模式，注重"做中学、做中教"，重视理论实践一体化教学，强调实训和实习等教学环节，突出职教特色。

　　4. 坚持整体规划、系统培养，促进学生的终身学习和全面发展。正确处理公共基础课程与专业技能课程的关系，合理确定学时比例，严格教学评价，注重中高职课程衔接。

　　5. 坚持先进性和可行性，遵循专业建设规律。注重吸收职业教育专业建设、课程教学改革优秀成果，借鉴国外先进经验，兼顾行业发展实际和职业教育现状。

　　为适应中职国际商务专业教学模式改革的需要，中国商务出版社于2014年春在北京组织召开了中职国际商务专业系列教材开发研讨会，来自北京、上海、广东、山东、浙江的30余位国际商务专业负责人和骨干教师参会。会议决定共同开发体现项目化、工学结合特征的 15 门课程教材，并启动该项目系列教材的编写。目前，教材开发工作进展顺利，并将于 2015 年春季陆续出版发行。

本系列教材的编写原则是：

1. 依据教育部公布的中职国际商务专业标准来组织编写教材，充分体现任务驱动、行为导向、项目课程的设计思想。

2. 设计的实践教学内容与外贸企业实际相结合，以锻炼学生的动手能力。

3. 教材将本专业职业活动分解成若干典型的工作项目，按完成工作项目的需要和岗位操作规程，结合外贸行业岗位工作任务安排教材内容。

4. 教材尽量体现外贸行业岗位的工作流程特点，加深学生对外贸岗位及工作要求的认识和理解。

5. 教材内容体现先进性、实用性和真实性，将本行业相关领域内最新的外贸政策、先进的进出口管理方式等及时纳入教材，使教材更贴近行业发展和实际需求。

6. 教材内容设计生动活泼并有较强的操作性。

在具体编写过程中，本系列教材得到了有关专家学者、院校领导，以及中国商务出版社的大力支持，在此一并表示感谢！由于编者水平有限，书中疏漏之处在所难免，敬请读者批评指正。

姚大伟　教授

2014 年 12 月 28 日于上海

前　言

在教育部全国外经贸教育教学委员会的组织领导下，全国各省市的著名中等职业学校，为实践教育部关于中等职业学校课程改革的有关精神，联袂规划了中等职业学校的"十二五"国际商务专业教材。本语文教材是指定的公共基础课程教材。

本语文教材编写者大部分来自活跃于全国各中等职业学校教学一线的教师，感谢网络，让散居各地的教师能迅疾地沟通意见，确定框架，选定文本。其间的繁复，纠结，意见不同产生的情绪非亲历者实在难以体会。

某张报纸的专栏作家，旅居国外多年，在专栏前的自我介绍中这样写道：爱读书——闲书，不爱读书——教科书。作家求个新颖，说点夺人眼球的话也无可厚非。但是一个学生时代就不喜欢读语文书的人，成年后成为了作家，那只能是语文教材编者的遗憾了。

如何才能编写出一本受学生爱读的，让老师受用的语文教材是让本教材每位参编者竭尽脑力的问题。借此前言，诚意为每位本教材的使用者介绍拙作的特点。

以下就体例的形成，文本的选定角度归纳本教材的特点：

一、篇幅适用，结构简单

本教材共分四册，可供四个学期使用。其中应用文分册单列，其余三册分上中下，考虑到各省市学校语文教学时间安排长短不一致，可以方便各校选用。建议应用文分册不管语文课时安排一学年还是两个学年，尽量安排完整的一个学期实施教学。应用文写作是中等职业学校学生语文实际能力的最好体现，是语文教学和企业岗位需求"无缝对接"的最好实践。其余三册教材，注重语文学科知识体系的相对完整和统一，单元安排以现代文，文言文分类，再根据现代不同的文体建立单元，在教材组成上我们力求精简，只以文本为内容，不夹杂任何补充材料，让教材轻薄但文本足够使用。

二、选文兼顾中外，注重传统，体现时代

本教材选文古今中外兼顾，传统的经典篇目为主，但也遴选了不少时代感强烈的美文佳作。经过时间的沉淀，以往教学经验的积累，传统篇目的光彩可以更好地引领学生体味厚重的祖国传充文化，增加学生对汉语言文字的亲近感。选入课文以帮助学生构建正确的价值观，健康的人生观为原则，让课文洋溢的人文气息熏陶学生，帮助他们成长，养成高尚的人文情操。

三、注重导学，启发思维

本语文教材每篇课文前编写了精炼的阅读提示，为学生做了最充分的导学，同时也方便教学。

课后思考题设计不满足于一般的字词解释，尽量不在一个知识点上重复，控制题量。注意客观题和开放题的比重，引导学生养成思维习惯，探究意识，让学生自觉体悟学习语文的需要和快乐。

最后，感谢各位同仁，在繁忙的教学之余，在匆忙的时间内做了最从容的应对，按时完成了教材的编写。其中，汕头市外语外贸职业技术学校的林杏儿负责应用文分册中第四章事务文书中的《总结》、《方案》、《调研报告》的编写。同时，最感谢商务出版社的闫红广编辑为教材的按时出版付出了最大的努力。教材的落实，还得到了教育部，外经贸教委，参编学校的领导的大力支持，再此见表衷心的感谢。

编者

2015 年 7 月 8 日

目　录

第四章　事务文书

第一章 总 论

本章导读

在现代社会，应用文是人们在日常生活、学习、工作中交流思想、处理事务、解决问题、互通情况所常用到的一种表达工具，它涉及面广，使用频率高，实用价值大。可以说人们在社会生活中离不开应用文，在错综复杂的国际贸易中离不开商贸应用文。应用文写作能力是现代人们生活、工作必备的能力之一。

本章学习要求

1. 从总体上理解应用文的基本概念、分类及其作用。
2. 理解应用文语言运用的要求，掌握应用文事务性的语体。
3. 明确学好商贸应用文的基本要求，初步掌握商贸应用文的概念、特点。

第一节 应用文概述

知识链接

关于《尚书》

公文在我国已有三千年的历史，如周代的《尚书》，秦代的制诏谕奏，汉代的表疏律令，唐宋的图籍表册，明清的史册文翰，都是公文。其中《尚书》是我国上古历史文献。《左传》引用其文字时，分别称为《虞书》、《夏书》、《商书》、《周书》，战国时总称为《书》，汉人改成《尚书》，意即"上古帝王之书"。《尚书》所录，"典"记载重要史实；"谟"记载君臣谋略；"训"乃臣劝君言；"告"是勉励文告；"誓"是君主训诫士众的誓词；"命"是君命。汉初，《尚书》存29篇，西汉前期，相传鲁恭王于孔子故宅发现另一部用先秦六国字体记载的《尚书》，比之前的《尚书》多了16篇。

应用文是单位或个人在处理事务、沟通关系时所形成和使用的具有一定格式的文章的总称。应用文写作与文学写作不同，它独有实用性与针对性特点。实用性是指应用文能满足人们办理公共事务、处理私人事务、交流信息、维护自己及他人合法权益、解决工作和生活中实际问题的需要，发挥即时性的作用。刘勰在《文心雕龙·书记》中指出，应用文"虽艺文之末品，而政事之先务"就明确地指出了应用文实用性的特点，而应用文写作的内容又往往是特定的事项，受众有范围限制，因此具有很强的现实针对性。

应用文与记叙文、议论文、说明文不一样，它们之间并不是并列或者从属关系，而是属于两种分类标准不同的文体分类体系。记叙文、议论文、说明文着眼于表达手法和功能。应用文则主要着眼于文章的社会实用功能。应用文与记叙文、议论文、说明文是一种相互交叉、渗透和重叠的关系。比如：应用文中的回忆录、日志、地方志、大事记、简历等就属于记叙文的范畴，而广告、内容提要、产品解说词、招标说明书等应用文就属于说明文的范畴，像应用文中的各类可行性报告、财务分析报告、市场专题调研则既有大量的记叙和说明，也有归纳分析总结，可归入议论文的范畴。

了解应用文的基本知识并掌握其写作技能，对中职校学生来说是十分重要的。在工作中，应用文写作是一项必备的职业技能，被用人单位最为诟病的是刚毕业的学生在撰写日常工作文书时，仍然未掌握应用文写作的模式和风格，描写与抒情的语言过多，详细描述与分析总结的能力偏弱，这实际上是学生未能正确理解应用文的事务语体特点，未能培养应用文写作语感造成的。应用文在长期的使用过程中已形成了约定或者法定的体式和语感风格，在书面交际中形成了与其他语体有明显区别的事务语体。因此，要掌握应用文的写作技能，就必须在明确应用文特点的同时，了解事务语体的特征并懂得事务语体的运用。

一、应用文的特点及其分类

（一）应用文的特点

1. 广泛性

应用文是人类社会赖以处理事务、沟通关系的书面工具。在现代社会中，人际联系日益密切，交往日益频繁，在日常工作、生活、学习中，几乎随时随地都要应用到它。在各种文体中，应用文可以说是使用范围最广，使用频率最高的文体。

2. 实用性

应用文是为了处理事务、解决实际问题而写的。它内容务实、对象具体、要求明确、旨在应用。比如，条据、合同是双方约定的凭证；书信、广告用来传递信息；规章制度，用以规范人们的行为、维护正常秩序；调查报告、总结，既反映情况，又交流经验；公文则是传达政策法令、处理公务的依据。

3. 程式性

各类应用文一般都有惯用的格式，这种比较固定的格式，有的是约定俗成的，即人们在长期的实际使用中形成的。比如信封的写法，就有惯用的格式。有的应用文格式，则是有关部门为了实际需要而统一规定的，如公文的格式，就是由国家行政机关统一制定的。

应用文的这些特点，是就应用文这类文章相对于其他文体而言的。

（二）应用文的分类

应用文广泛地应用于各种不同的社会交际领域，因性质、特点、使用范围、目的、格式的不同，而形成众多的文种，大致上可分为三类。

1. 日用文类

它是单位和个人在日常生活中所运用的各种应用文。如书信、条据、启事、海报等。

2. 机关事务文书类

它是机关、团体、企事业单位处理公务时使用的文书，主要用于内部事务的有：计划、总结、调查报告、经济活动分析、会议记录、规章制度等；主要用于对外事务的有：意向书、协议、合同、招标通告等。

3. 公文类

它是机关、团体、企事业单位处理公务的文书，主要是传达、贯彻党和国家的方针、政策，发布法规，请示和答复问题、指导和商洽工作，报告情况和交流经验的重要书面工具。按国务院办公厅 2000 年 8 月颁布的《国家行政机关公文处理办法》的规定。共有 13 种。

二、应用文的作用

在加快改革开放步伐，大力发展社会主义市场经济，努力建设有中国特色社会主义的今天，人们的活动范围更加广泛，信息交流和事务处理更加频繁，应用文直接为社会主义建设事业和人民群众服务，越来越显示其重要的作用，归纳起来，主要有以下几点；

1. 宣传教育作用

；各级机关的大多数文件都有宣传教育的作用，特别是"决定"、"决议"、"指示"等高级机关的文件，其内容一般都包括指导思想、理论和实践依据、方针政策及实施方案等，制定并传达贯彻这些文件就是为了统一思想、提高认识、推动工作；一些公开发表的文件，其教育宣传的范围更广，影响就更大了。下级机关向上级机关报送的文件如"报告"、"简报"等，也有向上级做宣传的作用。建设社会主义精神文明，教育广大干部、群众都离不开应用文。

2. 指导、规范作用

上级主管部门在发布各类公文中，对下属单位或者部门以及人民群众的工作和行为能够起到规范、指导的作用。如规章制度类公文对各部门以及部门人员的工作和行为提出准则性的约束规范要求；方针政策类公文对做好各项工作起到明确的指导作用；而总结通报类文书则对不断改进工作方法、做好工作，给相关单位和人员起到教育借鉴作用，同时也体现了一定的指导作用。

3. 交流信息作用

下级机关的要求、工作情况、各种动态，特别是新情况、新问题、新经验等需要及时向上级反映；上级机关制定的方针政策和指示意见等需要尽快向下级传达；同级或不同部门之间商洽工作，交流情况，协作共事，都离不开应用文；部门内部各业务环节也需要应用文沟通联系，加强协作。

4. 凭证作用

在人们的日常工作与经济活动中，应用文大多具有凭证作用。如上级下达的法律法规文件、政策方针文件以及相关部门的规章制度等，可以作为开展工作和监督检查的依据；而一些单据便条、合同、报告类文书，则是业务类凭证，一旦产生纠纷，也可以此为凭据维护自身合法权益。

5. 资料积累作用

许多应用文记载着各个历史时期国家发布的政令、法规，反映了各部门的种种活动，积累着某些社会变革重大事件的资料。因此，应用文又是积累和提供历史经验和资料的可靠依据。

三、应用文事务语体的分类及特征

应用文写作的原理与一般文章是基本相同的，但也有它的特殊性。应用文是用以处理实务的。应用文的写作，在进行书面交际中形成了与其他文体有明显区别的事务语体。对语言材料的选择和组织，在长期的使用中，形成了以明确、简要和有一定的程式为特征的事务语体。

对于中职学生来说，首先要学习这种事务语体的运用。因此，要掌握应用文的写作技能，就必须在明确应用文特点的同时，了解事务语体的特征并懂得事务语体的运用。

（一）事务语体的分类

与应用文相对应的事务语体，是人们在公私事务活动中使用语言的产物。应用文在语言运用上，一般都要求平实、明确、简要，这是事务语体的共性，但由于应用文包括的文种繁多，具体的使用范围，写作目的及作用有所不同，因此各个文种在写作要求、格式和语言运用上自然也就有所差异。事务语体大致可分为两类：一般事务语体和公文事务语体。

1. 一般事务语体

一般事务语体，单位、个人都常用，内容广泛，适用于应用文中的日用文类和一些机关事务文书类，如调查报告、广告等。它们都可根据需要的文种，采用这种语体来反映。它的格式比公文事务语体灵活，表达方式以叙述、说明为主，但不排除必要的议论和抒情。有些应用文，如广告、启事、海报和亲朋间的书信，还常用文艺笔法，把形象生动的叙述、描绘和抒情结合起来，直接把思想和感受告诉读者。在语言运用上，除了少数体式讲求朴实，不尚文采外，大都比公文事务语体显得生动。

2. 公文事务语体

它是公文、规章制度、计划、声明、法律、合同等应用文的语言体式，它是机关单位处理公务的依据，它最鲜明的特征是平实、朴素、庄重，这种语体，只对客观情况做如实说明，表明作者意图，不追求表达的艺术化，排斥想象夸张，也无须激发人们的感情，力求平实，质朴无华，言止意尽；而且有一定的体式，在特定的范围使用。

四、应用文的写作要求

应用文写作的原理与一般文章是基本相同的，但也有它的特殊性。应用文是用以处理实务的，对语言材料的选择和组织，在长期的使用中，形成了以明确、简要和有一定的程式为特征的事务语体。下面谈谈写作要求。

（一）观点——以党和国家方针政策为依据，意图鲜明

应用文必须观点正确，也就是必须以党和国家的方针政策为依据，在表述机关意图和要求、反映情况和问题、总结经验或教训时，既能揭示事物的客观规律，又符合党和国家的方针政策的基本精神。应用文要求观点鲜明，就是是非清楚，态度鲜明，表述单位的意图明确，提出的措施、办法切实可行。

（二）材料——概括性地使用客观、可靠的材料

应用文是用来解决实际问题的工具，因此必须准确反映客观实际。这就要求使用的材料，包括引用的事例、数据、文字、群众意见等，都真实可靠，准确无误，不夸大，不缩小，即使细节，也不允许虚构，更不能搞"合理想象"、"移花接木"。对重要的材料，还必须反复查证、核实。应用文直接的功用性，决定了材料的概括性，它以能说明情况、观点为准则，不要求具体、生动，因此，对引用的材料，一般要以综合、概括的方法来表述。即使是对典型事例的引述，也不要像记叙文那样交代清楚六要素。总之，应用文只要求用真实的材料，对观点做概括说明。

（三）文风——朴素、平实

应用文旨在应用，讲究实效，文风要朴素、平实。这就要有诚实的写作态度，做到"文质相称，语无旁溢"；要杜绝溢美不实之词，反对套话、大话、空话、假话；不用文学创作中的艺术表现手法，如气氛烘托、细节点染、铺陈繁饰、形象刻画等。修辞中的夸张、比拟、双关等一般也不宜采用。叶圣陶说："它不一定要好文章，但必须写得一清二楚，十分明确，句稳词妥，通体通顺，让人家不折不扣地了解你谈的是什么。"（《公文写得含糊草率的现象应当改变》）这话是很中肯的。

应用文的重要作用已被实践所证明，在讲求实效的今天，它的实用价值越来越为人们所认识。学生今后将从事常规管理工作，认真学好应用文，掌握其种类、格式和事物语体的运用，是十分重要的。

第二节　商贸应用文概述

商贸应用文是应用文在商贸业务实践中的具体应用，同时也是国际国内商务交往，贸易谈判中的重要工具。它既有一般应用文的特征，又具有区别于一般应用文，为商贸活动服务的特点。

一、商贸应用文涵义

商贸应用文是在对外经济贸易活动中，为适应对内管理和对外业务工作需要而形成的具有特定内容和形式的专业应用文体。

商贸应用文能够促进我国和世界各国和地区的贸易往来，宣传和贯彻我国的外交、商贸政策，体现我国的社会意识形态和传统民族精神，增进我国和世界各国人民之间

的了解和友谊，提高我国的国际威望和信誉，推动商贸工作的开展。

商贸应用文能够广泛宣传贯彻执行党的路线方针政策，加强商贸系统内外各个部门、企业间的联系，沟通情况，传递信息，推广先进经验，提高工作效率，以保证商贸各项生产和工作任务的顺利完成。商贸应用文在我国对外经济贸易工作中发挥着积极的作用。

商贸应用文种类很多。根据商贸系统需要，从专业实际和学生实际出发，选取商贸行业使用频率较高的商贸业务文书、商品宣传文书、公务文书、事务文书进行学习。

二、商贸应用文的类型

本章采用按性质为文书标准进行分类，鉴于商务文书种类繁多，只侧重介绍几种常见文书种类及其写作技巧。

（一）通用行政文书写作

涉及通知、通告、通报、请示、批复、计划、总结、报告、会议纪要等常见行政文书的写作。

（二）市场文书写作

涉及调查问卷、市场调查报告、可行性分析等常见涉及市场分析的文书写作。

（三）企业宣传文书写作

涉及公司介绍、公关及广告策划书、商品说明书、商务消息及通信等对外宣传企业及品牌、商品等的文书。

（四）法律契约文书写作

涉及合同、委托书、状纸、申请书等涉及企业相关法律活动的文书写作。

（五）社交礼仪文书写作

涉及请柬、欢迎辞、开幕辞、慰问信、贺电、唁电等礼仪文书写作。

（六）个人文书写作

涉及求职信、简历、辞职信、留言条、借条、欠条、请假条等个人生活、学习、工作中涉及的常见文书写作。

三、商贸应用文的特点

（一）实用性

商贸应用文具有实际的应用价值。写作这类文章，其根本目的是为解决实际工作中的问题，以推动商贸行政部门和企业单位机制的政策运转，从而推动商贸事业的不断前进。商贸应用文的实用性体现在：

1. 法律效用

如商务部颁发的进出口货物的有关条例和规定，国家颁发的有关商贸方面的法规以及贸易买卖合同、仲裁文书等，都有一定的强制性和约束性，必须遵守。

2. 行政效用

商贸企业和主管行政部门之间、企业与企业之间、商贸行政部门上下级之间、企业内部各机构之间，为了传达政令、协同工作，必须使用行政公文，这种上传下达的文书具有行政效用。

3. 商洽作用

如业务函电多起商洽的中介作用。买卖双方可通过函电进行询盘、报盘、磋商、确认。

4. 提供信息和参谋决策的作用

如商情调研、商情报道、经济活动分析，不仅能提供千变万化的商情信息，而且能起到参谋决策的作用。对开拓市场、推销商品、获取经济效益，意义十分重大。

5. 宣传作用

如商品广告、商品说明书等对提高企业和商品的知名度、占领市场，是一种有力的语言攻击。

6. 社交作用

如商贸社交文书对增进与外国厂商客户的友谊，扩大业务往来，起到一定的社交作用。

（二）真实性

商贸应用文的内容必须真实。写作者必须实事求是地从客观情况出发具体明确地表达中心内容。不能掺杂文学的虚构和想象，不需要空泛的描写和抒情。商贸应用文必须符合党的方针政策，符合机关单位的发问意图，提出观点、措施、办法做出的预测，总结的经验教训要反映客观规律，符合实际情况。文章涉及的时间、地点、实事、数据必须确凿无误。

（三）程式性

商贸应用文具有比较固定的格式。这些格式有的是历史形成的；有的是在长期使用过程中约定俗成的，写作者必须遵循。

（四）时效性

商贸应用文是为解决已经出现或可能出现的具体问题而写，必须讲究时效。例如：商情调研和商情报道要及时提供国际或国内市场、商品、价格等方面的信息和决策依据，业务函电、合同如果延误时间就会给国家、集体和个人造成政治、经济损失。

四、商贸应用文写作要求及步骤

（一）商贸文书写作要求

1. 对商贸文书本身的要求

商贸应用文是应用文的一种，区别主要在于应用领域的特殊性，在内容和要求上，既有相近之处又有若干不同，商务应用文写作无论从撰写的目的和解决问题的作用上讲，都是非常务实的，同时讲究可行性的。因此应当做到①观点鲜明、正确；②材料真实、得当；③格式规范、合理；④语言平实、简约。

2. 对商贸文书写作者的要求

（1）熟悉政策、业务，扩大信息储存

多数商贸应用文政策性、思想性很强，它们是宣传贯彻党和国家方针政策的工具。其撰写与制发反映了领导部门的意见和态度，是极其严肃的工作，撰写者必须有很强的政策观念和较高的思想理论素养。商贸应用文是各部门为解决实际问题而写的，它往往同业务工作有密切的联系。所以，我们要学好外贸应用文，不仅要掌握政策，还要加强业务学习，当业务内行。

（2）端正学习态度，理论联系实际

商贸应用文体和其他文体基本方面是相同的，都用书面语表达，都应做到观点正确，内容充实，都应具备鲜明、准确、生动的文风，都要求条理清楚，中心明确，语言精炼，标点正确，书写工整，无错别字等。这些都与语言表达水平有密切关系。因此，我们要认真学习应用文事务语体的语法、修辞、逻辑等基础知识，努力提高应用文语言水平。"纸上得来终觉浅，绝知此事要躬行"。学习商贸应用文的有效方法之一就是要躬行实践，勤练笔头，在写作中学会写作。"读书是学习，使用也是学习，而且是更重要的学习"。要学会写应用文绝非一朝一夕之事，只有努力实践，坚持不懈，才能不断提高自己的写作水平。

（二）常见商贸文书写作的一般步骤

1. 明确写作目的。常见商务文书写作的目的主要有：指导建议、通知传达、说服对方、记录、制订契约、制度。

2. 制定写作提纲。主要适用于文字较多，表达内容丰富的商务文书，如报告、策划书、合同等文书。

3. 了解读者状况，开始进行写作。不对读者做过高假设，尽量用简单的语言，避免使用寓意模糊的词句。

4. 修改文章。可采用朗读等方式进行文章的修改，如修改过多则需考虑提纲的合理性。

5 编辑、定稿。主要检查文章逻辑合理性、用词准确性、标点正确性等。

理论题： 1. 说说应用文的事务语体特点有哪些？

2. 商贸应用文的实用性体现在哪些方面？

3. 说说商贸应用文类型和写好商贸应用文的基本要求。

第二章 公务文书

本章导读

公务文书是指各级单位在管理过程中形成的行政效力和规范体式的书面材料，是依法管理和进行公务活动的重要工具，是开展工作、指导工作、交流工作经验的重要载体，是企事业单位中使用最频繁、最普遍的文体。在公文写作中应做到行文规范，符合规定的体式要求。

本章学习要求

基础要求：1. 了解公文的概念，分类，掌握公文的行文格式和撰写要求。

2. 了解 13 种公文的概念及其使用范围，能综合运用公文的各类文种。

3. 重点掌握和运用通知、通报、报告、请示、函、会议纪要等六种常用公文的写作要求与方法，能根据实际进行拟写。

实践要求：1. 进行模拟会议训练，综合运用公文的各类文种。事前能确定主题拟写请示、报告，代主管部门拟写批复，再拟写会议通知，形成会议纪要等。

2. 开展计算机应用文写作竞赛，根据确定的主题直接在计算机上拟写公文。

第一节 概　　述

知识链接

新中国成立后公文种类的变化

1955 年，当时的政务院秘书厅刊发《公文处理暂行办法草案》，规定公文为 7 类

12 种，1981 年，国务院办公厅发布《国家行政机关公文处理暂行办法》，把公文规定为 10 类 15 种，1993 年发布的《国家行政机关公文处理暂行办法》修订稿又进一步将公文细化为 12 类 13 种，而从 2001 年 1 月实行的《国家行政机关公文处理办法》，将行政机关的公文确定为现在的 13 类 13 种。

一、公文的概念、特点

公文是指国家各级行政机关在行政管理过程中形成的具有法定效力和规范体式的书面材料，是依法行政和进行公务活动的重要工具。同其他文章相比，行政公文能起到密切联系上下级、平级单位之间关系的纽带作用，是开展工作、指导工作、交流工作经验的重要载体，是机关单位中使用最频繁、最普遍的文体。行政公文具有政治性、决定性、权威性、简明性、规范性、时间性等特点，并具有指导、沟通、凭证的作用。

二、公文的种类

根据国务院办公厅 2000 年发布的《国家行政机关公文处理办法》"第二章"第九条，行政机关的公文种类主要有：

1. 命令（令）

适用于依照有关法律公布行政法规和规章；宣布施行重大强制性行政措施；嘉奖有关单位及人员。

2. 决定

适用于对重要事项或者重大行动做出安排，奖惩有关单位及人员，变更或者撤销下级机关不适合的决定事项。

3. 公告

适用于向国内外宣布重要事项或者法定事项。

4. 通告

适用于公布社会各有关方面应当遵守或者周知的事项。

5. 通知

适用于批转下级机关的公文，转发上级机关和不相隶属机关的公文，传达要求下级机关办理和需要有关单位周知或者执行的事项。

6. 通报

适用于表彰先进，批评错误，传达重要精神或者情况。

7. 议案

适用于各级人民政府按照法律程序向同级人民代表大会或人民代表大会常务委员

会提请审议事项。

8. 报告

适用于向上级机关汇报工作，反映情况，答复上级机关的询问。

9. 请示

适用于向上级机关请求指示、批准。

10. 批复

适用于答复下级机关的请示事项。

11. 意见

适用于对重要问题提出见解和处理办法。

12. 函

适用于不相隶属机关之间商洽工作，询问和答复问题，请求批准和答复审批事项。

13. 会议纪要

适用于记载、传达会议情况和一定事项。

三、公文的写作格式和具体内容

（一）公文的写作格式

公文的格式分两个部分：一是公文的组成部分；二是各部分在载体（纸张等）上的排列格式。公文的内容组成可分为两大部分：一是基本组成部分；二是附加组成部分。公文的基本组成部分包括：标题、收文机关（主送、抄送机关）、正文、发文机关（公文的制发机关）、日期、印章六项内容；公文的附加组成部分包括：文头（半头）、附件（对主体内容补充说明或证明的图表或文字材料；随主件所转发、颁发的文件）、除此以外公文还有一些不常使用的其他附加成分。如印制份数、印刷日期、印制单位等。公文的附加组成部分不是公文必须具备的成分，可视实际需要决定取舍。

（二）公文的写作内容

1. 标题

规范的标题由发文机关名称、事由和文种三部分组成，有的加上介词"关于"和助词"的"，形成一个以文种为中心词，以发文机关和事由为修辞限制词的偏正短语。在某些情况下允许做若干变通：有固定版头的公文和法规性的公文，标题可略去发文机关；批转性文件，可省略介词"关于"，另加上"转发"、"批转"等动词。

2. 开头

一般公文开头主要说明发文的根据和必要性，提出发文的目的和要求，但在实践上要因文而定，允许有多种不同写法。公文开头的具体写法比较明确，范围也较固定。

一般包括：用以展示全篇的中心思想，点明主旨的；用以交代制发公文的目的，如"为了……"；用以提出问题以引起下文，如"现将……"、"兹将……"。总之，它对正文起点题、揭意和说明作用。

3. 主体部分

一般以叙述为主，亦可夹叙夹议，层次结构可以采用并列式或递进式。要求纲目清楚、思路清晰、结构严谨、合乎逻辑、承转自然、详略得当。

4. 结尾

结尾要与开头呼应，可用正文的最后一段来总结全文，也可提出希望和要求或展望未来。结尾用语应与文种相符。如报告用"以上报告，请审查"，请示用"当否，请批示"等；平行文用"特此函达"、"特此函复"等；下行文用"此令"、"此复"、"希遵照办理"、"希认真贯彻执行"、"希研究执行"等。结尾也有用以指明时效，要求反馈的。如"本办法自20××年10月1日起实行"、"以上通知望认真执行，并将执行情况于下月底书面上报省人民政府"；还有用以指出不足和提出打算以及说明未尽事宜的。总之，要从实际出发，因文而异。

例文展示

广东省教育厅关于公布 2014 年广东省
中等职业学校技能大赛获奖结果的通知

粤教职函〔2014〕76 号

各地级以上市及顺德区教育局，省属中等职业学校：

2014 年广东省中等职业学校技能大赛已圆满结束。本次大赛历时 2 个多月，来自全省各地市 2855 名学生选手、291 名教师选手参加了电子技术等 21 个专业类别 75 个项目的竞赛。竞赛充分体现了我省各级教育行政部门和中等职业技术学校坚持"以就业为导向，以技能为核心"的职业教育办学方向，充分展现了积极推进人才培养模式改革所取得的丰硕成果。

经专家组公平公正严格评审，评选出学生选手和教师选手一、二、三等奖和优秀奖；指导教师一、二、三等奖以及获得特殊贡献奖的学校及支持企业（名单见附件），现予公布。

请全省各地教育行政部门和中等职业学校根据实际，通过多种形式加大对中等职业学校技能大赛获奖选手的宣传表彰力度，不断深化教育教学改革，创新人才培养模式改革，加强专业建设和"五位一体"实训中心建设，突出对学生职业技能和实操能力的培养，提高人才培养质量，努力推动我省中等职业教育事业不断取得新进展。希望在本次全省大赛中获奖的选手戒骄戒躁，再接再厉，在学习和工作岗位发挥模范带头作用，再创佳绩。

附件：1. 2014 年广东省中等职业学校技能大赛（学生组）获优秀选手奖名单
　　　2. 2014 年广东省中等职业学校技能大赛（学生组）获优秀指导教师奖名单
　　　3. 2014 年广东省中等职业学校技能大赛（教师组）获优秀选手奖名单

第二节　函

知识链接

我国古代，书信有种种不同的名称，如"移"、"关"、"咨"、"牒"、"简"、"笺"、"书"、"函"等。民国时期，取消了封建社会繁杂的书信名称，取而代之的是"函"或"公函"。新中国成立后，各机关使用过"信函"、"函"、"公函"、"便函"等名称。党的机关 1989 年将其列入法定公文，行政机关 1981 年将其列入法定公文。

一、函的定义、适用范围和特点

（一）函的定义
函是不相隶属机关之间相互商洽工作、询问和答复问题；向有关主管部门请求批准和答复审批事项的行政公文。

（二）函的适用范围可分成以下四个方面
（1）平级机关或不相隶属机关单位之间的商洽性、询问性和答复性公务联系；
（2）向无隶属关系的业务主管部门请求批准有关事项；
（3）业务主管部门答复或审批无隶属关系的机关请求批准的事项；
（4）机关单位对个人的公务联系，如回复群众来信等。

（三）函的特点
（1）使用简便轻捷
函的特点是公文格式比较灵活，限制不严，所以函的使用范围非常广泛，机关之间的日常公务联系，不便使用其他公文文种时，都可以用函行文。除了较为郑重的公函外，较多使用的是公务便函，这种便函在纯事务性工作联系时使用。

（2）行文多向灵活

函用于不相隶属机关之间，是平行文中的主要文种，它不像行文方向单行的上行文或下行文。函的主向是平行，但有时也用于上行和下行，可见它上下左右皆可行文，不受行文方向的限制；显示出行文自由灵活的特点，这是其他公文所不具备的。

（3）内容单一性

函作为沟通上下、联系左右的文种，所反映的内容一般为一事一函，用来交流信息、沟通联系，请求帮助、商洽工作、询问或答复事项。

（4）语言质朴自然

函的语言大多是陈述性、说明性的，质朴无华，平易、明白、晓畅，语气恳切平和，不像法规性、指挥性公文那样带有强制性。

二、函的分类

函按照不同的标准，可以分成不同的种类：

1. 按应用范围分，有商洽函、答询函、请批函、告知函

（1）商洽函

这类函在平行机关或不相隶属机关之间相互协商或联系工作时使用。商洽性函较多地用在商调人员、联系工作或处理有关业务性、事务性事项等时使用。这类函的正文通常由商洽原由（发函的原因）和商洽事项两个部分组成，有时还特别写清对受方的要求与希望。如例一。

（2）答询函

答询函包括询问函和答复函。用于机关或部门之间相互询问和答复问题。有些不明确问题向有关机关和部门询问，用询问函；对有关部门所询问的问题做出解释答复，用答复函。如例三。询问函不包括以商洽工作、请求主管部门批准为主而附带有要求回答的函。否则，答询函与商洽函、请批函就会混淆起来。另外，下级机关答复上级机关的询问，如涉及的内容重大，应以"报告"行文，不宜用"函"。这类函的正文一般包括询问原由和询问内容两部分组成，询问的原由可以是原因，也可以是目的。有的便函还可以连询问的原由不必写明，只要求对方机关就某方面规定答复即可。例：《国务院办公厅关于河南博物院更名问题的复函》（国办函［2005］105号）

（3）请批函

用于向有关主管部门请求批准事项。请批函与请示有所区别：向上级机关请求批准，用请示；向不相隶属机关（包括同级机关）的有关主管部门请求批准，用请批函。如例二、例四。

（4）告知函

告知函亦称通报函，是将某一活动或事项告知对方。这种函，类似于知照性通知，由于没有隶属关系，用"通知"不妥，所以宜用"函"。另外，告知函不要求对方回复。例：《××省人民政府办公厅关于××省人民政府驻福州办事处更名的函》

2. 按行文方向分，有发函、复函

（1）发函。也称去函、问函，是本机关主动向对方去函的。

（2）复函。也叫回函，是指回复询问或批准事项等的函。复函既回复对方的询问，也回复对方来函所商洽的事项，还回复对方请批函中所提出的回复请求。

复函与批复不同，批复是下行文，是对下级机关的请示表明态度；复函是平行文，只是对不相隶属机关的来函做出回复。

3. 按内容的轻重分，有公函与便函

（1）公函。公函的内容比较重要，行文郑重，具有完整的公文格式。

（2）便函。大多用于一般的事务性工作，没有完整的公文格式，只有上款和下款；可以用公用信笺，不使用版头，不列函件标题与发文字号；可以加盖公章，也可以个人署名。便函一般不归档，但是便函仍用于公务，不是用于私事的私函。

三、函的写作格式和写作内容

函的格式，一般包括标题、主送机关、正文、落款四部分。

（一）标题

（1）函的标题，一般由发文单位、事由、文种等三个因素构成。

由"发文机关＋事由＋文种"组成的标准式标题，如果是发函，标题上只需写明××单位关于什么的函即可；如果是复函，标题上则要写明来函单位要求答复什么问题的复函，如2004年6月19口《国务院关于同意长春市申办2007年第六届亚洲冬季运动会的复函》。

（2）由"事由＋文种"组成，如《关于商请列席飞行改革后勤保障现场会的函》。

正式的函，不管是发函还是复函，应标注发文字号。发文字号应按单位代号、年份、序号依次而写。

（二）主送机关

函的主送机关应写全称或规范化简称，顶格写。复函的主送单位即为来函机关。可以是平行机关、下级机关，还可以是上级机关。

（三）正文

函的正文一般由开头、主体、结尾等三部分组成。

开头，如是发函，开头简述发函的缘由和目的；如是复函，应以引述来函日期、函件名称或发文字号作起首语，如"××年×月×日（关于××××的函）收悉"，"你部［×××××］×号来函收悉"。

主体，是函的事项部分。如是发函，要写清楚商洽、询问或请示批准的主要事项；如是复函，要针对来函事项逐一郑重作答，答复时要求具体、明确，不能不置可否或答非所问。

结尾是函的结语。结语要干净利落，或重申致函目的，或要求对方有所行动。常用的结语多种多样。

发函告知对方，多用"特此函告"、"专此函达"；

去函要求对方回复的，可用"盼复"、"即请回复"、"请予支持，并盼复"、"请研究回复"、"以上意见，请予函复"、"希见复为盼"、"特此函达，请复"等：

复函一般用"此复"、"专此函复"等。

函的结语不宜像书信那样用"此致敬礼"之类的话。

（四）落款

落款要标注发文单位和日期。发函的落款，写发文单位和日期，并加盖公章，复函写复函单位名称、日期并加盖公章。有的函还写明抄送单位名称。

四、函写作的注意事项

1. 请注意与其他文种的区别

函属于平行文，主要用于平级机关，或不相隶属的机关之间的公务。但是，在上下级机关的公务活动中，也并非绝对不用。与使用其他公文的区别在于：一是下级机关向上级机关请示重大事项时，用请示；而问询一般事宜，则用函。二是上级机关向下级机关部署重要工作时，一般用指示、决定、通知等；答复请示的问题时，用批复；而答复一般问题、或查询、查办、催办有关事宜，则用函或复函。三是上级机关召开重要会议时，一般都发会议通知；而召开一般性会议，或要求下级机关报送一些统计数字、单项材料之类的较小事项，则用函。

2. 内容应单一明确，答复针对性要强

函要一函一事，内容单一集中，无任何骈枝和不分轻重主次的现象。这样，受函单位便于处理，有助于提高工作效率。同时，要把商洽、询问、请求的事项写明确，切忌模糊、笼统，以免误解或往来查询，延时误事。至于复函，则要注意行文的针对性，答复的明确性。

3. 态度要诚恳，用语要得体

函应用便利、灵活，有利于提高工作效率。函的写作，首先要注意行文简洁明确，用语把握分寸。无论是平行机关或者是不相隶属的行文，都要注意语气平和有礼，不要倚势压人或强人所难，也不必逢迎恭维、曲意客套。即使是上级机关向下级机关的发函，也不要居高临下，盛气凌人，应以平等商洽的口吻来写，以免引起下级的反感。复函用语要明快，以诚待人，不要显出冷漠和生硬。总之，语言要得体，恰到好处。

4. 注意函的时效性

函也有时效性的问题，特别是复函更应该迅速、及时。像对待其他公文一样，及时处理函件，以保证公务等活动的正常进行。

例文及简析

【例一】

关于商请派车运送民工的函

×××省交通厅：

为做好今年的春运工作，及时运送在我省工作的外省民工回家过年，我们组织了民工运送专门车队，但由于我们运力不足，车辆不够，估计不能满足民工的要求，特请贵省派出大型客车20辆，与我省组成运送民工车队，负责运送贵省在我省工作的民工。

妥否？请尽快函复，以便办理有关手续。

××省交通厅

××××年×月×日

【简析】

这是一则商洽函。正文的原由部分，开门见山，即陈要旨，继而提出要求。文末一句，语言得体，又暗含催促对方办理的压力。

【例二】

××省公安厅关于拟录用 2014 届大学毕业生的函

国安政〔2014〕18号

××省人事厅：

根据中共××省委组织部、××省人事厅《关于部分省级机关从××××年应届高校、中专毕业生中考试录用国家公务员和机关工作人员的通知》的规定，我们对拟录用到我厅机关工作的大学毕业生按规定程序进行了统一考试、面试、体检、政审。经厅党组研究，拟录用大学毕业生 12 名。现将有关录用审批材料报上，请审批。

　　附件：录用审批材料 12 份。

××省安全厅（盖章）

二○一四年一月十日

【例三】

关于批准录用×××等××名同志为国家公务员的函

×人〔2014〕12 号

省安全厅：

　　你厅《关于拟录用××××届大中专毕业生的函》（国安政〔××××〕18 号）收悉。

　　根据中共××省委组织部、××省人事厅《关于部分省级机关从××××年应届高校、中专毕业生中考试录用国家公务员和机关工作人员的通知》的规定，经考试、考核合格，批准录用×××等××名同志为国家公务员。

　　特此函复。

　　附：录用人员名单

××省人事厅（盖章）

二○一四年二月十日

【简析】

　　例二、例三两则例文是相对应的请批性发函和答复性复函。例二先写发函背景、依据；继而写做法、态度；然后在结语中提出请示的要求。例三是对例二的批复函，一开始引叙来函，作为复函背景、依据。复函重点是批准项，依据明确，态度鲜明。文章以"特此函复"作结。此函行文简练准确，文字语气合乎批准机关身份。"附"字后应加"件"字构成"附件"。

【例四】

广州××局销售公司请求批准函

××局销办函〔××〕5 号

广州××局：

我销售公司从去年十月成立以来，国内商务活动日益增多，经常有许多文件、合同、契约、技术资料需要复印，为便于工作，我们拟购买一台复印机，请给予批准。

可否，请批复。

广州××局销售公司（盖章）

一九九六年一月十日

【简析】

这是一则请批函，正文一开始就直入主题，说明发函的原因，接着提出发函的请求，最后结尾语气得体，符合身份。该函结构完整，短小精悍，无过多赘言。但应进一步明确拟购买的复印机型号、规格、价格等内容，并于函中列明。

理论题：

一、填空题：

1. 函是不相隶属机关之间相互＿＿＿＿＿＿＿＿、询问和＿＿＿＿＿＿问题；向有关主管部门请求＿＿＿＿＿＿＿审批事项的行政公文。

2. 函的特点是使用范围＿＿＿＿＿＿＿＿、行文方向＿＿＿＿＿＿、内容＿＿＿＿＿＿＿＿、语言＿＿＿＿＿＿。

二、判断题：

（　　）1. 向上级机关或下级机关商洽某一事项要使用商洽性函。

（　　）2. 答复有关机关询问事项要使用答复性函。

（　　）3. 事务性便函，可以不写发文字号，不编文号。

（　　）4. 上款写明受函机关或者其领导人，受文面广泛的可以省略上款。

实练题：

北京电子科技大学学生处为做好 2014 届毕业生的就业工作，拟定于 2014 年 3 月 29—30 日举办 2014 届校园招聘会。本次校园招聘会委托智联招聘网邀请招聘单位。

要求：请你以学生处的名义，拟写一份函，就本次招聘会的举办时间、地点、2014 届毕业生生源情况、如何申请参与、参会注意事项，联系方式等相关内容向招聘单位做出详细说明（所需内容可自行补上）。

第三节 报 告

知识链接

报告的文种源流

报告起源于春秋战国时期的"书"（或称"上书"）。现存最早最完整的"书"是秦李斯的《谏逐客书》。秦统一中国后，改"书"为"奏"，成为臣子给君王的专用文书，一直沿用到清代。此外，两汉时代的"疏"、"状"，魏晋六朝时代的"启"、"牒"，宋代的"申状"，明、清直到民国时期的"呈"、"呈文"、"呈状"等，都属于今天的报告性质的公文。

一、报告的定义、特点

（一）报告的定义

报告是行政机关和党的机关都广泛采用的重要上行文。适用于向上级机关汇报工作，反映情况，答复上级机关的询问。

（二）报告的特点

1. 单向性

报告是下级机关向上级机关汇报工作、反映情况、提出建议时使用的单方向上行文，不需要上级机关给予批复。

2. 陈述性

报告具有汇报性，是向上级机关讲述单位遵照上级的指示，做了什么工作、怎样做的这些工作、取得了哪些成绩、还存在哪些不足，所表达的内容和使用的语言都是陈述性的，即便是提出建议的报告，也要在汇报情况的基础上，才能深入一步提出建议来。

3. 事后性

多数报告，都是在某项工作开展了一段时间或完成之后，或是在某种情况发生之后，向上级做出的汇报。

二、报告的分类

1. 工作报告

凡是用来向上级汇报工作的报告，都是工作报告。工作报告又可分为综合工作报告和专题工作报告两种。

2. 情况报告

向上级机关反映本单位的重要情况，一些新的动态、倾向，最近出现的新事物等，以使上级机关及时了解情况，做出决策。

3. 建议报告

对自己职权范围内的某方面工作有了深思熟虑、切实可行的设想之后，将其归纳整理成意见、办法、方案，上报上级，希望上级机关采纳，这就是建议报告。

4. 答复报告

答复上级机关询问的报告，针对性较强，上级询问什么，就答复什么，不能答非所问，是被动的行文。

5. 报送报告

这是向上级报送文件、物件时使用的报告，正文通常非常简略，只需写明"现将××××报上，请查收"即可。真正有意义的内容都在所报送的文件里。

三、报告的写作格式和内容

1. 报告的标题。报告的标题，有两种写法：一是发文机关＋事由＋文种的写法，如《铁道部关于××次旅客快车发生重大追尾碰撞事故的报告》；二是事由＋文种的写法，如《关于招生工作情况的报告》。

2. 发文字号。发文字号由三部分组成：机关代字、年份、顺序号。

3. 主送机关。行政机关的报告，主送机关一般只送一个上级机关。但受双重领导的单位，要依据分工和管理权限，可以报送其中一个上级机关，抄给另一个，必要时同时报送两个上级机关。报告应报送自己的直接上级机关，一般情况下不要越级行文。

4. 正文。

（1）报告引据

可以交代报告产生的现实背景，可以交代报告产生的缘由、起因，可以说明报告的根据，或者在开头简略叙述一个事件的概况，或者明确阐述发文的目的，均要落笔入题，有利于表达主体内容和报告主旨。

（2）报告主体

工作报告主体部分的内容，以成绩、做法、经验、体会、打算、安排为主，在叙述基本情况的同时，有所分析、归纳，找出规律性认识，类似于工作总结。

建议报告希望上级部门采纳建议，或批转给有关部门执行、实施，这是建议报告的基本写作目的。

回复报告根据上级机关或领导的查询、提问,有针对性做出回答,问什么答什么,要突出专一性、时效性。

报送报告的正文一般很简短,只用一两句话说明报送的文件或物件的名称及数量即可。

情况报告汇报发生的情况,并客观地分析这些情况产生的原因、性质和造成的影响等。对情况已经做了处理的,应报告处理结果;尚未做处理的,应报告处理打算。

(3)报告结语

报告的结语比较简单,可以重申意义、展望未来,也可采用"特此报告"、"以上报告,请审阅\请审视"、"以上报告如无不妥,请批转执行"等习惯用语收结全文。

5. 落款。包括在正文后右下方标注发文机关和发文时间。如在标题中已出现发文机关,则落款省略,发文日期注于标题之下。

四、报告写作的注意事项

1. 要注意结构、层次的合理安排。
2. 要善于抓住事物的本质。
3. 注重时效,情况真实。
4. 语言简洁,篇幅短小。

例文及简析

【例一】

关于国家食品药品监督管理局2008年11月份部分报纸药品广告
监测情况通报办理情况的报告

陕食药监市函〔2009〕18号

国家食品药品监督管理局稽查局:

你局"食药监市函〔2009〕5号"已收悉,现将我局对通报中涉及我省的18个违法发布药品广告的品种处理情况汇报如下:

一、对广告批准文号尚在有效期内的9个品种的生产企业,省局及时发出了警告函,要求企业立即停止在外省媒体发布违法药品广告的违法行为,并做出停止违法发布的承诺,否则将撤销经我局审批的广告批准文号,1年内不受理以下品种的广告审批申请:西安德天药业股份有限公司生产的参龟固本酒、西安交大药业(集团)有限公司生产的金刚片、陕西天鹤制药有限公司生产的三宝胶囊、陕西科学院制药厂生产的甘露聚糖肽口服溶液、陕西东泰制药有限公司生产的脉管复康胶囊、杨凌东科麦迪森制药有限公司生产的乙肝舒康胶囊、陕西健民制药有限公司生产的消癌平片、陕西奥星制药有限公司生产的齐墩果酸胶囊、西安正大制药有限公司生产的郁金银屑片。

二、对广告批准文号已过期的6个品种，省局要求企业做出承诺，保证不再发布违法广告，否则将依据《陕西省食品药品监督管理局关于印发对违法广告药品暂停销售实施细则》有关规定采取行政强制措施，暂停以下品种在全省的销售：陕西摩美德制药有限公司生产的气血和胶囊、陕西天禄堂制药有限责任公司生产的小儿暖脐膏、西安仁仁药业有限公司生产的益髓颗粒、陕西渭南华仁制药有限责任公司生产的耳聋通窍丸、陕西唐宇药业股份有限公司生产的消渴康颗粒、西安强生药业有限公司生产的枣仁安神颗粒。

三、对我局已撤销的广告批准文号，省局要求企业做出承诺，保证不再发布违法广告，否则将依据《陕西省食品药品监督管理局关于印发对违法广告药品暂停销售实施细则》有关规定采取行政强制措施，暂停以下品种在全省的销售：陕西华龙制药有限公司生产的安乐片（2008年8月1日已撤销）；陕西东泰制药有限公司生产的前列通胶囊，（2008年7月20日已撤销）；陕西东泰制药有限公司生产的银屑胶囊（2008年7月20日已撤销）。

陕西省药品食品监督管理局
二〇〇九年三月十六日

【简析】

这是一份情况报告。陕西省药品食品监督管理局针对国家食品药品监督管理局稽查局在"食药监市函〔2009〕5号"一文中提及的本省的18个违法发布药品广告的品种，从这些品种的广告批准文号在有效期内，已过有效期和已被撤销这三种不同情况，依据相关的法律法规，向主管机关汇报的处理情况。行文条理清晰，格式规范完整。

【例二】

县食药监局关于 2012 年度政府信息公开工作的报告

县政府办：

我局根据《中华人民共和国政府信息公开条例》（以下简称《条例》）的总体要求，政府信息公开工作在深化公开内容、建立和完善各项制度、规范公开载体形式、加强基础性建设等方面取得了较好的成效。现将我局 2012 年度政府信息公开工作的开展情况具体报告如下：

一、加强组织领导

我局进一步落实了主要领导亲自抓，分管领导具体抓落实的工作机制，完善制度，明确责任，细化各项措施，推进政府信息公开工作有序有效地开展。对政府信息指南和目录进行重新梳理，进一步健全完善《庄浪县食品药品监督管理局政府信息公开指南（试行）》和《庄浪县食品药品监督管理局政府信息公开目录（试行)》，完善政府信息公开配套措施，完善处理流程细则和工作流程图、主动公开政府信息处理流程细则和工作流程图等，有力保证政府信息公开的依法、及时处理。加强内部学习培训，组织全体人员全面深入学习《条例》的精神和内容。加强外部宣传。我局及时在公告栏内发布了《条例》全文，形成内外学习、宣传《条例》的良好氛围。

二、主动公开信息

2012 年，我局累计主动公开政府信息 157 条，全文电子化率 100%。在主动公开的信息中，法规规章和规范类信息 12 条，占 7.8%；工作动态类信息 94 条，占 69.7%；应主动公开的其他政府信息 42 条，占 31.5%。所有应主动公开的政府信息，均通过政务网站及时向公众主动公开，接受社会各界的查阅和监督。

三、其他有关情况

1. 依申请公开政府信息情况：我局自开始制作、发布、施行依申请公开政府信息的相关制度和文书，如依申请公开政府信息处理流程细则和工作流程图、信息公开申请表、依申请公开政府信息处理单、全套依申请公开政府信息处理文书等。但截至目前，还未受理过政府信息公开申请。

2. 政府信息公开的收费及减免情况：迄今为止，我局政府信息公开没有收费。

3. 因政府信息公开申请行政复议和提起行政诉讼的情况：2012 年未受理有关政府信息公开事务的行政复议申请，也未发生针对我局有关政府信息公开事务的行政诉讼案件或申诉。

四、存在的主要问题及改进措施

目前，我局政府信息公开工作存在信息公开内容有待进一步深化、信息资源有待进一步整合等方面问题，针对存在的问题，主要从以下几个方面进行改进：

1. 认真梳理，深化信息内容。我局将进一步深化对政府信息的梳理，对原来制定的《指南》及《目录》进行补充、完善，进一步深化政府信息内容，努力构建"阳光政务"。

2. 整合资源，提高服务效率。我局将从方便信息公开、方便群众查询监督的焦点，进一步整合资源，不断提高效率，提升服务能力。

县食药监局

二〇一三年二月二十日

【简析】

这是一份专题工作报告。报告回顾了 2012 年县食药监局根据《中华人民共和国政府信息公开条例》在政府信息公开工作中取得的进步和发展，包括加强了信息公开的组织领导和主动性，同时指出工作中存在的不足，提出改进措施。格式规范完整，语言简洁朴实。

【例三】

金塔县教育局关于上报《金塔县教育局关于
学校安全工作检查情况的报告》的报告

市教育局：

现将《金塔县教育局关于学校安全工作检查情况的报告》呈上，请审阅。

附：《金塔县教育局关于学校安全工作检查情况的报告》

金塔县教育局

二〇一二年三月二十八日

主题词：教育局　安全检查　报告

金塔县教育局办公室	2012 年 3 月 28 日印
	共 6 份

附件：

金塔县教育局关于学校安全工作检查
情况的报告

为全面掌握全县各级各类学校安全工作情况，及时发现并消除安全隐患，确保学校安全和稳定，按照酒泉市教育局《关于进一步做好学校安全工作的紧急通知》（酒政教字【2012】37 号）要求，针对当前学校安全工作面临的新形势、新特点，县教育局高度重视，周密部署，在认真组织各学区（校）开展安全自查和整改工作的基础上，组织专门人力，分5个检查组，对全县学校安全工作情况进行了为期一周的专项检查，现将学校安全工作检查情况汇报如下：

一、基本情况

全县共有各级各类学校69所，其中高中1所，职业中专1所，初中3所，小学18所，幼儿园36所，民办学校10所。本学期共有在校学生26075人，其中高中2815人，职专1511人，初中6520人，小学11160人，幼儿4069人。

二、检查情况

（一）校园安全责任落实情况：各校均成立了校长任组长的校园安全工作领导小组，并将安全工作纳入教职工工作考核范围，层层签订了安全工作目标责任书，构建起了"三线"安全工作责任体系，……（略）

（二）学校安全管理制度建设情况：各校于2月25—29日对学校安全工作进行了严格自查，通过认真梳理安全工作管理漏洞，总结安全管理存在问题，以严防食物中毒事件、消防安全事故、公共卫生突发事件、校园伤害事故、学生溺水事故为重点，进一步健全完善了学校治安保卫制度、学校消防安全制度、学校交通安全制度、学校餐饮安全制度、学校集体活动安全制度、学校宿舍安全管理制度、突发事件应急处理预案和学校安全责任追究制度等安全工作管理制度。……（略）

（三）学校安全教育培训情况：开学初，各校召开了由全体教职工参加的安全工作会议，会议总结了上学期安全工作中的典型经验和存在问题，并组织教职工对存在问题进行讨论，制定了改进措施。……（略）

（四）学校消防安全情况：各校在开学初，对锅炉房、实验室、微机室、食堂、配电室、应急疏散通道、安全通道等重点消防部位进行了全面细致的检查，……

（五）学校应急管理情况：各校根据可能发生的突发性安全事件，制定了学生拥挤踩踏事故应急处理预案、食品中毒事件应急预案、传染病防治工作预案、交通事故应急处理预案、消防事故应急处理办法、群体活动安全应急预案、防地震灾害疏散应急预案等安全应急预案。……（略）

（六）校园食品卫生防疫情况：各校能够认真贯彻落实《学校卫生工作条例》、《学生集体用餐卫生监督办法》等餐饮卫生规章制度，并安排专门的食堂管理人员对学校食品卫生进行监督管理。……（略）

（七）学校交通安全情况：各城乡幼儿园严格实行持卡接送，各农村寄宿制小学实行谁的孩子谁接送原则，坚决杜绝他人代接、托接，坚决杜绝家长用农用车、摩托车、机动三轮车等接送学生；……（略）

（八）学校保卫工作建设情况：各校加强校园治安保卫力量，严格执行24小时不离人值班制度、进出校门人员查验登记制度、值周组放假清校制度、家长来校预约和接待室办理制度，加强对校园重点时段、重点部位的监管，……（略）

（九）校舍危房改造情况：……全面消除了中小学 D 级危房，C 级危房也得到了及时修缮。目前，我县中小学、幼儿园不存在校舍安全隐患。（略）

三、存在问题

（一）安全责任意识需进一步加强。……（略）

（二）安全管理制度落实不够严格。……（略）

（三）交通安全隐患依然存在。……（略）

（四）学校安全隐患自查整改工作不够彻底。……（略）

四、措施建议

（一）提升校园安全教育层面。一是组织教职工认真学习各项安全制度，不断提高领导、教职工的安全责任意识，……（略）

（二）增强安全督查工作实效。安全领导小组进一步加强学校安全督查工作，加大对工作落实情况和隐患排查整改情况的跟踪督查力度，……（略）

（三）加强部门之间的协调联动。加强与派出所的联络，有效打击和控制社会闲杂人员侵扰学生和校园；与城建部门联系，在学生必经路段架设路灯，学校门口路段安装减速带，修复设置交通标识；与交通部门联系安排警力定时在重点路段疏导交通，……（略）

（四）努力促进学校安全投入。进一步加强"人防、物防、技防"建设，努力促使各地各学校按照相关要求配齐、配足安全保卫人员；……（略）

【简析】

这是一份报送报告。通常是向上级报送文件、物件时使用的报告，正文非常简略，只需写明"现将××××报上，请查收（审阅）"即可。真正有意义的内容都在所报送的文件里。在附件《金塔县教育局关于学校安全工作检查情况的报告》中，报告人依据学校的基本情况和安全工作的检查情况，从责任落实、管理制度、教育培训、卫生、消防、食品、校园保卫、应急机制、危房改造九个方面进行了详细的阐述，为后面检查发现的的问题奠定扎实的事实基础，也使后期的措施建议显得更具针对性，具有说服力。报告行文条理清晰，层次分明，有理有据，用词规范严谨，结构完整规范。

理论题：

一、填空题：

1. 报告的类型分_____、_____、_____、

_____、_____。

2. 报告的正文包括_____、_____、_____。

二、判断题：

（　　）1. 回复报告根据上级机关或领导的查询、提问，并客观地分析这些情况产生的原因、性质和造成的影响等。对情况已经做了处理的，应报告处理结果；尚未做处理的，应报告处理打算。

（　　）2. 报送报告的正文一般很简短，只用一两句话说明报送的文件或物件的名称及数量即可。

（　　）3. 报告是下级机关向上级机关汇报工作、反映情况、提出建议时使用的单方向上行文，上级机关可视情况给予批复。

（　　）4. 注重时效性是报告的特点。

实练题：

2014 年 7 月 6 日，在由广东省国际贸易学会、广东省外经贸职业教育教学指导委员会主办，广州财经学院承办的的"华夏杯"中等职业学校外贸职业技能大赛中，汕头市外贸中专组织学生参加了六个单项比赛，一项团体比赛，取得优异成绩，为汕头和学校赢得巨大的荣誉。其中，在"商务应用文写作"竞赛项目中，商务文秘专业的程丹婷同学获得一等奖，廖艳艳、徐帆同学获得三等奖。在"中英文录入"比赛中，电子商务专业的常旭获得个人一等奖。在"点钞与翻打传票"竞赛项目中，外贸会计专业的周丽、张雪两位同学取得个人总分一等奖的骄人成绩。在"营销网页设计"比赛中，电子商务专业的于东同学获得二等奖。在"斯坦福商务英语技能"竞赛中，欧阳珺同学获得个人三等奖，在"商务英语同步口译"比赛中，郑新同学获得个人三等奖，同时学校参赛团队还获得"国际商务基础知识"团体竞赛项目二等奖。这些成绩，充分证明了该校在实践性技能教学方面的教学改革成果。请你以汕头市外贸中专的名义向上级单位——汕头市外贸局拟写一份汇报情况的报告。

第四节　会议记录

知识链接

会议纪要与会议记录的区别

会议纪要与会议记录是两个不同的概念，二者的区别十分明显。从应用写作和文字处理的角度来探析，二者截然不同。会议纪要是一种法定的公务文书，其撰写与制作属于应用写作和公文处理的范畴，必须遵循应用写作的一般规律，严格按照公文制发处理程序办事。而会议记录则只是办公部门的一项业务工作，属于管理服务的范畴，它只需忠实地记载会议实况，保证记录的原始性、完整性和准确性，其记录活动同严格意义上的公文写作完全是两码事。二者在载体样式、称谓用语、适用对象、分类方法、内容重点以及处理方式等诸多方面都有明显区别。

一、会议记录的定义、特点和作用

(一) 会议记录的定义

会议记录是由会议组织者指定专人，如实、准确地记录会议的组织情况和会议内容的一种机关应用性文书。会议记录一般用于比较重要的会议或正式的会议，它要求真实、全面地反映会议的本来面貌。

(二) 会议记录的特点

1. 真实性

会议记录的执笔者与其他文章的写作者有一个重要的区别，那就是他只有记录权没有改造权。会议是个什么样就记成什么样，与会者发言时说了些什么就记下什么，记录者不能进行加工、提炼，不能增添、删减，不能移花接木，不能张冠李戴。

2. 原始形态性

会议记录是会议情况和内容的原始化的记录。所谓原始，就是未经整理，未经综合。在这一点上，它跟会议简报、会议纪要有着很大不同。会议简报和会议纪要也是真实的，但不是原始的。虽然在内容上可能没有太大差别，但在存在形态上，会议记录跟会议简报和会议纪要的差异甚大。

3. 完整性

会议记录对会议的时间、地点、出席人员、主持人、议程等基本情况，对领导讲话、与会者的发言、讨论和争议、形成的决议和决定等内容，都要记录下来，一般没有太多的选择性。

(三) 会议记录的作用

1. 依据作用。会议记录忠实地记录了会议的全貌。会议精神、会议形成的决定和决议、会议对重大问题做出的安排，如果在会议后期需要形成文件，要以会议记录为依据；如果不形成文件，与会者在会后传达贯彻会议精神和决定是否准确，也要以会议记录为依据进行检验。

2. 素材作用。会议进行过程中连续编发的会议简报，以及会议后期制作的会议纪要，都要以会议记录为重要素材。会议简报和会议纪要可以对会议记录进行一定的综合、提要，但不得对会议记录所确认的内容进行歪曲和篡改。可以说，会议记录是形成会议简报和会议纪要的基础。

3. 备忘作用。会议记录可以作为会议情况和会议内容的原始凭证。时过境迁，有关会议的内容和情况可能无法在记忆中复现了，甚至当时做出的重要决定可能也记不清了，这时就不妨查查会议记录。会议记录还可以成为一个部门和单位的历史资料，若干年后，通过大量会议记录可以了解这个单位的历史进程和发展状况。

二、会议记录的分类

（一）按照记录方法和详略程度的不同，分为详细会议记录、摘要式会议记录。

1. 详细会议记录。对于发言的内容，一是详细具体地记录，尽量记录原话，主要用于比较重要的会议和重要的发言。

2. 摘要式会议记录。摘要记录是抓住重点，摘录要义，如发言要点、结论、会议通过的决议等。摘要记录对记录人员素质要求较高，记录人员在记录时必须迅速做出分析概括，抓住重点，领会要义，明白取舍，既要准确地表达发言者的中心意思，又要做到简明扼要。

（二）按照会议举办单位的不同，分为党委会议、企事业行政会议记录、群众团体会议记录

（三）按照会议性质来分，会议记录大致有办公会议记录、专题会议记录、联席会议记录、座谈会议记录等

1. 办公会议记录。是记录机关或企业、事业单位等对重要的、综合性工作进行讨论、研究、议决等事项的一种会议记录。办公会议记录一般有例行型办公会议记录，即记述例行办公会议情况及其议决事项的会议记录，以及现场办公会议记录，即为解决某重大问题而召集有关方面和有关单位在现场研究、议决或协商的办公会议记录。

2. 专题会议记录是专门记述座谈会讨论、研究的情况与成果的一种会议记录。其主要特点是主题的集中性与观点意见的分呈性相结合，既要归纳比较集中、统一的认识，又要将各种不同观点和倾向性意见都归纳表达出来，以供领导决策参考。

3. 座谈会记录。它内容比较单一、集中，侧重于工作的、思想的、理论的、学习的某一个问题或某一方面问题。如《关于接收×××同志为中共预备党员的群众座谈会记录》。

4. 联席会议记录。它系指不同单位、团体，为了解决彼此有关的问题而联合举行会议，在此种会议上形成的记录，它侧重于记录各方达成共同协议的经过。

三、会议记录的写作格式和内容

（一）标题

正式的标题包括单位名称、会议名称和文种三部分，如《中共汕头市常委会会议记录》，或者是会议名称和文种，如《党建工作会议记录》，如果是内部的一些例行的小型会议，可以直接用文种，如《会议记录》。

（二）正文

一般会议记录的格式包括两部分：一部分是会议的组织情况，要求写明会议名称、时间、地点、出席人数、缺席人数、列席人数、主持人、记录人等。另一部分是会议记录格式。会议的内容，要求写明发言、决议、问题。这是会议记录的核心部分。

（三）结尾

会议结束，记录完毕，要另起一行写成"散会"二字，如中途休会，要写明"休会"字样。

◆会议记录的基本模式

××公司办公会议记录

时间：一九××年×月×日×时

地点：公司办公楼五楼大会议室

出席人：×××　×××　×××　×××　×××……

缺席人：×××　×××　×××……

主持人：公司总经理

记录人：办公室主任刘××

主持人发言：（略）

与会者发言：×××

×××

散会

主持人：×××（签名）

记录人：×××（签名）

（本会议记录共×页）

四、会议记录的重点和写作技巧

（一）会议记录应该突出的重点

（1）会议中心议题以及围绕中心议题展开的有关活动；

（2）会议讨论、争论的焦点及其各方的主要见解；

（3）权威人士或代表人物的言论；

（4）会议开始时的定调性言论和结束前的总结性言论；

（5）会议已议决的或议而未决的事项；

（6）对会议产生较大影响的其他言论或活动。

（二）会议记录的写作技巧

一般说来，有四条：一快、二要、三省、四代。

一快，即记得快。字要写得小一些、轻一点，多写连笔字。要顺着肘、手的自然去势，斜一点写。

二要，即摘要而记。就记录一次会议来说，要围绕会议议题、会议主持人和主要领导同志发言的中心思想，与会者的不同意见或有争议的问题、结论性意见、决定或决议等做记录，就记录一个人的发言来说，要记其发言要点、主要论据和结论，论证过程可以不记。就记一句话来说，要记这句话的中心词，修饰语一般可以不记。要注意上下句子的连贯性、可讯性，一篇好的记录应当独立成篇。

三省，即在记录中正确使用省略法。如使用简称、简化词语和统称。省略词语和句子中的附加成分，比如"但是"只记"但"，省略较长的成语、俗语、熟悉的词组，句子的后半部分，画一曲线代替，省略引文，记下起止句或起止词即可，会后查补。

四代，即用较为简便的写法代替复杂的写法。一可用姓代替全名，二可用笔画少易写的同音字代替笔画多难写的字；三可用一些数字和国际上通用的符号代替文字；四可用汉语拼音代替生词难字；五可用外语符号代替某些词汇等。但在整理和印发会议记录时，均应按规范要求办理。

例文及简析

【例一】

党支部会议记录

时间：2010年1月7日上午

地点：党支部办公室

参加人员：×××　×××　×××

主持人：×××（签名）

记录人：×××（签名）

会议内容：研究确定我村今年的党建工作要点

×××：今天，党工委下发了 2010 年党建工作要点，我们一起学习学习，同时，一起研究我们村今年党建工作的重点。下面我先传达一下文件精神：2010 年党建工作的指导思想是：紧紧围绕着建设富裕、文明、和谐的现代化新农村这一目标，全面优化党的干部结构，夯实新农村建设的政治基础。

1. 全面整合组织资源，进一步完善基层组织互帮互助机制。

2. 全面加强社区党建工作，进一步提升服务能力。

3. 全面加强两新组织党建工作，拓宽党建工作覆盖面。

4. 严格党员发展标准，保证党组织纯洁性。

5. 抓好党员队伍建设，不断提升执政能力。

6. 全面加强远程教育工作，不断提高党员干部整体素质。

7. 创新活动载体，扎实抓好基层党建工作。

×××：我认为党委制定的 2010 年党建工作要点关于严格党员发展，对我们来说，是切实可行的，发展党员要坚持组织程序，严格党员标准，全面增加党员发展的透明度，公开度，确保党员发展质量，这就是关键，不能什么人都往党内拉，咱村里大多数的党员总体还是好的，觉悟也很高，但也有个别党员确实是不像话，素质太差，大事小事斤斤计较，安排工作拖拖拉拉、讨价还价，起不到模范带头作用，我建议这样的党员要进行个别谈话和教育让他意识到作为一个共产党员应该怎样做。同时提到要加强违纪违法党员的查处力度，结合计划生育，财务审计等工作，对违法违纪党员，发现一个，查处一个，决不姑息迁就，给我们每个党员都敲响了警钟。

×××：从实际情况看，我们农村党员总体素质还有一定的差距，农村党员干部也是同样，党工委对党建工作要点讲得很好，通过各种渠道，如远程教育，集中培训，征求意见，自我剖析，整顿提高等手段真正使党员干部的思想统一到贯彻落实十七大、十七届三中、四中全会精神，落实到科学发展观的轨道上来，为建设社会主义新农村奠定坚强的组织基础和政治保障。

×××：同志们，刚才讲的都很有针对性，这些问题在我们村也确实存在，因此，今年的党建工作，我认为必须突出抓好以下几条，一是抓班子带队伍，我们这个党支部班子是全村党员群众的核心，我们把党组织的各项工作做好了，全村的工作就做好了。二是抓作风树形象，对个别不发挥作用，不遵纪守法的党员，今年要加强教育，决不能让党员混同于一般群众。

三是要抓教育强素质，刚才×××、×××两位同志说的很有道理，但出现这些问题的原因，就是我们平时没抓好教育，党员干部的素质没有提高，所以今年必须抓好现代远程教育学习和三会一课。对无故不参加学习的党员，七一和年底坚决不予表彰奖励。

大家看看还有什么意见，如果没有意见我们就散会。

（一致同意）

【简析】

这是一份格式规范的详细会议记录、党委会议记录，记录人将与会者围绕"二〇一〇年党建工作要点"这个主题的发言详细具体的记录下来，并且尽量记录原话，同时由于会议主题较为狭窄，内容单一，会议规模较小，就党建工作没有形成正式统一的意见和决议，因此它又属于座谈会会议记录。

【例二】

宏远公司项目会议记录

时间：××××年3月12日上午9时

地点：公司第一会议室

出席人：各分公司与直属部门的经理

缺席人：第三分公司总经理×××（出差深圳）

主持人：高飞（集团公司副总裁）

记录人：周游（总经理室秘书）

一、主持人讲话：今天主要讨论一下"美廉娱乐城"的兴建立项以及如何开展前期工作的问题。（略）

二、发言

第一分公司李总：该项目的选址应定位在亚运村以北，清河以南……（略）

第二分公司张总：该项目应以体育健身为龙头带动其他餐饮娱乐项目。（略）

市场部刘总：汇报该项目市场调查与预测的结果。（略）

财务部莫总：汇报公司的资金状况。（略）

技术部王总：汇报建筑项目投、招标情况。（略）

策划部梁总：讲述三种关于该项目的前期策划设想，前期的宣传投入应该加大。（略）

财务部莫总：前期宣传投入要慎重，理由有三（略）

市场部刘总：前期宣传投入要慎重，理由有三（略）

策划部梁总：前期投入一定要加大，因为（略）

三、决议

（一）一致通过该项目的选址定在××地段（举手表决）。

（二）一致通过该项目第一期投入人民币×××万元（举手表决）。

（三）（略）

四、散会（上午12时）

主持人：高飞（签名）

记录人：周游（签名）

【简析】

这是一份格式规范的会议记录，标题由"机关＋会议名称＋文种构成"。记录依据会议的程序，紧扣会议主题，分为主持人讲话、集体发言讨论、会议决议三部分，条理清楚，重点突出。记录中对发言者、汇报人不可直呼其名，而姓氏加职务（职称）代之，如"王××"写作"王总"。会议中如有争议问题，还应该把争议问题的焦点及有关人员的发言争论观点记录下。会议记录是不容更改的原始凭证，因此会议记录结尾要注意签名，表示对该会议记录的负责。

理论题：

一、填空题：

1. 会议记录一般用于比较重要的会议或正式的会议，它要求＿＿＿＿、＿＿＿＿反映会议的本来面貌。

2. 会议记录的作用有＿＿＿＿＿＿＿、＿＿＿＿＿＿＿、＿＿＿＿＿＿。

二、判断题：

（　　）1. 详细会议记录是抓住重点，摘录要义，如发言要点、结论、会议通过的决议等，它对记录人员的要求较高。

（　　）2. 会议记录最后只需要主持人签字。

（　　）3. 联席会议记录。它系指不同单位、团体，为了解决彼此有关的问题而联合举行会议，在此种会议上形成的记录，它侧重于记录各方达成共同协议的经过。

（　　）4. 一般会议记录的格式包括两部分：其中会议的组织情况，如会议名称、时间、地点、出席人数、缺席人数、列席人数、主持人、记录人是写在会议记录的最后面。

实练题：

在班级里召开一次团员座谈会，讨论谢云、李东生、曹国玖三位同学的入团申请，将会议进行情况记录下来。

第五节 会议纪要

知识链接

会议纪要的产生发展和意义

广义范畴的会议纪要历史与人类文明史相仿，因人类不断开展分工最终实现社会化大生产是依靠劳动者之间的沟通达成，协商过程必须经各方记录并确认，会议记录随之产生。最早的会议记录似应产生于资本主义萌芽时期，可说早期的合同即是由会议记录直接转化而成的，它就是现时所谓会议纪要的前身。在现代经济活动中，会议纪要是合同签署各方协商确认事项的法律存档依据，这也是会议纪要的作用。

——摘自马宵的《会议纪要的产生发展和意义》

一、会议纪要的定义、作用和特点

（一）会议纪要的定义、作用

会议纪要是根据会议情况、会议记录和各种会议材料，经过综合整理而形成的概括性强、凝炼度高的文件，它具有情况通报、执行依据等作用，产生于会议后期或者会后，属纪实性公文。任何类型的会议都可印发纪要，尚待决议的或者有不同意见的，也可以写入纪要。会议纪要是一个具有广泛实用价值的文种。

（二）会议纪要的特点

1. 内容的纪实性。会议纪要必须是会议宗旨、基本精神和所议定事项的概要纪实，不能随意增减和更改内容，任何不真实的材料都不得写进会议纪要。

2. 语言的概括性。会议纪要必须精其髓，概其要，以极为简洁精炼的文字高度概括会议的内容和结论。既要反映与会者的一致意见，又可兼顾个别同志有价值的看法。有的会议纪要，还要有一定的分析说理。

3. 行文的条理性。会议纪要要对会议精神和议定事项分类别、分层次予以归纳、概括，使之眉目清晰、条理清楚。

4. 称谓的特殊性。会议纪要一般采用第三人称写法。由于会议纪要反映的是与会人员的集体意志和意向，常以"会议"作为表述主体，"会议认为"、"会议指出"、"会议决定"、"会议要求"、"会议号召"等就是称谓特殊性的表现。

二、会议纪要的分类

根据会议的性质，会议纪要大致可分为：

1. 工作会议纪要。它侧重于记录贯彻有关工作方针、政策，及其相应要解决的问题。如《全国民族贸易和民族用品生产工作会议纪要》、《全省基本建设工作会议纪要》。

2. 代表会议纪要。它侧重于记录会议议程和通过的决议，以及今后工作的建议。如《××省第一次盲人聋哑人代表会议纪要》。

3. 座谈会纪要。它内容比较单一、集中，侧重于工作的、思想的、理论的、学习的某一个问题或某一方面问题。如《十省区、十个路局整顿治安座谈会纪要》。

4. 联席会议纪要。它系指不同单位、团体，为了解决彼此有关的问题而联合举行会议，此种会议纪要侧重于记录两边达成的共同协议。

5. 办公会议纪要。对本单位或本系统有关工作问题的讨论、商定、研究、决议的文字记录，以备查考。

6. 汇报会议纪要。这种会议侧重于汇报前一段工作情况，研究下一步工作，经常是为召开工作会议进行的准备会议。

三、会议纪要的写作格式和内容

会议纪要的基本组成部分通常由标题、正文、落款构成；非基本组成部分则包括主送、抄送单位、印发份数、附件等内容。

（一）标题

主要有两种形式：一是会议名称加纪要，如《全国农村工作会议纪要》。二是召开会议的机关加内容加纪要，如《省经贸委关于企业扭亏会议纪要》。

（二）正文

会议纪要正文一般由两部分组成。

1. 会议概况。主要包括会议时间、地点、名称、主持人，与会人员，基本议程。

2. 会议的精神和议定事项。常务会、办公会、日常工作例会的纪要，一般包括会议内容、议定事项，有的还可概述议定事项的意义。工作会议、专业会议和座谈会的纪要，往往还要写出经验、做法、今后工作的意见、措施和要求。

（三）落款

会议纪要的落款一般包括发文机关和成文日期。

四、会议纪要的三种写法

根据会议性质、规模、议题等不同，大致可以有以下几种写法：

（一）集中概述法

这种写法是把会议的基本情况，讨论研究的主要问题，与会人员认识、议定的有关事项（包括解决问题的措施、办法和要求等），用概括叙述的方法，进行整体的阐述和说明。这种写法多用于召开小型会议，而且讨论的问题比较集中单一，意见比较统一，容易贯彻操作，写的篇幅相对短小。如果会议的议题较多，可分条列述。

（二）分项叙述法

召开大中型会议或议题较多的会议，一般要采取分项叙述的办法，即把会议的主要内容分成几个大的问题，然后加上标号或小标题，分项来写。这种写法侧重于横向分析阐述，内容相对全面，问题也说得比较细，常常包括对目的、意义、现状的分析，以及目标、任务、政策措施等的阐述。这种纪要一般用于需要基层全面领会、深入贯彻的会议。

（三）发言提要法

这种写法是把会上具有典型性、代表性的发言加以整理，提炼出内容要点和精神实质，然后按照发言顺序或不同内容，分别加以阐述说明。这种写法能比较如实地反映与会人员的意见。某些根据上级机关布置，需要了解与会人员不同意见的会议纪要，可采用这种写法。

五、会议纪要的写作要求和注意事项

1. 要正确地集中会议的意见。没有取得一致意见的，一般不写入纪要。但对少数人意见中的合理部分，也要注意吸收。

2. 例会和办公会议、常务会议的纪要，重点将会议所研究的问题和决定事项逐条归纳，做到条理清楚，简明扼要。

3. 会议纪要用"会议"做主语，即"会议认为"、"会议确定"、"会议指出"、"会议强调"、"会议听取了"、"会议讨论了"等。

4. 会议纪要写成后，可由会议主办单位直接印发，也可由上级领导机关批转。有的会议纪要还可由会议主办单位加按语印发。

例文及简析

【例一】

北京××大学教育基金会
第一次理事长办公会纪要

基金会纪要〔2000〕1号

时间：2000年12月21日上午8：30—12：00

地点：行政办公楼401室

参加人员：理事长×××副理事长×××秘书长×××

列席人员：监事长×××

主持：×××理事长

办公会围绕以下既定的五项议题进行：

（一）关于理事长的分工。为使基金会的工作更加协调、规范、高效，会议首先讨论了基金会理事长的工作分工。会议除明确×××理事长负责全面工作外；三位副理事长的工作则按照基金会的筹款、资金运作和资助项目三项重点工作各有所侧重的原则，会议决定这三项工作分别由×××、×××及×××三位副理事长分管，其他副理事长配合。

（二）关于第三次高校教育基金会研讨会情况。基金会×××秘书长、×××副秘书长就第三次高校教育基金会研讨会情况向理事长办公会做了汇报，介绍了目前国内工作开展较好的各主要高校基金会的运行模式及管理机制。办公会在认真听取并分析这次研讨会情况的同时，提出了其他院校可借鉴之处。

（三）审定基金会《章程》。办公会对秘书处根据第一次理事会决议对基金会《章程》所做的修改稿进行了认真审议并原则通过；鉴于国家新的基金会管理办法及章程范本即将出台，会议责成秘书处届时进行必要修改后再提交审议定稿。

（四）关于基金会的运行模式。会议同意基金会下设三个部，决定2001年基金会的编制暂定5~7人，以后根据工作需要进行增加。关于基金会和校友会的关系，会议认为"两会"虽然同属平级的独立社团，但工作密不可分，必须互相支持，团结协作，默契配合，运行模式上实行合署办公。关于基金会的财务，办公会希望创造条件争取独立，在独立前仍归学校财务处单独立户代管。

（五）会议审定并原则通过了基金会秘书处提交的《北京××大学教育基金会

2001年工作计划》，并要求秘书处对工作计划做进一步的细化，以便执行和检查落实。

北京××大学教育基金会
二〇〇〇年十二月二十二日

【简析】

这是一次办公会议纪要。围绕××教育基金会的管理层分工，研讨会举行情况、《章程》、运行模式以及基金会2001年的工作计划等相关问题进行讨论、研究、商定、汇报、审定决议的文字记录，以备查考。该会议纪要采用集中概述的写法，把会议的基本情况，讨论研究的主要问题，与会人员的认识、议定的有关事项（包括解决问题的措施、办法和要求等），用概括叙述的方法，进行整体的阐述和说明。

理论题：

一、填空题：

1. 会议纪要适用于记载和传达_____和_____。

2. 按照会议纪要的内容性质，可将其分为工作会议纪要、_____、座谈会纪要、联席会纪要、_____、_____、技术鉴定会纪要、_____。

二、判断题：

（　　）1. 具有决议的性质是会议纪要的特点之一。

（　　）2. 要尽可能将会议中所有人的所有意见都记入会议纪要。

（　　）3. 会议纪要一般用"会议"作主语，即"会议认为"、"会议确定"、"会议指出"，但特殊情况下，也可以用第一人称。

（　　）4. 召开小型会议一般要采取分项叙述的办法，即把会议的主要内容分成几个大的问题，然后加上标号或小标题，分项来写。

（　　）5. 会议纪要可根据宣传教育需要，对内容进行适当的想象和修改。

实练题：

请根据以下材料写一篇会议纪要：

汕头市创建国家卫生城市领导小组昨天召开第十个卫生月动员会。会议提出，要通过卫生月活动，使中小马路、城乡结合部等展现出崭新的面貌，让市民切身感受到"卫生月"的效果。副市长×××、×××出席了会议并讲话。

会议确定3月31日为卫生月活动宣传日，全市掀起宣传高潮；4月7日为居住环境整治日；4月11日、18日、25日为单位卫生和环境卫生薄弱环节整治日。

市有关单位负责人在会上提出了各自参与卫生月活动的打算；普陀区政府提出，以整治住宅和环境卫生为重点，将动员、发动工作做到每家每户，努力为居民创造净化、美化、绿化的环境；共青团上海市委号召全市团员、青年参与"双休日奉献2小时，为您带来环境美"活动；市工商局要求各级工商部门以"规范市场秩序，整治市场环境"为主题，加强市场监督和执法力度；市建委提出，以直接关系市容环境污染的工地卫生为重点，层层发动，做到文明施工；市教委号召全市100万大中小学生人人动手整治校园、居室内外环境；市环卫局要求广大环卫职工规范作业，重点将中小道路和城乡结合部的积存垃圾清除干净；市巡警总队提出，对卫生状况差的中小道路或路段进行集中整治，加大执法力度，确保一方环境整洁。会议要求各地区和系统对卫生月活动要精心组织、周密安排，落实卫生政治工作；要动员广大群众以主人翁姿态加入环境整治活动。各地区和部门要强化监督检查，对后进单位要严肃批评，对违章者要依法处罚。卫生月后，要落实长效管理措施，尤其是完善制度，健全机制，提高管理水平。

附件：《企业例会会议纪要标准格式》

会 议 纪 要

〔××××〕×××号

××××旅游文化股份有限公司综合部

会议时间：××××年××月××日××：××—××：××

会议地点：公司总经理办公室

主持人：×××

参会人员：×××、×××、×××、×××、×××、×××、×××、×××、×××、×××、×××、×××

记录人：×××、×××

会议议题：制定公司例会制度及人员工作责任制

会议内容：

一、例会：

时间：每周一上午××：××—××：××

参加部门：总经理、财务部、工程部、综合办公室、餐厅部。

参加人员：以上部门所有人员。

参会内容：汇报上周工作总结、本周工作进度、下周工作计划。

（内容略）……

第六节 通　　知

知识链接

通知的文种源流

"通知"用作公文名称较晚。自秦汉到明清乃至北洋军阀统治时期，官府之间有事互相告知，或者上级机关告知下级机关，所用公文均无"通知"这一名称，1942 年，国民党政府为了消除公文体制上的混乱，发布了新的《公文体制条例》，取消了原来的"咨"和"任命状"，增加了"通知"和"报告"。这是我国第一次将"通知"用作公文名称。1949 年，华北人民政府发布的《公文处理暂行办法（草案）》，把"通知"正式列为行政公文名称。

一、通知的定义、适用范围和特点

（一）通知的定义
通知就是把需要告诉有关单位和人员的事项，用文字形式表现出来的一种公文。

（二）通知的适用范围
适用于传达上级机关的指示，要求下级机关办理或者需要知道的事项，批转下级机关的公文或转发上级机关，同级机关和不相隶属机关的公文。通知的使用频率很高，使用范围也相当广泛。通知可以由上级机关发给它的下级机关，这种行文方向的公文称作下行文，通知也可以给同级机关，这种行文方向的公文称作平行文。一般以下行文为主。

（三）通知的特点
1. 知照性。通知的主要功能在于知照，即传达、告知要求各有关方面的某个事项。

2. 广泛性。机关单位、不论规模大小、不论级别高低，不论事项大小，都可使用。

3. 灵活性。可适用于上级对下级行文，也可以用于平级或不相隶属机关之间行文，在制发程序上，也不用经过太正式的讨论通过后才能实行。

4. 即时性。通知所晓谕的事项通常在较短的一段时间内有效。

二、通知的分类

常见的公文性通知可做如下分类；

（一）规定性通知

根据实际工作需要，上级机关对公务活动中某一具体事项的标准做明确的规定，以便下级有关单位和人员在工作中遵守执行。然而这些内容并不是系统的规范，不宜使用法规性公文，因此用通知的形式是很恰当的。这类通知的标题的事由部分常有"颁布"、"发布"、"印发"、"转发"等字样（参见例四）。正文中要写明依据及对下级的要求，所作用的规定通常附在文后一并下达。

（二）指示性通知

上级机关对下级机关有所指示或有所部署，但限于权限或公文内容，不适宜用"命令"或"指示"行文的，一般采用通知的形式，这种通知便是指示性通知。如例一。

（三）事务性通知

上级机关对下级机关布置工作，交代任务，要他们据此办理的通知；或者同级机关及不相隶属的单位之间就某项工作要求对方配合或协助办理的通知；此外还有会议通知，都属于事务性通知。一般的事务性通知的正文通常由发文缘由、具体任务、执行要求三部分组成。

如例二。

（四）告知性通知

把需要对方单位知道的事项告诉对方，可以是下行文，也可以是平行文。下行的告知性通知，一般要写明告知事项、背景或依据，再写明事项的具体内容，然后提出要求。有些告知性通知只要把事项说清楚就可以了。如例三。

（五）发文通知

发文机关认为某一下级机关上报的报告或其他文件具有普遍意义，于是在这个文件上加上批语，用通知的形式发给所属的其他下级机关，供参考或执行用。这样的发文通知称为批转通知。如例四。如果发文机关采用上级或同级单位，或不相隶属单位的文件，加上批语，用通知的形式发给所属下机关，这样的通知称为转发通知。把本机关所制定的某些公文（主要是条例、规定等法规性公文以及计划、总结等），加按语印发。这种通知称为印发通知。

三、常用通知的写作格式和写作内容

（一）标题

一般包括发文机关、公文文种。例如《国务院关于取消铁路地方建设附加费的通知》，这个标题中，发文机关是"国务院"；公文事由是"关于取消铁路地方建设附加费"；公文文种是"通知"。有时也可以省略发文机关，标题也可写为"关于×××××的通知"。如果内容简单，标题也可以不写"通知"二字。标题中除法规、规章等名称加书名号外，一般不用标点符号。标题太长需要换行，不要把一个词语拆开，第二行仍应居中对称书写。如果事情重要或紧急，可在"通知"前标明，如"重要通知"或"紧急通知"。

（二）发文字号

重要的通知，作为文件下发，要有发文字号。发文字号由三部分组成：机关代字、年份、顺序号。如：国办发［2005］69号

（三）主送机关

在标题下一行顶格书写接受通知的机关名称，后面用冒号。主送机关不止一个时，各种机关名称之间用逗号，同种不同类机关之间用顿号，换行仍然顶格写。

（四）正文

另起一行空两格写正文。用简洁的语言把通知内容写清楚，要求具体、明确。内容较多可以分条或分段写。内容重要的通知有时在通知内容前写清楚来由，内容中可说清为什么要这样做或怎么做，但一般不做理论上的阐述与论述。

（五）落款

正文右下方写上发通知单位名称，在下一行的同一位置写上日期。必须注意日期指的是成文日期，也即公文生效的日期，要以发文机关的负责人签发的时间为准，用汉字写明年、月、日。然后加盖机关印章，印章要压盖在日期上"骑年盖月"。

（六）主题词

主题词是根据公文内容概括出的表达主题的规范化名词或名词性短语，以便公文的归档和检索。主题词少则用两三个词语，最多以七个词语为限，依词语所表达的意义的重要程序排列，标出公文内容的种类属别，最后一个词语为文种即"通知"。主题词写在文尾分栏线上一行，顶格书写，两词之间各空一格，不用标点符号。

例文及简析

【例一】

召开农场连队建设经验交流会的通知

各连队、直属机关及单位：

经研究决定于××年1月3日至5日，在场部小礼堂召开连队建设经验交流会，现

将有关事项通知如下：

1. 参加会议人员：各连队、直属机关及单位主要负责人 1 人，宣传干事 1 人。

2. 会期 3 天。

3. 报到时间：1 月 2 日至 3 日上午 8 时前。报到地点：第一招待所 1 号楼 101 房间。联系人：崔伟国。

4. 请各单位打印经验材料 30 份，于 12 月 20 日前报场宣传处，发言者自带发言稿。

特此通知

×× 农场办公室（盖章）

×××× 年十二月一日

【简析】

这类通知正文一般有三部分构成：1. 引言。清楚明白地阐述发此指示性通知的缘由和指导思想；2. 主文。分项提出解决问题的具体要求；3. 结尾。对贯彻本通知提出要求。

【例二】

会 议 通 知

_____同志：

兹定于 4 月 1 日下午 2 点，在街道办事处会议室召开本街道个体经营户会议，有区工商管理局负责同志到会传达重要事项，务请届时出席。

老街街道办事处

×××× 年三月二十三日

【简析】

会议通知内容应包括通知对象，会议时间、地点、内容、会议报到时间、地点，应携带物品，及注意事项等。

【例三】

杭州市人民政府
关于×××等同志职务任免的通知

杭政干〔2014〕29号

市政府决定：

黄××任杭州奥体博览城建设指挥部总指挥（正局长级）；

潘××、茹××任杭州奥体博览城建设指挥部副总指挥（副局长级）。

原任杭州奥体博览中心项目指挥部总指挥、副总指挥职务自行免除。

杭州市人民政府

二〇一四年七月十二日

【简析】

任免通知，属告知性通知。此类通知一般不需要说明意义等，可用一两句话说明依据，如本通知正文第一行，有时可以不说明依据直接任免。但标题、落款、日期不能少。

【例四】

国务院关于批转国家税务总局关于
《加强个体私营经济税收征管强化查账征收工作意见》的通知

国发〔1997〕12号

各省、自治区、直辖市人民政府，国务院各部委、各直属机构：

国务院同意国家税务总局《关于加强个体私营经济税收征管强化查账征收工作的意见》，现转发给你们，请遵照执行。

加强个体、私营经济税收征管，强化查账征收工作是规范个体、私营经济管理，促进个体、私营经济健康发展的重要措施。各级人民政府要高度重视，切实加强领导，协调税务、工商行政管理、公安和金融等有关部门，积极稳妥地做好这一工作，并帮助税务部门解决工作中出现的困难和问题。国家税务总局要结合深化税收征管改革，切实做好对这项工作的组织指导和监督检查。各有关部门要相互支持、密切配合，确保这项工作的顺利进行。

本通知的具体实施意见，由国家税务总局会同有关部门制定。本通知的贯彻执行情况，各省、自治区、直辖市和计划单列市人民政府应于七月底前报告国务院，同时抄送国家税务总局。

附件：关于加强个体私营经济税收征管强化查账征收工作的意见（略）

国务院
一九九七年二月十八日

【简析】

这是一份批转通知。这类通知一般在标题事由中写明文件事由并标上"批转"字样，以示区别。正文前要写明受文单位；正文中要写明所批转文件的名称，并提出希望和要求，态度明确，还可以对适用范围与传达贯彻的时间、范围、方式，以及保密等问题做出规定。正文或附件所示的文件，便于归档、检索，书写合乎要求。

理论题：

一、填空题：

1. 通知的类型分_____、_____、_____、_____、_____。

2. 通知的文章结构包括_____、_____、_____、_____、_____。

二、判断题：

（　　）1. 通知可以是下行文，也可以是平行文、上行文。

（　　）2. 告知性通知要写清楚何时、何地、何事、如何办理等。

（　　）3. 指示性通知主要写对某项工作的意见指示、决定安排等。

（　　）4. 会议通知的所有问题都要在正文中说明。

（　　）5. 通知的结尾可写可不写，因文而异。

实练题：

为了贯彻落实市教育局关于进一步开展学生法制教育工作的要求，龙湖区教育局于2014年6月13日早上9点召开本区中小学校长会议，要求各学校负责德育工作的校长和主任出席会议，在会议上就本校2013年度的学生法制教育工作进行总结发言，并阐述如何进一步深化2014年学生法制教育工作（发言材料打印35份），与会人员于2014年6月13日早上8点半到区教育局6楼多媒体报告厅报到。

要求：请以龙湖区教育局的名义，根据上述材料拟写一份会议通知。（所需内容可自行补上）。

第七节 通 报

知识链接

曹丕与《典论·论文》

曹丕（187—226），东汉末年建安时期的文学家，是曹操的次子。《典论》是曹丕所作的一部学术性论著，这一著作的大部分均已散佚，存留下来比较完整的是《自叙》和《论文》两篇。其中《论文》首开文学批评的风气，文章的主旨是反对文人相轻的习气，曹丕指出了建安时期作家们的长处和短处，给他们较为中肯的评价，反对"各以所长，相轻所短"。他认为不同体裁的文章具有不同的特点，"奏议宜雅，书议宜理，铭诔尚实，诗赋欲丽"。他还强调"文以气为主"，认为人们的个性不同，创作的风格也就千差万别。这些论述在文学批评史上起到了奠基的作用。

一、通报的定义、范围和作用

通报是用来表彰先进、批评错误，传达重要情况和精神的公文。

通报与通知在沟通情况、传达信息方面的作用有相识之处。但是，在使用范围上，通知要比通报的范围更广；在内容上，通报一般选具有普遍意义的问题，起倡导、教育、指导的作用。

通报的作用如下：

（1）互通情况，沟通信息，使有关单位或组织了解工作进程，安排好自己的工作。

（2）学习先进的典型经验，指导和推进工作。

（3）吸取他人教训，警惕类似问题发生。

二、通报的分类

从不同角度可以把通报分成各种不同的类型：从发文机关分，可分为单独通报与联合通报；从业务范围分。可分为专业通报和公务通报；从内容的表达形式分，可分为直述性通报和转发性通报。通常最常用的是从内容的性质分，可分为表扬通报、批评通报、传达重要情况的通报。

三、通报的写作格式和写作内容

通报的格式，一般由标题、正文、发文机关、发文日期构成。有的在标题下写上发文字号，有的还带附件。

（一）标题

通报标题的写法与通知的标题相似，具有发文机关、事由、文种三要素，如《国务院关于一份国务院文件周转情况的通报》。有的不写发文机关而只写事由和文种，如《关于情况的通报》。但必须在落款处有发文机关。

（二）发文字号

重要的通报，其发文字号由三部分组成：机关代字、年份、顺序号。

（三）正文

正文的写法通常由主要事实、指明其意义、提出要求三部分组成。但是不同类的通报又有不同的要求。表扬性通报的正文可由缘由、内容、希望和要求三部分构成。批评性通报的正文由缘由、提出意见和要求两部分构成。传达重要情况的通报，要分别写清情况、分析和要求，通常可以综合在一起分为几个问题阐述。

正文的写作有直述式和转述式两种。直述式一般把通报的情况直接写出来，根据需要可以写得比较具体，也可以写得比较概括，以让受文者能看清楚了解情况为标准。分析要抓住实质，说明意义。要求要明确，具有指导意义，转述式的通报开头先写转发文件名称，然后提出问题，明确目的，结合本系统、本地区、本单位的工作提出要求。转发的文件要作为附件附在通报后面。

（四）落款

落款包括发文机关和发文日期。正文右下方写上发文机关名称，在下一行的同一位置写上日期。必须注意日期指的是成文日期，也即公文生效的日期，要以发文机关的负责人签发的时间为准，用汉字写明年、月、日。然后加盖机关印章，印章要压盖在日期上"骑年盖月"。

四、通报的写作要求

1. 按照国家的法律、法令和党的方针政策办事，根据本部门相关的规章制度办事，决不能以个人好恶左右通报内容，造成消极影响。

2. 要有普遍意义和教育意义的典型，不管是正面的还是反面的典型，在通报前对事实本身及有关问题必须一一核实、查清。

3. 通报的开头不能冗长，应把重点与篇幅较多地让给典型事件的叙述。事件的陈述要简洁明了，交代人与事等要清楚，语气要庄重。

4. 通报中总结性、指导性的意见、观点和要求必须放在事实与奖赏或处理措施之后，否则就不符合"先事实后结论"的逻辑规律，同时也削弱了通报的指导作用和教育作用。

5. 通报中对问题定性的部分，用语必须谨慎准确，不能言过其实，要恰如其分，以免给工作造成被动或不良影响。

例文及简析

【例一】

关于表扬庆丰乡超额完成全年粮油征购任务的通报

各乡人民政府：

党在农村的各项政策落实后，庆丰乡的广大干群的生产积极性空前高涨，夺得了今年粮油丰收。他们丰收不忘国家，踊跃向国家交售粮油。截至10月25日，全乡交售粮食、油菜籽已分别超过下达指标72.5万公斤、9875公斤，是我区今年第一个完成全年粮油征购任务的单位。特此通报表扬。

当前，我区粮油征购工作的情况，总的来说是好的，但也有少数乡进展缓慢，希望切实加强领导，检查原因，采取有力措施，为早日完成和超额完成今年粮油征购任务而努力。

耀廉区人民政府

××××年十一月二十日

【简析】

这份通报由耀廉区人民政府一方署名，可属单独通报；因内容是关于征购粮油的，故又可称为专业通报；此外它还是直述性通报、表扬性通报。正文的第1自然段既写出重要事实，又指明了意义。第2自然段提出指导性意见。

【例二】

南北贸易公司业务部
关于当前市场情况的通报

深圳、珠海、广州各事处、联络站：

经公司决定有关市场处置方针两项，通知如下：

一、目前内地市场饼干、罐头及各种调味品销路疲软，本地和附近城市生产的同类新产品增加，市场呈饱和状态。至上月底止，公司仓库已有大量积压。务希停止对上项商品的订购业务，正在洽谈中的立即停止，已准备签约供货的如能减少，亦请与供货厂家商洽，争取尽量减少，以免运来后积压，造成资金周转困难及仓储损失。

二、上月以来，各种高档化妆品销势转旺，尤以"××"美容系列产品订单多，据市场高档信息，此类化妆品可能有较长期的销售生命力。现公司存货不多，希望尽可能争取货源。与厂家洽谈时，附款条件可略有优惠，以加强竞争力量。

以上两项，请查照办理。

南北贸易公司业务部
××××年×月×日

【简析】

这是一份转发重要情况的通报。它与表扬性、批评性通报不同，是几个问题的综合通报。但本文还有一些地方有必要修改，如开头一句，拟改为"经公司决定，特将有关市场处置方针两项通报如下"。在第一项中，"已准备签约供货的如能减少"可改为"已准备签约的"。第二项中也有类似用语不当的问题。

理论题：

一、填空题：

1. 通报按其性质和作用，可分_____通报、批评性通报和_____通报。

2. 通报的标题包括_____、_____、_____几部分。

二、判断题：

（　　）1. 通报的作用主要是交代具体时间、地点、人物、事件原委和结果。

（　　）2. 通报多用于夹叙夹议的写法，既叙述情况，又适当分析。

（　　）3. 通报跟通知一样，可以是上行文，也可以是下行文和平行文。

（　　）4. 批评性通报的正文一开头就要在认定错误严重程度的同时，令其吸取教训。

实练题：

2014 年 6 月 17 日汕头市龙湖区四达公司的仓库应值班人员违规使用电器引起火灾，该区人民政府特向本区各单位发出信息，要求以此为鉴，做好本单位的消防检查工作以及本单位职工、员工的火灾防范意识教育工作。

要求：请以龙湖区人民政府的名义，根据上述材料拟写一份通报（所需内容可自行补上）。

第八节　请　　示

知识链接

"请示" 的文种源流

我国古代的 "奏"、"章"、"表"、"疏" 以及民国时期的 "呈"，除了可以报告工作外，还可以请示工作。1938 年，晋察冀边区行政委员会发布的第 4 号指示信《改革公文程序的理论与实践》，首次把 "请示" 列为公文文种。党的机关 1989 年将 "请示" 列入法定公文。行政机关 1957 年将 "请示" 从 "报告" 中分离出来并确定为公文种类之一，1981 年将其列入法定公文。党政机关 2012 年将 "请示" 列入法定公文。

一、请示的定义、特点

（一）请示的定义

请示是党政机关都广泛应用的一种上行公文。主要适用于向上级机关请求指示、批准。

（二）请示的特点

1. 回复性

在公文体系中，请示是为数不多的双向对应的文体之一，具有较强的期复性，因此，制度规定，下级机关行文后，上级机关必须在一定时间内给予答复。

2. 单一性

请示具有强制回复性，上级机关要及时给予答复，因此在一份请示中，只能就一项工作或一种情况、一个问题做出请示，不得在一份公文中就若干事项请求指示和批准，耽误正常工作的开展。

3. 针对性

请示的行文，有很强的针对性。必须针对超出了本机关职权、能力、认识范围之外的事情才能运用请示。

4. 超前性

请示的行文时机具有超前性，必须在事前行文，等上级机关做出答复后才能付诸实施。事中行文或事后行文都是不正确的。

5. 可行性

请示中提出的请上级机关予以批准的要求，应该是切实可行的，应考虑到上级机关的审批权限和解决能力，不应提出根本办不到的不合理的要求。

二、请示的分类

1. 请求指示的请示。请求指示的请示运用于以下三种情况：①下级机关遇到新情况、新问题，无章可循，需要请示上级机关；②对有关方针、政策和上级机关发布的规定、指示在理解上有疑问和分歧，在执行上把握不准，或在执行中需要变通时，需要请示上级机关；③事关重大，需要上级机关给予原则上的指导。

2. 请求批准的请示。依据管理权限和有关规章，下级机关就某些工作、某些问题请求上级机关给予审定、认可时使用的请示。

3. 请求批转的请示

某职能部门在自己的职权范围内制定了相关的办法和措施，却不能直接要求平级机关和不相隶属机关照办，可用请示的方式要求上级机关批转给有关部门执行。

三、请示的写作格式和具体内容

1. 标题。请示的标题可以由发文机关＋事由＋文种构成，如《××省农业厅关于急拨救灾款的请示》。也可以由事由＋文种构成，如《关于成立老干部活动室的请示》。

2. 发文字号。发文字号由三部分组成：机关代字、年份、顺序号。

3. 主送机关。为直属上级机关，即一般只报送一个主管的领导机关，需要送其他机关的用抄送形式。

4. 正文。请示的正文由请示缘由、请示事项、请示结语三部分构成。

请示缘由。写明所遇到的新情况、新问题，或自身没有能力解决的困难，要写得充分恰当、言之有据。交待完请示缘由之后，一般用"特请示如下"过渡到请示事项。

请示事项。写清要求上级机构予以指示、审核、批准的具体问题和事项，这是请示的实质内容，是请示最核心、最重要的部分。

请示结语。以惯用的"当否，请批示"，"妥否，请批复"，"以上请示，请予审批"，"以上请示如无不妥，请批转有关部门执行"等结束语收尾即可。

5. 落款。在正文后右下方标注发文机关。如在标题中已出现发文机关，则落款可以省略。

6. 成文时间。一般为发文日期，在发文机关下方标明。

四、请示写作的注意事项

1. 要坚持一文一事，报送一个主送机关。确需了解请示事项的领导机关或领导人，采取抄报形式处理。

2. 一般不得越级请示，个别需要越级请示的，常采用两种方式：一种是转呈式，可以既避免越级，又明确主送机关；另一种是在越级请示的同时，把请示抄报被越过的主管部门。

3. 不能把请示写成报告或请示报告；

4. 除领导直接交办的事项外，请示不要直接送领导者个人，或既写主送机关，又同时主送、抄送给主送机关领导人。

5. 一般情况下，也不得在上报上级机关的同时将请示抄送平级和下级机关。

五、请示与报告的异同

相同点：

（1）两者都属上行文。

（2）为督促各级领导干部认真履行职责，对行文负全责，上报的报告、请示首页须注明签发人。

（3）通常情况下，报告和请示的标题可省略发文机关。

不同点：

（1）写作性质不同。报告属陈述性公文，请示属呈请性公文。

（2）行文目的不同。报告行文目的在于汇报工作、反映情况、提出意见和建议、答复询问等，故不要求上级机关回复；请示行文目的在于请求指示或审核批准，需要上级机关给予答复。

（3）内容含量不同。报告的内容含量比较大，往往涉及多个事项，可以一文多事，即使是专题报告，也常常包括一个事项的多个方面，篇幅较长；对请示则严格要求一文一事，一事一请，篇幅相对较短小。

（4）行文时间不同。报告在事前、事中、事后均可行文；而请示必须事前行文，不能边干边请示，或先斩后奏。

（5）结尾形式不同。报告因不需要上级机关做出回答，因此常用"特此报告"、"以上报告，请审阅"、"以上报告如无不妥，请批转……"等词语来收尾；而请示需要上级机关给予回复，所以常用"以上所请，妥否（当否），请批复（批示、答复、回复）"、"以上所请如无不妥，请批转……"等词语做结语。

例文及简析

【例一】指示性请示

×××化工厂关于贯彻按劳分配政策两个具体问题的请示

省劳动厅：

按劳分配，是社会主义分配的基本原则，也是社会主义优越性之一。几年来，我厂由于认真贯彻了按劳分配政策，极大地激发了广大职工的社会主义劳动积极性，使得生产率成倍地增长，乃至几倍的增长。

为全面贯彻按劳分配原则，进一步调动职工的劳动积极性，现就两项劳资政策问题请示如下：

一、拟用 1990 年全厂超额利润的 10% 为全厂职工晋升工资。其中，1990 年 4 月 30 日在册职工每人晋升一级，凡班（组）长和车间先进生产（工作）者及其以上领导和先进人物再依次晋升一级；全厂技术突击组成员每人浮动一级工资，组长每人浮动两级工资。

二、拟用 1990 年全厂超额利润的 10% 一次性为全厂职工每人增发奖金平均 100 元，具体金额按劳动出勤率和完成定额计算。

以上请示，妥否，请批示。

×××化工厂

一九九〇年十一月十日

【简析】

（1）"拟用"用得好，工厂"拟用"这笔资金给职工晋升工资和发奖金，先行请示，这是请示的关键一环。

（2）注意政策的请示，政策问题是个原则性问题，凡把握不准时，都应及时请示，以便工作主动。

【例二】批准性请示

省经济研究中心关于嘉奖刘××的请示

省总工会：

我中心是省政府的事业机构，负责全省的经济研究工作。由于中心尚无工会组织，故未能及时参加工会的有关活动。近闻总工会正在全省开展评奖活动，故将为我中心刘××同志立功一事请示如下：

刘××，男，52岁，1964年大学毕业，现为副研究员。该同志长期从事农业经济的研究工作，做出了许多卓著成绩，多次受到领导的好评，并为农业生产创造了显著效益。其中《×××××××》和《×××××××》两篇论文分别荣获全国农学会一、二等奖，《×××》一书被评为全国科普鼓励奖，其本人已被编入中青年科学家辞典。

根据×总发【19××】××号文件精神，刘××同志符合立功条件，望予嘉奖。

以上，妥否，请批示。

省经济研究中心
一九九〇年×月×日

【简析】

层次清晰，陈述有序，有理有据。

【例三】批转性请示

共青团上海市××区委员会（文件版头）

××团委（×）年×号（发文字号）

关于召开共青团××××第×次团员代表大会的请示（文件标题）

共青团上海市委员会（上级团委全称）：

共青团××××第×届委员会于××年××月被批准产生，至××年××月任期已满×年。根据《团章》、"沪团委（92）年8号"文件有关规定，我委拟于××年××月×旬召开共青团××××第×次团员代表大会，现就有关事项请示如下：

一、大会的主要任务

1. 听取和审议共青团××××第×届委员会工作报告。

2. 确定新一届团委会工作努力方向、奋斗目标。

3. 选举产生共青团××××第×届委员会。

4. 团费收缴和团的经费使用情况报告。

二、大会的议程（此处略，一般包括预备会议和正式会议的议程）

三、代表名额及构成意向

我区现有团员××名，直属团组织××个。根据"沪团委（92）8号"文件有关规定，共青团××××第×次团员代表大会的代表名额拟定为××名，列席代表名额拟定为××名。

代表中，党员代表最多不超过总数的××，团的专职工作者最多不超过代表总数的××，女代表不少于代表总数的××，并适当注意代表中的少数民族、台胞、归侨及其他方面的比例。

四、委员会和常务委员会的规模及组成

共青团××××第×届委员会拟设正式委员×名，候补委员××名，正式委员和候补委员共计××名。正式委员中设常务委员××名（专职常务委员××名），常委中拟设书记1名，副书记×名。

五、选举方法

代表的产生：由共青团××××第×届委员会（指本届）下达代表分配名额，采取自下而上、上下结合的办法。采用无记名投票差额选举方式。代表候选人数应多于应选人数的20%，被选举人获得的赞成票必须超过实到会有选举权人数的半数。

委员、候补委员、常委以及正副书记的产生：大会主席团按照委员候选人名额多于应选名额10%（基层代表大会委员候选人名额应多于应选名额的20%）的规定，确定共青团××××第×届委员会委员候选人××名、候补委员候选人××名，采用无记名投票差额选举方式，分别产生共青团××××第×届委员会委员和候补委员。在此基础上，确定共青团××第×届委员会常委候选人××名，其中，书记候选人×名，副书记候选人×名。在共青团××××第×届委员会第一次全委会上采用无记名投票差额选举方式产生常委，差额（或等额）选举方式产生书记、副书记。

以上请示，如无不妥，请批转。

共青团上海市××区委员会

××年××月××日

主题词：共青团工作 代表大会 请示

抄报：中共上海市××区委员会（同级党委）

理论题：

一、填空题：

1. 请示的类型分 _____ 、 _____ 、 _____ 。

2. 请示的正文包括 _____ 、 _____ 、 _____ 。

二、判断题：

（ ）1. 请示不具有强制回复性，上级机关可视情况决定是否要及时给予答复。

（ ）2. 请示的行文时机具有超前性，事中行文或事后行文都是不正确的。

（ ）3. 请求批转的请示指某职能部门在自己的职权范围内制定了相关的办法和措施，后用请示的方式要求上级机关批转给有关部门执行。

（ ）4. 请示缘由是请示中最重要、最核心的部分。

实练题：

根据国务院办公厅2000年发布的《国家行政机关公文处理办法》规定，请示"适用于向上级机关请求指示、批准"，它是我们在工作中较多使用的一种公文，但在实际应用中还存在着不少问题。以下这篇请示，存在着较多的问题，请找出来并逐一加以分析修改。

关于要求解决学生宿舍拥挤等问题的请示

市人民政府、市教育局：

我校今年由于住宿生急剧增加，已有的学生宿舍已无法容纳，现在住宿生基本上是一个床位两个人睡，严重影响学生的身心健康。为解决这一困难，我校决定再建一栋学生宿舍楼。另外，我校图书馆也尚未达到省"两基"标准，望上级部门给予适当支持。

特此请示，请回复。

××市二职

2003 年 12 月 15 日

第九节　批　复

知识链接

批复的文种源流

批复是由古代的文书"批"演化而来的。徐望之在《公牍通论》中指出：批，示也。谓判决是非以示之也"，"批为裁答人民呈请之文"。"批"为公文名称始于唐朝。最初唐朝皇帝对臣下奏疏表示可否用"批"，也叫"批答"。到唐玄宗时期设置翰林侍诏，掌管四方"批答"，宋、明时代因袭之。清朝用于官署之间，地方行政长官对下属的请示的回答称之为"批"。

一、批复的定义、作用和特点

（一）批复的定义

批复为下行文，主要适用于答复下级机关的请示事项。

（二）批复的作用和特点

1. 被动性

批复是用来答复下级请求事项的，下级有请示，上级才会有批复。批复不是主动的行文，是公文中唯一的纯粹被动性文种。

2. 针对性

批复的针对性极强，下级机关请示什么事项或问题，上级机关的批复就指向这一事项或问题，决不能答非所问，也无须旁牵他涉。

3. 权威性

批复代表着上级机关的权利和意志，目的是指导下级机关的工作，具有指令作用，下级机关必须遵照执行。

4. 简明性

批复对请示中的事项只做原则性、结论性的表态，无需做具体的分析和阐述，因而一般要简明扼要。

二、批复的分类

1. 表态性批复

上级机关对下级机关的请示，根据有关的方针、政策、法令、规定和请示的实际情况，给予明确的答复，只用"同意"、"不同意"等词语表明态度，而不提出批复要求的批复。

2. 指示性批复

上级机关对下级机关的请示事项在表明态度的基础上给予适当的原则性指示，并提出明确要求的批复。

三、批复的写作格式和写作内容

（一）标题

1. 批复的标题一般采用公文常规模式写法，即发文机关＋事由＋文种。

由于批复的被动性，批复的事由由请示的内容来充当。常见的批复的事由有以下三种写法：

（1）"关于"或"关于同意"＋请示名称，如《国务院关于〈关于请求批准广西河池民用机场立项建设的请示〉的批复》。

（2）"对于"或"关于同意"＋请示内容，如《国务院关于丹江口库区及上游水污染防治和水土保持规划的批复》。

（3）"对于"或"关于同意"＋请示内容＋"给"＋请示单位名称，如《国务院关于同意河北省设立廊坊市给河北省人民政府的批复》。

（二）发文字号

发文字号由三部分组成：机关代字、年份、顺序号。

（三）主送机关

批复的主送机关，一般只有一个，那就是发出请示的下级机关。

（四）正文

批复的正文由批复依据、批复事项、结尾组成。

批复依据。批复依据主要涉及两个方面：一是对方的请示，二是与请求事项有关的方针政策和上级规定。

批复事项。这部分应针对下级机关请示的事项，表示同意与否的态度，有时还要阐述同意或不同意的理由。答复请示事项针对性要强，答复要明确具体，简明扼要，表达要准确无误。

结尾。结尾是批复正文的最后部分，它的写法有三种：

第一种，提行写"此复"或"特此批复"；

第二种，写希望和要求，给执行请求事项的答复指明方向；

第三种，无结语，请示事项答复完毕就告结束。

（五）落款

包括发文机关和成文日期。在正文右下方标注发文机关。如在标题中已出现发文机关，则落款省略。成文时间一般为发文日期。

四、批复写作的注意事项

1. 态度明确，表达准确，措词严谨

批复是请示单位处理问题的依据，因此对请示内容进行回复，是否同意，是否批准，应明确表态。概念要准确，措词要严谨，语气要肯定，不能含糊其词、模棱两可，或答非所问。以免发生歧义，或使下级无所适从。

2. 批复要及时

批复是被动的来行文的，是下级机关在遇到了超出自己能力、职权、认识范围之外的事情向上级机关请求指示的，上级若不回答，问题就得不到解决或妥善的处理，因此，上级机关应尽可能迅速及时的给予回复，以免延误工作，甚至给工作造成重大损失。

五、批复与指示的联系和区别

批复跟指示有相似之处，都是指导性的下行文，所表达的内容都是受文的下级机关开展某项工作的依据。不过，它们又有着很大的不同：

（1）行文范围不同

指示适用于对下级机关布置工作，阐明工作活动的指导原则，面向所属的下级机关。批复适用于答复下级机关的请示事项，只面向来文请示的下级机关。

（2）行文原因不同

指示是上级机关根据实际需要主动向下级机关来行文的；批复则是上级机关根据下级机关的请示事项被动的来行义的。

（3）行文篇幅不同

指示内容一般比较丰富，篇幅较长，常常分条列项来写。批复一般内容较简单，只针对性的来回答请示的相关内容，表态性的批复只三言两语表明态度即可，即使提出要求的分条列项来写，篇幅也不会很长。

例文及简析

【例一】

国务院关于同意建立阿尔金山国家级自然保护区
给××区人民政府的批复

（85）国函字31号

你区关于建立阿尔金山国家级自然保护区的报告收悉。批复如下：

一、阿尔金山自然保护区有完整的原始高原生态系统，对保护稀有的高原有蹄类动物，拯救濒危物种有着重要的意义，国务院同意将阿尔金山自然保护区列为国家级自然保护区。

二、要认真搞好该自然保护区的规划，采取切实措施，保护好该区的生态环境和各类自然资源。

三、自然保护区所需人员编制、物资、经费、设备等纳入你区的计划。

国务院

××××年三月五日

【简析】

例一是常见的"批复"，因是抄件，省略了上下款，而在标题里都写明了。正文开头写明什么报告收悉，是针对的来文，然后以"批复如下"过渡到主体。主体分三条答复，一是为何同意建立这个自然保护区，二是指示如何建立，特提出搞好规划，三是人员经费等实际问题如何解决。层层深入，解决得彻底、实在。

【例二】

××市××区人民政府
×政批［1998］第3号
关于组建××集团的请示的批复

××实业总公司：

你公司××［1998］1号文收悉，经区政府研究，同意你公司组建××集团，特此批复。

××市××区人民政府（盖章）

××××年六月二十九日

主题词：机构　组建　批复

送：区财贸部、区经委

××市××区人民政府办公室　××××年六月二十九日印发

共印 9 份

【简析】

这是一则极简括的批复。标题上下款俱全。正文三句话，一是来文收悉，何文写得清楚，不写不行。二是"区政府研究"，同意请示中的"组建××集团"的请求，这句不可缺。三是确认，以"特此批复"结尾，言简意赅，增减不得。

【例三】

国务院关于同意陕西省
撤销榆林地区设立地级榆林市的批复

国函〔1999〕141 号

陕西省人民政府：

你省《关于撤销榆林地区行政公署实行市领导县体制的请示》（陕政字〔1998〕36 号）及有关补充报告收悉。现批复如下：

一、同意撤销榆林地区和县级榆林市，设立地级榆林市。市人民政府驻新设立的榆林市。

二、榆林市设立榆阳区，以原县级榆林市的行政区域为榆阳区的行政区域。区人民政府驻北大街。

三、榆林市辖原榆林地区的神木县、府谷县、横山县、靖边县、定边县、吴堡县、米脂县、绥德县、清涧县、子洲县、佳县和新设立的榆阳区。

榆林市的各类机构均应按照"精简、效能"的原则设置，所需人员编制和经费由你省自行解决。

国务院

××××年十二月五日

【简析】

该则批复格式规范完整，包括了标题、发文字号、主送机关、正文、落款五部分；内容从批复依据到批复事项、答复明确具体，措辞严谨，针对性强。

理论题：

一、填空题：

1. 批复可以分为_____批复和_____批复。

2. 批复的正文由_____、_____、_____组成。

二、判断题：

（　　）1. 批复为下行文或者平行文，主要适用于答复下级机关或平行机关的请示事项。

（　　）2. 批复要有超前性和及时性。

（　　）3. 批复可以无结语，请示事项答复完毕就告结束。

（　　）4. 批复是上级机关根据实际需要主动向下级机关来行文的。

实练题：

下面这则批复在格式和行文上存在不少问题，请将问题找出来并逐一分析改正。

批　复

××乡政府：

对你乡的多次请示，做如下答复：

1. 原则批准你乡建立联合贸易公司，负责本乡的内、外贸易工作。你乡应尽快使联合贸易公司开始营业。

2. 你乡提出试行"关于违反计划生育规定的处罚办法"最好不执行，因为这个办法违反上级有关文件精神。

3. 今年你乡要盖礼堂一座，并准备开辟为对外营业的影剧院，有利于活跃农民文化生活，增加宣传阵地。批准你们的请示。

4. 同意你乡"关于开展学习拥军模范赵香同志活动"的请示。赵香同志支持丈夫、儿子上前线。在丈夫牺牲后又鼓励女儿报考军队护校，她还给前线战士寄书、写信，鼓励他们保卫祖国，事迹是感人的，应大力宣传。

××县人民政府

××××年×月×日

单元综合训练

一、填空题：

1. 公文用纸的纸型是_____。

2. 法定公文中，可以用来表彰先进的文种有_____种。

3. 法定公文常常叫做"红头文件"，是因为_____。

4. 除_____外，所有的公文都应该加盖印章。

5. 按国务院办公厅 2000 年 8 月 24 日颁布的《国家行政机关公文处理办法》的规定，我国现行公文共分_____类。

6. 公文根据行文方向可分为_____、_____和_____三类。

7. 通知的结构一般由_____、_____、_____、_____组成。

8. 通知的正文，一般开头写_____，主体写_____，结尾写_____。

9. 下级机关向上级机关汇报某一阶段的工作，写成的公文是_____。

10. 某地发生一起突发性事故，要将此事故的发生过程、结果和处理情况反映给上级，用_____行文。

二、判断题：

（　　）1.《东厦小学关于申请更换维修校大门交通标志的函》

（　　）2.《深圳市人民政府关于严禁以股票债券形式集资的通告》

（　　）3.《广东省关于加快电力建设若干措施的批复》

（　　）4.《汕头市公安局关于征缴 2002 年度养路费的通知》

（　　）5. 通报是下行公文，不能上行和平行。

（　　）6. 汕头市教育局向财政申请普及九年义务的教育经费，用报告行文。

（　　）7. 通报多用夹叙夹议的写法，既叙述情况，又适当分析。

（　　）8. 函在写作中应做到措辞得体、平等待人。

（　　）9. 某工厂为了促进生产，决定采用通报行文对年度生产零事故的单位予以表彰，对发生事故的单位予以批评。

（　　）10. 通知既可以向下级行文，也可以平行、上行。

三、选择题：

（一）单项选择题

1. 下列公文不可以表彰先进的是（　　　）。

A. 通报　　　　B. 通告　　　　C. 决定　　　　D. 命令

2. 公文的成文时间一般是指公文的：（　　　）

A. 签发时间　　　B. 印刷时间　　　C. 起草时间　　　D. 发送时间

3. 下面关于公文的说法，不正确的是：（　　）

A. 所有的行政公文都要加盖公章

B. 主送机关指公文的主要受理机关

C. 公文有如附注（需要说明的其他事项），应加括号标注

D. 抄送机关指除主要机关需要执行或知晓公文的其他机关

4. ××省人民政府向所属县、市人民政府下发《财政部关于严格控制各级机关、事业单位发放奖金的紧急通知》，应用（　　）。

A. 颁发性通知　　B. 批转性通知　　C. 转发性通知　　D. 印发性通知

5. 任免干部，应用（　　）行文。

A. 请示　　　　　B. 报告　　　　　C. 函　　　　　　D. 通知

6. 以下四个标题，只有一个正确，是（　　）。

A. ××县关于召开治理"三乱"工作会议的通知

B. ××县关于召开"三乱"会议的通知

C. ××县人民政府关于召开治理"三乱"工作会议的通知

D. ××县关于召开治理"三乱"工作会议的通知

7. 某市政府把省政府文件加通知印发至各县政府和市直属单位，这种形式叫（　　）。

A. 批转　　　　　B. 转发　　　　　C. 印发　　　　　D. 翻印

8. 向有关主管部门请求批准的公文，用（　　）。

A. 请示报告　　　B. 通报　　　　　C. 请示　　　　　D. 报告

9. 《某省林业局关于加强护林防火工作的报告》这一公文标题中"关于加强护林防火工作"是（　　）。

A. 主要内容　　　B. 事由　　　　　C. 发文机关　　　D. 文种

10. 公文常见的开头方式有（　　）。

A. 直述式、说明式、要求式　　　　　B. 总结式、直言式、过渡式

C. 引入式、明确式、简要式　　　　　D. 概要式、原因式、简介式

（二）选择符合句意的公文用语填入各句

"遵照"、"拟"、"请"、"承蒙"、"为荷"、"特"、"务求"、"为盼"、"兹经"、"予以"、"业经"、"妥否"

1. 以上意见_____领导指示。

2. 希予接洽_____。

3. ＿＿＿＿＿＿＿贵厂大力支持，特表谢意。

4. ＿＿＿＿＿＿＿部领导的指示，于×月初开始对××问题进行了一个月调查，现报告如下。

5. 请速研究并于函复＿＿＿＿＿＿＿。

6. 以上意见＿＿＿＿＿＿＿，请批示。

7. ××条例＿＿＿＿＿＿＿国务院第×次会议通过，现公布实施。

8. 关于××问题＿＿＿＿＿＿＿调查核实，特公布如下。

9. 各部门要做出具体部署＿＿＿＿＿＿＿取得成效。

10. 会议认为，2009 年国家预算安排是妥当的，决定＿＿＿＿＿＿＿批准。

四、改错题

下面的会议通知有四处错误，请一一指出（8 分）

通　　知

研究决定，本星期六下午第二节课后分年级召开各班学生代表会议，收集对各科教学的意见。希各班派代表按时参加会议。

此致

敬礼　教务处 3 月 1 日

（1）格式方面：①＿＿＿＿＿＿＿＿＿＿＿＿＿＿＿＿＿＿＿＿＿＿＿＿＿＿＿

　　　　　　　②＿＿＿＿＿＿＿＿＿＿＿＿＿＿＿＿＿＿＿＿＿＿＿＿＿＿＿

（2）内容方面：①＿＿＿＿＿＿＿＿＿＿＿＿＿＿＿＿＿＿＿＿＿＿＿＿＿＿＿

　　　　　　　②＿＿＿＿＿＿＿＿＿＿＿＿＿＿＿＿＿＿＿＿＿＿＿＿＿＿＿

五、写作题

（一）按照公文的标题要求，根据下面的材料，拟制公文标题

1. 广东省对外经济贸易委员会收到汕头土产进出口公司的请示，根据大豆出口的情况和国际市场的需求，拟在澄海县试种新品种。

2. ××进出口公司对因违反纪律而影响业务工作的×××同志，做了处理。

3. 对外经济贸易委员部要求各省市对外贸部门认真抓好进出口商品质量。

（二）根据材料写出公文

1. 汕头市委和市府根据国务院关于加强统计工作的指示精神，责成统计局召开各区、县统计局主要负责人会议，学习国务院有关指示精神和部署当前的工作任务。市统计局接到市委市府的通知后，当即拟写会议通知。试写出这则会议通知。

2. 今年×月×日，××台风袭击××市区，工矿企业和居民财产受到严重损失。中国人民保险公司××市分公司为迅速做好受灾投保户的财产理赔工作，欲在合理范

围内简化理赔手续，帮助投受灾保户尽快恢复生产和安排好正常生活，请你根据以上情况，向其主管部门写一则请示。

3. 汕头市外贸中专 2013 级 3 班陈燕同学参加市职教学会在全市中等职业学校中举办的"汇聚青春力量，实现中国梦想"演讲比赛中荣获三等奖，请以学校的名义写一则表扬通报。

4.（1）2010 年 8 月台风来袭，洪水泛滥。××市第一中学图书馆 2 万多册图书被淹，西五学生宿舍和第二教学楼倒塌，毁损严重，计算机房、多媒体教学楼也有部分设备被淹，幸无人员伤亡。洪水后，××市第一中学请求市教育局拨款 280 万元，重建学生宿舍、教学楼，重新购买部分教学设备和图书，以确保开学后教学工作能够正常开展。请你代拟一份请示。

（2）市教育局收到请示后经讨论，同意拨款。请你以教育局名义代拟这份同意批复。

语文实践活动

1. 试指出以下公文格式和文字的毛病。

机密（紧急）

××市府公文

（06）××市府发 24 号

××市人民政府严厉打击非法出版活动的通知

当前，我市一些地方非法出版活动十分猖獗，传播有害书刊和音像制品。这类出版物内容腐朽，大量宣传凶杀、色情和迷信，对群众特别是青少年的身心健康危害极大，严重地影响了社会主义精神文明的建设，破坏了社会安定，已成为社会一大公害。对此，各级政府应采取有力措施，严厉打击非法出版活动。现将有关事项通知如下。

（以下略）

附件：如文

××市人民政府

主题词：出版，通知 2005 年×月×日

报：（单位略）

送：（单位略）

二〇〇五年×月×日×市人民政府办公厅印

（共印 500 份）

2. 下面是一份请示（病文），请根据公文要求和公文格式规范及《国家行政机关公文处理办法》进行辨析，指出其错误之处，并逐一改正。

某工商财字〔2006〕第 2 号

某分（市）局关于购置执法车辆的请示报告

省局财装科、办公室，市局财装科、办公室：

　　为适应不断发展变化的市场监管和行政执法要求，不断提升监管质量和效率，现拟购置捷达执法标志车辆 5 辆，充实基层工商所。购置费用共需 50 万元，其中我局自筹 30 万元，缺口部分 20 万元，请市局给予支持。

　　以上请示报告当否，请指示。

二〇〇六年八月十日

主题词：综合　基层建设　请示报告
本局：局领导，办公室存档
某局财装科 2006 年 8 月 9 日印发
印（10）份

3. 2014 年 3 月 7—8 日，汕头市外贸中专将承办由汕头市国际贸易学会、汕头市职教学会主办，澄海大树玩具股份有限公司协办的"大树杯"中职商务英语技能大赛。请你：

（1）代汕头市外贸中专向汕头市教育局拟写请示。

（2）代主管部门拟写批复。

（3）请你以汕头市职教学会的名义拟写一份关于举办汕头市"大树杯"中职商务英语技能大赛的通知和一份召开参赛学校领队会议的通知。

（4）领队会议结束后，整理有关的会议记录，拟写一份会议纪要。

（5）比赛结束后，代汕头市外贸中专拟写一份呈报主管部门的情况报告。

（6）代主管部门拟写一份"大树杯"中职商务英语技能大赛的表彰通报。

（所缺内容可自行补上）

第三章 宣传与礼仪文书

本章学习要求

基础要求：1. 了解宣传礼仪文书写作的一般概念与特点

2. 掌握专用信函特点及写作

3. 掌握祝词、贺词、请柬和邀请函等礼仪性文书的特点和写作

4. 掌握广告、活动简讯、解说词等宣传类文书的特点及写作

实践要求：1. 通过模拟大型活动，组织学生以活动主办方的身份就活动的组织宣传撰写广告词、邀请函、活动简讯。

2. 在活动开展的过程中以不同的身份撰写开幕词、欢迎词、祝词、贺词。

第一节 概 述

知识链接

古代"五礼"

中国古代有"五礼"之说，祭祀之事为吉礼，冠婚之事为嘉礼，宾客之事为宾礼，军旅之事为军礼，丧葬之事为凶礼。五礼的内容相当广泛，从反映人与天、地、鬼神关系的祭祀之礼，到体现人际关系的家族、亲友、君臣上下之间的交际之礼；从表现人生历程的冠、婚、丧、葬诸礼，到人与人之间在喜庆、灾祸、丧葬时表示的庆祝、凭吊、慰问、抚恤之礼，可以说是无所不包，充分反映了古代中华民族的尚礼精神。

一、宣传礼仪文书的定义、作用和特点

宣传礼仪文书指国家机关、企事业单位、社会团体或个人在社会交往、礼仪活动和商务活动中常用的各类文书，是在各种不同场合，针对不同对象，根据不同的情况，遵循相应的习俗和人情所撰写的带有宣传与告知性质的礼仪性文字材料。

宣传礼仪文书有信息传播、塑造形象、弥合补救的作用。其写作特点体现在功能的交际性、结构的模式性、语言的礼仪性、表达的情感性四个方面。

二、宣传礼仪文书的分类

1. 按名称分，有请柬、邀请函，有各类致辞、演讲稿，有告启类文书，有企业简介，产品说明书，有公关新闻等。

2. 按其性质分，可以分为礼仪性文书（如请柬、邀请函，各类致辞）和有事务性文书（如告启类文书，企业简介，产品说明书）。

3. 按其与沟通对象的关系分，有侧重处理与外部公众关系的（如海报，广告、公司简介、产品说明书、新闻），有侧重协调内部公众关系的（如组织公约等）。

第二节　演讲稿与演讲

知识链接

成功演讲的秘诀

演讲，是世界公认的现代人才必备的素质之一。俗话说"一言抵千金"，这句话一语道破口才在当今社会的重要性。一般情况下，擅长讲话的人能够更好地与他人沟通，也能够更好的胜任需要沟通能力的工作。学习演讲则是训练口才的一个重要途径。那么怎样做才能既不引起纷争，又达到自己的目的呢？出色的演讲有很多必备要素：如精彩的演讲内容、吸引观众的表达技巧、考虑听众的感受还有就是语言的说服力。此外，还要注意以下几点：符合演讲内容、场合的得体服装；能给人留下深刻印象的恰当的手势；使人感到亲切的自然流畅的礼仪风度。

演讲是就某个问题面对听众发表意见，说明事理的讲话形式。好的演讲可以起到宣传鼓动、协调群体思想与行动的作用，因此，历来为人们所重视。在现代，演讲能力更成为了组织管理者必须具备的重要能力之一。

一次成功的演讲，依赖于两个最基本的要素：精彩的演讲内容和演讲者成功的现场演绎。因此，撰写一份内容丰富而又极具感染力的演讲稿，是演讲能够迈向成功的关键性的第一步。

一、演讲稿的撰写

撰写演讲稿，要注意文章结构的完整和时限。

（一）结构完整

演讲稿的结构由标题、称呼和正文三部分构成。

1. 标题。讲演稿的标题无固定格式，一般有四种类型。

（1）揭示主题型，如《人应该有奉献精神》。

（2）揭示内容型，如《在省科技工作会议的讲话》。

（3）提出问题型，如《当代大学生应具备什么素质》。

（4）思考问题型，如《象牙塔与蜗牛庐》。

2. 称呼。提行顶格加冒号，根据受听对象和讲演内容需要决定称呼。常用"同志们"、"尊敬的先生们，女士们:"、"朋友们:"等，也可加定语渲染气氛，如"亲爱的校友们:"等。

3. 正文。演讲都有开头、主体、结尾三个部分，这三部分绝不能残缺。

（1）开头。演讲的开头很重要。精心设计开头，迅速抓住观众的注意，是演讲成功的开始。开头常见的方式有六种：①由背景和问候、感谢语开始；②概括讲演内容或揭示中心论点；③从讲演题目谈起；④从讲演缘由引起；⑤从另件事引入正题；⑥用发人深思问题开头。

如《改造我们的学习》的开头是："我主张将我们全党的学习制度和学习方法改造一下。"开门见山，一开始就揭示主题，提出自己的主张。干脆利落，一开讲就抓住了论题；其他开头方法还有用设喻比拟、用趣闻轶事，导入正题等。开头总的原则是吸引听众注意，为主体的阐述铺路。

（2）主体。主体是围绕中心论题展开论述的部分。

根据表达手法侧重点的不同，一般可以分为三种类型：①记叙性演讲稿。以对人物事件的叙述和生活画面描述行文；②议论性演讲稿。以典型事例和理论为论据，用逻辑方式行文，用观点说服听众；③抒情性演讲稿。用热烈抒情性语言表明观点，以情感人，说服听众，寓情于事、寓情于理、寓情于物。

根据论证方式的不同，又可以分为三种类型：①围绕中心，分项阐述；②层层剖析，逐层深入：③假设辩驳，阐明自己观点等。例如《改造我们的学习》的主体就是用层层剖析，逐层深入的方法展开的：肯定成绩是第一层，分析现状存在的缺点是第二层，分析说明主观主义的学习态度和马列主义的学习态度的分歧，以揭示缺点产生的原因是第三层，针对学习上的缺点提出改进的建议是第四层。这种方法。从现象到本质，如剥笋壳般一层层剥去，事理的本质就显露出来了。扣紧中心，有条不紊是主体展开论述的原则。

（3）结尾。好的结尾，能最后一次打动听众。结尾的表达方式很多，现提供三种供大家参考：

①是做鼓励，发号召。这是以坚定有力的言辞鼓舞听众，号召听众。

②是把自己的观点和看法提炼成生动形象、意味深长的话，留给听众去思考回味，如《在马克思墓前的讲话》的结尾："他可能有过许多敌人，但未必有一个私敌。/他的英名和事业将永垂不朽！"这样的结尾，让听众回顾了马克思无产阶级革命家的崇高的品格以及他创建的伟业，给人以难忘的印象。

③是对演讲的内容做简单而扼要的小结。例如《改造我们的学习》的结尾："我们走过了许多弯路，但是错误常常是正确的先导。在如此生动丰富的中国革命环境和世界革命环境中，我们在学习问题上的这一改造，我相信一定会有好的结果。"这个结尾把演讲的内容很有层次地加以总结，让听众留下清晰而完整的印象。

（二）注意时限

注意时限就是指掌握好时间，能在规定的时间内从容地完成演讲，既不要前松后紧，也不要前紧后松。根据内容的重点，安排好演讲的高潮，把各部分的内容分配妥当。

二、演讲技巧

演讲时应注意把握观众的情绪和反应，丰富表达技巧，增强演讲效果。演讲包括"演"和"讲"两个方面。"讲"是主要的，但不同于日常口语交际的"讲"。日常口语交际以"讲清楚"为基本要求，而演讲不但要讲清楚。而且还要有较强的表现力和感染力，要能够以其鲜明性、准确性、原则性和思想性打动听众。至于"演"，那也不同于舞台艺术表演。舞台艺术表演是以"演"为主的，需要用大幅度甚至是夸张的动作、表情、姿态等去再现生活，以典型的、真实的生活画面打动观众。而演讲中的"演"只不过是"讲"的辅助手段，动作、表情、姿态等的运用都要服从于"讲"的需要。都是为了增强"讲"的效果。下面关于演讲的要求就是从"演"和"讲"两个方面提出来的。

（一）了解听众，态度鲜明

演讲要面对听众说明自己的观点，所以演讲前一定要了解听众，对他们的思想状况、文化水平、愿望要求以及当前关注的热点问题，都要有个大体的了解，这样演讲时提出观点，发出号召，就能较为贴近他们的思想实际。态度鲜明是指自己主张什么，要用明确而简练的话表述清楚，不要含混不清、模棱两可。

（二）语言通俗生动，情感饱满真挚

通俗，是要求演讲的语言一听就懂。听演讲不同看书，看书不懂可以查字典、词典，可以重读；演讲的语言随声波而消逝，听众无法追寻，所以一听就懂是对演讲的语言的基本要求。我们在演讲时要多采用流传在人们口头上的生动活泼的词语，避免文绉绉的书面语言，不用或少用听众不熟悉的理论性的术语。

生动，是指语言新鲜活泼，形象性强，有鲜明的感情色彩，有吸引人听下去的魅力。注意多用形象鲜明的词语，多用简短活泼的句式，多用设问、反问、排比、对偶、比喻、夸张等修辞方式，讲究语言修辞，多用叠音词、双声叠韵词。这样，就能使演讲的语言生动。

感情饱满真挚。演讲的特征就是鼓动听众的热情，成功的演讲常常是先在感情上征服了听众的，所以演讲时必须全情投入，满腔热情地向听众演说。自己有了深沉的爱，强烈的恨，才能激发听众的爱与恨。人的感情，常寄寓于具体的事物之中，我们演讲时，沿着感情的基调，引述相类似的事，让听众"触景生情"，他们自然也会感受到一股饱满真挚的感情的。例如《怀念挑战者号宇航员》就是这样说的：

"亲人的牺牲震撼了美国，使我们从痛苦中明白了一个深刻的道理：未来不是不需要付出代价，人类的进步是一个与艰难险阻作斗争的过程。……

"我们回想起上一个世纪的开拓者们，回想起那些坚强不屈的人们，他们拖家带口，向美国西部边疆进发。他们常常遇到可怕的困难：沿着俄勒冈小道，你们仍然可以见到途中倒下的先驱者的墓碑。但悲痛只能使他们更坚定地向前进。

"今天，我们的边疆是宇宙空间和人类知识的未知范畴。有时，当我们向星际进发，可能达不到目标，但我们必须抛开悲痛，重新振作起来，继续前进。……"

悼词痛悼宇航员死难的同时，引述了在俄勒冈小道上随处可见的西部开发先驱者的墓碑。于是哀悼中增添了悲壮的真情的歌颂——他们与上一代的开拓者一样，用生命开拓了美国的文明。

三、演讲过程中的注意事项

1. 积极准备，热情参与。演讲是培养我们在一群人面前发表讲话的勇气、习惯和技巧的，但是有些同学不愿意，甚至害怕在一群人面前发表意见，这种情况如不改变，对他们的成长，以致将来的发展极其不利。因为在现代社会中，与别人的沟通能力是一种重要的能力，而演讲正是培养这种沟通能力的有效的方法。当代著名的教育学家卡耐基说："虽然'公开演讲'只是人们实际沟通的一小部分，但是它确实可以增长自信、热情以及和别人沟通的能力。"我们应该满腔热情地投入到演讲活动中去，努力锻炼自己。

2. 控制速度，掌握节奏。初学演讲，大多速度过快，连珠炮似的一口气讲下去，这样会疏忽了运用各种言语的技巧，也会忽略运用体态语来帮助讲述，效果就不理想。我们演讲时，一定要注意掌握节奏，该快则快、该慢就慢，该略作停顿时要略作停顿，好让听众有回味、思考、反应的片刻。

3. 姿态自然大方，态度诚挚温和。演讲者在台上的形象是给听众的第一印象。姿态忸怩，或态度轻浮固然会引起听众的反感，就是姿态呆板僵硬，也会令演讲的魅力降低。演讲时的姿态以自然大方为好。所谓自然大方，就是在演讲时自然地表现你平时待人接物的文明得体的举止仪态，不必刻意地要摆什么姿态或做什么手势。"除了想到你应该说什么以外，其他（指音调、呼吸、手势、姿态）都应该一概不想"，这句话对我们初学演讲，很有实际的指导意义。

态度诚挚温和，就要把听众作为亲近的朋友。历史上凡是成功的演讲，演讲者总是把听众看做可以分担共同的痛苦，共享欢乐，共同探讨的旧友新知。这样，就容易消除隔阂，共同营造会场上的亲切、信赖的氛围。

例文展示

科学的颂歌

爱因斯坦

我亲爱的朋友们：

我十分高兴看到我面前的你们——选择了科学作为职业，精力充沛的青年人队伍。

我将反复唱一首赞美歌，赞美在应用科学上我们已经取得的伟大成果，赞美你们即将带来的更大的进步。事实上，你们是在应用科学时代，也是在这样一个应用科学的国度。

如果说我现在不合时节地说话，那是错误的！恰像有人认为不开化的印地安人经济不丰富、生活不愉快一样，但我不这么想。事实上，开明国家的孩子是那样地喜欢"印地安人"游戏，这具有深刻的意味。

伟大的应用科学又使我们减少劳动，使生活变得安乐舒适，但为什么现在它带给我们的幸福这么少呢？简单的答案就是：因为我们仍然没有把科学置于合理的应用之中。

战争年代，科学为我们可能中毒和相互伤害服务，和平时期，它使我们的生活变得匆忙和不稳定。代替大规模从脑力消耗的劳动中解脱我们，它使人们成为机器的奴隶——人们的大部分时间给用在了漫长单调的令人厌恶的工作上，且还要继续担心自己的可怜的口粮。

你们可能觉得我这个老头儿唱的歌不中听，可是我这么说具有一个良好的目的——为了指出科学的重要和前途。

为使你们的工作能够赐福于人类，仅仅懂得应用科学本身是不够的！对人类本身及其命运的关心必然是培养出努力学习各种技术的兴趣；对尚未解决的巨大劳动起源和商品分配的问题的关心——为了我们思想意识的建立，将会给整个人类带来幸福而不是灾难。在你们的图表和方程式中千万不要忘记这一点。

附注：
这是著名科学家爱因斯坦在美国加里福尼亚工学院对 1938 级学生的演说稿。

实练题：
一、在班上举行"8 分钟演讲比赛"，要求人人参加，每人讲 8 分钟，可参照下列步骤安排工作：

1. 由语文课代表、班长、小组长组成评委会，制定评分表格（按内容、仪态、言语等项分别评分），安排有关事务性工作；

2. 评委会通知班内各小组在规定日期前组织小组初赛，前三名优胜者参加全班决赛；

3. 公布决赛时间，邀请嘉宾（领导、老师、别班代表）参加，并充当评委。

第三节　简　报

知识链接

关于简报

简报，是一种文章的体裁。因为一篇简报，可能只登一篇文章，也可能登几篇文章。这些文章，可能是报告、专题经验总结、讲话、消息等，所以，把简报说成一种独立的文体，或只说是报告是不妥当的。简报也不是一种刊物。因为有些简报可装订成一本，像一般"刊物"，更多的是只有一两张纸，几个版面，像一份报纸。更重要的是简报具有一般报纸的新闻特点，特别是要求有很强的时效性，而刊物的时效性则还远不及简报，所以，说简报是"刊"，还不如说是"小报"更恰切些。

一、简报的概念、作用和特点

1. 简报，就是简要的情况报道。它是党政机关、人民团体、企事业单位内部编发的，用于汇报工作、反映问题、沟通情况、交流经验是一种应用文书。简报有多种名称，因其编写目的、主要内容、发送对象不同，又分别称之为"动态"、"简讯"、"情况交流"、"内部参考"。

2. 简报的作用主要有三个方面：

一是宣传指导，即宣传贯彻上级领导机关对有关问题的方针政策，向下面布置工作，作出指导，介绍经验，提出问题，使下属掌握领导意图和要求，以便开展和推动工作。

二是提供情况、总结经验，即反映基层单位工作的开展情况，对上级的方针、政策和指示的贯彻执行情况，总结经验，便于上级领导了解下情，体察民意，为制定有关的方针、政策提供依据。

三是交流沟通，即单位之间相互交流情况，沟通信息，使兄弟单位，各个部门之间相互了解工作和业务活动情况，以便取长补短，互相促进。

3. 简报具有一般报纸新闻性的特点，这是共性；它又有本身的特点，主要是：

（1）内容专业性强。公开的报纸，一般是综合性的，内容广泛，这样它就能满足各阶层读者的需要，有宣传政策、沟通信息、传播知识和陶冶性情等多方面的作用。简报则一般由有关单位、部门主办，专业性十分明显。如《人口普查简报》《计划生育简报》、《水利工程简报》、《招生简报》等，分别由主办单位组织专人撰写。

（2）篇幅特别简短。公开的大报，一般都有4版，有4万多字；地方小报，每期也有2万多字，简报的"简"，是它区别于其他报刊的最显著的特点。一期简报甚至只登一篇文章，几段信息，或一期几篇文章，总共一两千字，长的也不过三五千字，因此，简报的语言必须简明精炼。

（3）限于内部交流。一般报纸面向全社会，内容是公开的，简报则一般在编报机关管辖范围内各单位之间交流，不宜甚至不能公开传播，特别是涉外机关和专政机关主办的简报更是如此。

二、简报的种类

简报的种类，按时间分，有定期的简报、不定期的简报；按性质分，有工作简报、生产简报、学习简报、会议简报；按内容，有综合反映情况的简报和反映特定情况的专题简报。

1. 日常工作简报又称业务简报。这是一种反映本地区、本系统、本部门日常工作或问题的经常性简报。它包含的内容较广，工作情况、成绩问题、经验教训、表扬批评，对上级某些政策或指示执行的步骤，措施都可以反映。它常以定期或不定期的形式出现，在一定范围内发行。

2. 中心工作简报又称专题简报，它是一种阶段性的简报。它往往是针对机关工作中某一时期的中心工作、某项中心任务办的简报，中心工作完成，简报也就停办了。

3. 会议简报是会议期间反映会议情况的简报，它是一种临时性的简报，内容包括会议中的情况、发言及会议决定等。规模较大、时间较长的会议常要编发多期简报，以起到及时交流情况，推动会议的作用。小型会议一般是一会一期简报，常常在会议结束后，写一期较全面的总结性的情况反映。

4. 动态简报，包括情况动态和思想动态。这类简报的时效性、机密性较强，要求迅速编发，发送范围有一定限制，在某一个时期、某一阶段要保密。

三、简报的写作格式和内容

简报的格式一般包括报头、简报主体、报尾组成。

（一）报头包括以下几个要素：

（1）名称。位于首页的上方，约占1/3的篇幅，居中醒目地写上简报的名称，如"简报"，一般用红字，字体较大。

（2）期数。位置就在名称下面，可外加括号，如"（第二期）"。

（3）编发单位名称和日期。二者并行，编发单位名称在左侧，顶格书写；日期在右侧，"日"字应该位于所在行的最后一格。

（4）横线。在编发单位名称和日期一行下面，要划一条通栏横线。

（5）抄报、抄送单位名称。在通栏下面，分两行顶格写上抄报的上级单位名称和抄送单位的名称。

（6）在右下方写上共印的份数。

（内容重要的简报，有的还会在首页左上角标有"内部材料，注意保存"的文字。）

（二）简报主体包括按语、标题、正文三部分。

1. 按语。简报的文章，一般是由编者撰写的，也可以摘编他人文稿；有时也可以原封不动地刊用他人的文稿，并加上"编者按"，表明编发的意图。

2. 简报的题目同新闻的标题一样重要，是文章的眼睛，需要精心制作。简报的题目必须反映出文章的主要内容，表达出文章的中心思想；简报的题目还需要精练，不落俗套，能够吸引读者，给人以深刻的印象。

3. 正文是简报的主体，可分为开头、主体和结语三部分。

简报的开头特别注重直接点题，最好能够反映出简报所述问题的中心思想。要尽可能运用简洁的语言将简报所要反映的核心内容放在开头部分。

主体部分是简报的重头戏。不同于消息、活动简讯受到篇幅的制约，简报既可以采用新闻稿的写作方法，也可以参照公文或行务信息的写法，按照时间、空间、逻辑顺序分条分项布局结构。主体部分的写法，应视简报的具体内容而定，哪种写法有利于表现主题、突出主题、深化主题就采用哪种方式。

结尾是文章的结束部分，可以只有一两句话，给人以希望或引起人们的深思，也可以省去不写。

例文及简析

【例一】

内部资料
注意保存

上海综合经济简报

（18）

上海市计委综合经济研究所　　　　　　　　　　　2000 年 6 月 12 日

　　编者按：加入 WTO 对上海新一轮改革、开放与发展的影响是全面而深远的。入世对上海金融业的影响尤其显著，围绕推进上海"一个龙头，三个中心"的发展战略，本文就我国加入 WTO 对上海建立国际金融中心、金融市场、金融管理体制、金融机构、金融业务、金融创新、金融货币政策、民间融资、风险投资、金融开放等十个方面的影响进行了分析，认为加入 WTO 为上海金融业的大发展提供了难得的历史机遇，将极大地推动上海国际金融中心的真正建立，并提供了应对 WTO 挑战，抓住机遇的若干措施及政策建议。本刊将分两期全文刊出。

中国加入 WTO 与上海金融发展国际化（上）

上海市发展计划委员会　肖林　周亚　蒋位

一、对建立上海国际金融中心的影响

　　从总体上评价，目前上海作为全国金融中心的地位已基本确立

　　（内容略）

【简析】

　　这是一份情况简报的首页。正文之前的"编者按"，简单介绍了所刊文章的背景，概括了该文的主要内容及刊出的方法。因为对"入世"问题的探讨还刚开头，还需各方面人士进一步深入下去，所以"编者按"只是比较客观地概括了该文的内容，而未做任何评价。这是十分得体的。

【例二】

会议简报
（第×期）

×××××××××编　　　　　　　　　　1998年×月×日

1998汉语文多媒体教学研讨会在珠海市召开

为推进现代教育技术在汉语文教学中的研究和应用，中国教育学会中学语文教学专业委员会华文教育研究中心，广东省教育厅教材编审室、教研室，珠海市教委于1998年8月2日至6日，在珠海市联合召开了"1998汉语文多媒体教学研讨会"。会议由珠海市一中承办。来自中国（包括大陆、台湾、香港、澳门）、加拿大、荷兰、菲律宾、新加坡等国的代表共200多人出席了会议。广东省教育厅厅长江海燕、副厅长李小鲁，珠海市副市长梁耀明，广东省有关单位的领导，中语会领导出席会议并发表了讲话。华文教育研究中心主任吴惟粤致词。

这次会议以宣读论文、展示课件和上观摩课相结合的形式进行。

在大会上宣读论文的有30多位中外代表。他们的发言涉及运用计算机多媒体网络进行语文教学的诸多方面。主要有以下一些内容：现代教育技术与语文教学改革、计算机辅助语文教学研究、21世纪中文教学、资讯科技新动向、信息时代与教育现代化、电脑辅助粤语拼音教学、多媒体语文教学的理论研究与实践探索、传统经验与现代技术优势互补、多媒体语文教学与学生思维能力的发展等。

珠海一中林小苹老师在大会上宣读了《量变的积累孕育质变的飞跃——多媒体CAI优化初中语文教学研究实验报告》，并上了观摩课。江苏靖江高中老师和扬州大学附中老师谈了自制多媒体软件，进行语文教学的体会。

与会代表认为，运用计算机多媒体网络进行语文教学是一件新生事物，在我国还刚刚起步，处在试验阶段，成功的经验还不多，但运用多媒体进行语文教学，前途光明。我们应采取积极扶持的态度，关心它，爱护它，让它在大多数学校也能推广使用。与会代表指出，我们已处在世纪之交，21世纪汉语文教学的主要特征是现代化、科学化，更加重视学生语文素质的提高。而要实现这一宏伟目标，计算机多媒体网络作为教学的辅助手段，将在语文教学中发挥越来越重要的作用，对此应有足够的认识。广大语文教师和语文工作者应尽快学习和掌握计算机多媒体有关操作技能，把它运用到语文教学中，以使语文教学为培养高素质人才做出更大贡献。

代表们呼吁，希望计算机和多媒体软件制作部门，采取切实有力的措施，制作出具有基础性、实用性、可行性、科学性、简便性，适合我国国情，适合我国语文教学的各类教学软件。

最后，代表们参观了珠海一中的多媒体制作中心。

报（略）

送（略）

发（略） 共印×××份

【简析】

这则会议简报所刊的文章，标题概括了会题和地点，使人一目了然。正文开头部分简要介绍了会议的目的、发起单位、会议的时间和地点、承办单位、出席人数及发表讲话的有关领导等，都比较具体。主体部分报道了会议的主要内容和与会代表的认识和呼吁，具体而又简洁。这对于人们及时了解语文多媒体教学的情况及需求，无疑提供了最权威的信息。

【例三】

内部资料

注意保存

××县疾病预防控制工作简报

××××年第4期（总第4期）

××县疾病预防控制中心主办 ××××年×月××日

落实"五个"到位 遏制手足口病流行

——县委、县政府再次召开手足口病防治紧急调度会议

5月27日下午，县委、县政府在神龙宾馆多功能会议室再次召开全县手足口病防控工作紧急调度会，参加会议的有各乡镇乡镇长、分管领导、卫生院院长、中心学校校长和县直相关部门的负责人，共计150余人。会议由县人大副主任周铁生主持，分管卫生工作的副县长刘诗秋同志做了"落实五个到位，遏制手足口病流行"的主题报告，县委常委、常务副县长胡小刚同志做了重要讲话。会议分析了我县的疫情形势和手足口病的发病特征，回顾了我县前一阶段手足口病防控工作落实情况，并对下阶段的工作进行了周密安排。

会议认为，我县前期手足口病防控工作取得了阶段性的成果，**一是加强了组织领导**。自5月3日市卫生局手足口病防控工作会议后，县委、县政府快速反应，组织召

开了各相关职能部门联席会议，成立了县手足口病防控工作领导小组，制订了手足口病防控工作预案。5月11日县政府召开了全县手足口病防控工作紧急会议，县卫生局举办了手足口病防控业务知识培训班，全县手足口病防控工作有序进行。5月18—22日县委督查室与县卫生局、县疾控中心组成3个督查组，对全县各乡镇防控工作开展情况进行督查，督查结果已在县政府公开网站上通报。**二是加大投入，积极做好物资准备。**县政府已批拨前期手足口病防控工作经费，各乡镇也分别投入相应工作经费。县疾控中心储备了消毒药品及检测试剂、器材等。全县各医疗卫生单位迅速落实预检分诊制度，县人民医院紧急改建了手足口病病区，作为收治全县手足口病人专用，确保了不发生院内感染。**三是开展群防群控和健康教育工作。**借文明卫生县城复评之机，开展了全县城区卫生大整治，大力开展除"四害"活动。在农村开展了的环境卫生大整治，通过整治使城乡环境卫生大为改善，有效切断了手足口病的传播途径。教育部门做到了上下联动，严格落实小学、幼儿园的晨、午检制度和消毒措施，及时隔离病例、及时督促诊治。同时，广泛开展了手足口病防控知识宣传。县政府印发防控通告3000张，县疾控中心印制预防手足口病宣传单250000份，宣传画1000张，分发给全县各乡镇、村、小学、幼儿园，强化"洗净手、喝开水、吃熟食、勤通风、晒衣被"15字口诀宣传。县政府分管领导发表了电视讲话，既让群众知晓手足口病可防、可控、可治、不可怕，又动员群众自觉参与到手足口病防控工作中来。**四是严格疫情报告制度。**按照卫生部疫情信息监测管理办法，规范程序、健全网络、明确责任，实行"日报告"和"零报告"制度，形成覆盖全县、信息通畅的疫情报告网络。县疾控中心每周多次派人到县直医疗单位督查，防止疫情漏报、错报、迟报。要求接诊医生认真登记，规范填写，仔细核对疫情报告卡，不漏项、不错填，及时交疫情管理员审核网报。从4月10日起编印了衡阳县手足口病疫情监测周报，分别呈送县四大家领导和相关部门领导，从5月18日起把每天的疫情情况发送到县委、县政府和县卫生局主要领导手机上，以便领导全面掌握情况、及时决策。**五是规范了疫点处置。**对聚集性疫情和重症病例、死亡病例进行流行病学调查、采样和现场处置，对病例周围重点人群开展预防知识宣传，并指导疫点的预防性消毒。到目前为止共对12例重症病例，1例死亡病例和20起聚集性疫情进行了调查处置。共出车64车次，现场流调达80个村，疫点消毒处理达120余户。对全县所有的散发病例均进行追踪调查、随访，特别是对在家隔离治疗的病例报告了每日的病情变化情况，能做到病情一有变化及时通知转诊。

会议指出，我县前期手足口病防控工作中虽然取得了较好的成效，但仍存在一些薄弱环节：主要表现在健康宣传未到位，预防措施落实不到位，就诊流程不规范，培训效果不理想，督查工作不到位等。

会议要求，政府和各职能部门要进一步加强领导，精心组织，确保各项防控措施落到实处；与会人员要提高认识，认清形势，进一步增强做好防控工作的责任感和紧迫感。要突出重点，有的放矢，有序推进各项防控工作，做到"五个到位"。一要宣传到位，增强防病意识；二要防控到位，防止疫情蔓延；三要救治到位，减少重症病例及死亡病例；四要培训到位，提升防控能力；五要保障到位，确保防控工作顺利开展。

会议最后，县委常委、常务副县长胡小刚同志进行了重点强调，要求在手足口病防控上不可一般对待，必须妥善处置好手足口病疫情，要抓好应急保障工作，要强化责任追究制度。

大会结束后，县卫生局、县教育局又专门召开了部门工作会议，对如何抓好当前手足口病防控工作的落实进行了具体安排。

（撰稿：　　　）

责任编辑：　　　　　　　　　　　　　　　**审核**

抄报： 市疾控中心、县卫生局

抄送： 各乡镇卫生院、中心各业务科室

共印　60 份

【简析】

这是一则专题工作简报、会议简报。格式规范，报头项目齐全，排列得当。简报主体标题采用双行式，主标题揭示会议主体，简炼醒目，副标题补充说明会议名称。正文开头用简洁的语言介绍了会议的时间、地点、与会人员、出席的领导等基本情况。第二至五自然段为主体，采用逻辑顺序，从组织领导、加大投入、群众健康教育、疫情报告，疫点处置等五方面，重点介绍了衡阳县在手足口病防控工作取得的阶段性成果。用数字反映统考结果，客观而具体。介绍做法，具体详尽，便于推广。第三至五自然段则归纳工作中的不足之处，提出改进意见，明确主管领导的指示和要求。结尾要言不烦，指出本次会议结束相关部门如何落实会议精神，开展具体工作。报尾完整。

理论题：

一、填空题：

1. 简报具有＿＿＿＿＿＿、＿＿＿＿＿＿、＿＿＿＿＿＿特点。

2、简报由＿＿＿＿＿＿、＿＿＿＿＿＿、＿＿＿＿＿＿三部分组成。

二、判断题：

（　　）1. 简报文章的写法一般同于新闻稿。

（　　）2. 简报的文章一般是编发者自己写的，但也可以利用他人现成的文稿。

（　　）3. 简报上刊载他人的现成文稿，一般应该加一个"编者按"，或表明编发

的意图，或说明有关的情况。

（　　）4. 在单位内部沟通情况、交流信息时使用的文种是调查报告。

（　　）5. 简报能代替正式公文，具有重要作用。

实练题：

1. 改正下面简报报头和报尾的错误。

××简报

××××编	1998 年×月×日	第××期

报：各市政府

送：广东省政府

发：各区办公室

2. 请你在学校的元旦汇演、知识技能周、社团文化节，文化艺术节或其他大型活动项目中任选一个，从活动的组织、节目或者竞赛项目训练、参与人员的态度等方面编制一期简报。要求格式完整，编排规范。期数、编发者和编发日期自定。

第四节　启　　事

知识链接

早在 20 多年前，吕叔湘先生写过一篇《错字小议》，其中谈到"启事""启示"容易误用。现在这一差错还有蔓延之势。"启事""启示"混淆，成为"2006 年十大语文差错"之"启事"和"启示"至少有三点区别：

表现形态不同	"启事"是一种公告性的应用文体，一般采用登报或张贴的方式，其形态是显性的；而"启示"则是启发提示，其形态是隐性的。
语素意义不同	"启事"用的是"启"的陈述义，即开口说话，而"启示"用的是"启"的开导义，即"启蒙运动"的"启"。前者是向人诉说，是单向的；后者既可启示他人，也可自己受到启发，是双向的。
语法功能不同	"启事"是名词，不能带宾语；"启示"既是名词，又是动词，它是可以带宾语的。

一、启事的定义和特点

机关团体、企事业单位及个人每逢有事需要向公众说明解释或者希望大家协助办理时，把内容简要地写出来，或公之于各种媒体，或张贴在公共场所，这样的实用文体就是启事。

启事没有强制性和约束性。看过启事的单位或个人对启事中的内容或提出的要求可以做出反应，也可以不予理睬。启事是最常用的交际文体之一。无论是政府部门、工厂、学校，还是个人都能使用启事。它的对象范围有的涉及全国甚至海外，有的仅限某单位某街区的少数人；它的作用可以使读者知晓或采取行动；它的内容更是形形色色，随目的而定。

二、启事的分类

启事的种类很多，常见的有寻找、征招、周知、声明等几大类。寻找和征招类的启事是为了求得大家的协助和响应，例如寻物启事、招领启事、招聘启事、征文启事等。周知类启事是让大家都知晓某事或情况，以利于开展工作，例如搬迁启事、开业启事、更名启事等。声明类启事主要是为了履行法律程序，当事人一经发表声明，就可公开地明确相应的权益和责任。常见的声明类启事有专利声明、授权声明、转让声明等。

三、启事的格式和写法

启事的格式多样，写法也各有不同，一般包括以下内容：

（一）标题

在第一行正中写上"启事"二字。事情重要或紧迫，可写"重要启事"或"紧急启事"，也可以写明启事的性质，例如"征文启事"、"招生启事"等。有的还可以在标题上写明启事者，例如"××市人民政府机关公开招考工作人员启事"、"××省××职业高级中学新校舍落成启事"等。有的省略"启事"二字，只写"招领"、"征求订户"等。也有的启事以"敬告用户"、"敬告读者"等形式出现。用什么样的标题，可根据启事的内容、性质而定。

（二）正文

表述启事的内容，要把有关事情叙述清楚，如写征文启事，要把征文的目的，以及对文稿的内容、字数、文体等交待明白。但写招领启事，通常只写失物名称，不写样式及数目，以防冒领。

启事一般应该遵循"一事一文"的原则，例如某报同时举办两个征文活动，应分别写两个启事，避免混淆。

正文在标题下另起一行空两格起书写。正文写完了，有的写上"特此启事"或"特此敬告"字样，这类结语也可以不写。正文的文字要简明、扼要，不宜过长；内容多的应分项。

（三）结尾

在正文的右下方，写上启事单位全称或个人姓名（如果在标题中已经标出机关团体的名称，可不必再写），以及年、月、日。机关团体的启事除采用电视、报刊等媒体外，张贴或书面送达的要加盖公章。有的启事还要写明启事人或启事单位的地址、电话号码、邮政编码等，以便联系。

例文及简析

【例一】

歇 业 启 事

　　××实业开发公司经董事会决议决定歇业。与本公司有债权债务关系的企业，请于本公告日起90天内前往××路××号××室联系。特此启事。

××公司

××年××月××日

【例二】

热烈庆祝×××大酒店7·9开业

×××白斩鸡

中国部优产品·中华名小吃

　　为了庆祝×××大酒店隆重开业，7月10日、11日、12日三天，凡在×××大酒店及×××酒家各连锁店堂吃白斩鸡者均可获赠一张同等价值的小绍兴白斩鸡品尝券。凡在1998年7月9日出生的婴儿，家长可凭有效证件从7月13日至31日到×××大酒店领取白斩鸡一份、鸡粥卡一张。

×××大酒店
××××年7月8日

【例三】

招聘启事

　　本公司是开发InternetTV网络机专业公司，经市人事局同意诚聘下列人才：

　　▲技术支援工程师：2名，28～40岁，计算机或电子工程专业本科毕业，熟悉PC、LAN和Internet结构，熟练HTML，JAVA语言编程。

　　▲销售工程师：4名，28～40岁，有三年以上电子或家电产品的销售经验和渠道。凡符合条件者，可在两周内将履历表和相关资料寄至：本市淮海中路××号香港广场××室×××公司人事部，邮编：200021。

××公司
××××年××月××日

【例四】

×××包装专利声明

▲×××饮用水的独特瓶形和瓶贴均为专利设计。

瓶形专利号：ZL96320806·3　瓶贴专利号：　ZL96319819·X

▲国际名家独特设计，不仅美观实用，更谨防假冒，确保消费者喝到健康纯净的×××饮用水。

××公司
××××年××月××日

【例五】

寻　物

本人于1998年11月9日下午在计算机房遗失一只黑色包，内装有身份证、本院听课证和图书馆借书证等重要证件资料。请拾到者与我联系，面谢！

本院研究生部　黄参
1998年11月10日

【简析】

例一为歇业启事，格式规范。因发表于报上，结尾的日期省略，因正文开头出现单位全称，结尾的单位署名也省略。但拟稿时仍要严格按照启事格式。

例二为开业启事，但标题中略去"启事"二字。这个启事有明显的广告意图，但正文目的清楚，基本特征仍然属于启事文体。

例三是招聘启事。

例四是专利声明。

例五是寻物启事，标题可以不用"启事"。问题在于，寻物必须把所寻物的特征、数量、种类写清楚。如"遗失一咖啡色牛皮包，内有讲义、钱币、15日赴北京的车票一张等。"

【例六】

中国光大银行上海分行招聘启事

经国务院、中国人民银行批准，中国光大银行已成功改制为我国第一家有亚洲开发银行等国际金融组织参股的全国性股份制商业银行。为适应业务发展，经上海市人事局批准，中国光大银行上海分行向社会诚意招聘银行信贷和国际业务主管人员各20名，法律事务工作者2名。

招聘条件：具有金融及相关专业大学本科以上学历或中级以上专业技术职称，英语水平四级以上（应聘国际结算业务岗位需六级以上），从事银行相关工作五年以上，年龄在35周岁以下，银行科级以上干部熟悉本外币业务者优先考虑。法律事务工作者应有律师资格。

凡符合上述条件，品行优秀，身体健康，有志于社会主义金融事业的人员均可应聘。

应聘者于4月6日前，将个人简历（注明联系地址、邮政编码、通讯方式）、身份证、学历、职称、英语等级证书，本人主要工作业绩等材料（影印件）以及近期免冠生活照一张，寄上海中山东路29号中国光大银行上海分行招聘办公室收，邮政编码200002，信封上注明"应聘"字样。

凡经初审合格者，我行将专函通知笔试、面试。未经通知谢绝来电来访。报名材料恕本行留档，不作退还。

【简析】

这是一则招聘启事，标题由启事单位、启事内容、文种名称组成。正文采用分段式，逐一写出招聘缘由和人数、招聘条件、应聘时间和手续等。语言简洁明确。

第五节　广　　告

知识链接

商品宣传文书——广告

在当前需求多变、自由竞争极为激烈的信息情报化的国际市场上，商品宣传是争取用户、推销产品，开拓、巩固和扩大市场的必不可少的手段，因此，广告作为一种商品宣传文书的撰写也就显得非常重要。近年来，我国的广告事业随着经济体制的改革和商品经济的发展，蓬勃发展起来。国务院实施了《广告管理条例》，这就大大促进了我国广告事业的发展。实践证明，广告在我国社会主义经济建设中，具有越来越重要的地位和作用。

一、广告的含义及作用

（一）广告的含义

广告的含义有广义和狭义之分。广义的广告有"广而告之"的意思。从这个意义上说，凡是通过说服、劝导的方式，进行公开宣传的均可称为广告，如中央电视台近年开办的"广而告之"专题节目。党政机关、人民团体的启事、声明、通告、公告等也是广义的广告。

狭义的广告通常指的是"商业广告"或"经济广告"。企事业单位（统称为广告主）通过一定的媒介，有计划地宣传经济信息，促使消费者产生明显或潜在需求的手段称为广告。这种广告与商品或劳务的销售直接相关，因此广告是组织商品流通的一种手段，是传播经济信息的一种工具，是"科学的推销术"，是"商业新闻的一种"。广告业是一个独立的经济部门，广告学是一门包括文学、艺术、心理学、社会学、经济学、市场学在内的综合性学科。狭义的广告是商贸应用文写作研究的对象。

（二）广告的作用

广告是经济现象，也是意识形态范畴的一部分。广告直接参与了经济活动中的生产、流通、消费以及竞争诸多环节，同时又对经济活动的诸多方面起着引导促进作用。广告是商品经济的产物，商品经济越发展，广告的作用越重要。社会主义社会的广告，不仅具有较强的直接或者间接经济作用，而且具有较强的社会作用。对广告的作用可以简单归纳如下：

1. 经济作用

广告在经济活动中能够传播市场信息、沟通产销、组织商品流通。广告能够对消费者起到引导、提示的作用，为消费者购买商品提供信息和便利条件。广告不仅促进产品需求的形成，还能促进商品竞争，改变商品的流通结构和消费结构，促使商品升级换代，促进商品生产与经营管理的改善。广告还具有开拓市场，扩大对外贸易，增加外汇收入的作用。广告在商品流通领域具有促进经济活动，加速周转流通的作用。它不但参与了商品的创造，而且能使之增值，为活跃和发展社会经济起着重要的作用。例如哈尔滨铝合框架厂由于地处偏远地区，产品一直没打开销路，1994年亏损已达几十万元。自1995年6月25日在《经济信息报》刊登了广告，大庆、塔河、牡丹江市等地客户纷纷前来订货，半年就完成产值20余万元，变亏损为盈利。人们都说："一个广告救活了一家企业。"

2. 公关作用

广告的公关作用也是信息作用，是指广告主通过一定的手段和方式，在公众中树立良好的形象，增强公众对它整体性的了解，提高知名度和美誉度，从而得到公众的信任与合作。这种作用是一种间接地经济作用，不一定直接见效，它以多样的手段，独特的表达方式，着眼于长远利益，着眼于局面和市场的开拓。据国外一项调查表明，公关广告对企业股票价的正常影响率为2%。假定某公司拥有2亿元股票的话，公关广告可以使之上涨2%。如曾经的某一天，在澳大利亚某地，一架飞机在空中撒下金灿灿的一片东西—手表。这是日本精工、东方、西铁城等钟表行业为打破瑞士表袭断世界市场局面而做的一种公关广告。这一出人意料的行动，经新闻媒介传遍了全世界，从此"精工"、"东方"、"西铁城"名声大振。再如，日航公司曾通过拍电视剧《空中小姐》，以感人的情节，在公众心目中树立了良好的形象，从而提高了日航公司的知名度和美誉度，在竞争激烈的民航企业中，产生了不可估量的作用。

3. 社会作用

广告的社会作用主要是为社会主义物质文明和精神文明建设服务。它首先体现在思想品德教育方面，就是要对社会消费坚持正确的导向，宣传合理的消费，反对奢侈浪费，主张勤俭节约。另外，广告本身就是对社会经济成果的实物展示。广告还可以潜移默化地向公众进行审美教育、爱国主义教育，弘扬热爱祖国、民族自豪的精神，培养和形成人们对真、善、美与假、丑、恶的鉴别能力，树立正确的道德观与人生观。其次在文化教育方面，广告能丰富人们的商品知识，使人们对先进的科学技术有更多的了解；加深对社会经济活动的理解，从而扩大人们的视野；科学而通俗地向人们宣传安排合理的生活，使之文明而有益健康和休息。此外，广告在城市建设、美化市容、改善环境等方面，已经成了不可缺少的部分。

二、广告的基本要求

对广告有以下三个基本要求：

（一）真实性

真实性是广告的生命。社会主义社会的生产目的是最大限度的满足人们日益增长的物质和文化生活的需求。广告不仅要为广告主服务，还要对人民负责。广告宣传和其他宣传一样，都必须真实可信。《广告管理条例》第三条有明确规定。只有真实的广告，才能取得用户和消费者的信任，才能实现广告宣传的目的。广告的失真，不仅是职业道德和信誉方面的问题，甚至也是违法犯罪，要承担法律责任。例如：1984 年四川省三台县新建乡邱碑村农民胡运高、汪兴全在全国 20 多家省级报刊（主要是各省农民报）上刊登广告声称：他们出售一种一年四季都可以结番茄的番茄树种子。骗取了从全国各地汇来的购种款 11.92 余万元，给广大农民造成严重的经济损失。这一行为触犯了法律，已受到法律制裁。

（二）思想性

广告是经济现象，也是意识形态。因此既要讲究经济效益，又要注意社会效果。它不仅能沟通产销、宣传商品、指导消费、促进生产，还能够进行社会主义精神文明的宣传活动。广告一经刊登播放，它的主题、寓意、语言图像、色彩、音乐都会在群众中产生潜移默化的作用，对社会风气产生一定影响。因此，我们必须注意广告的思想性。这一点《广告管理条例》第八条有明确规定。我们在做广告时还要宣传精神文明，加强正面引导，如提倡经济实惠，反对奢侈浪费等。

（三）艺术性

广告是科学，也是艺术，是科学与艺术的综合体。作为科学，广告要正确的反映商品流通领域中的客观规律，为我国的社会主义建设服务。作为艺术，就是广告设计要涉及文学、音乐、美术、戏剧电视等艺术形式，以形象而生动的形式表达广告内容，使人们得到和谐、美妙的艺术感受。一则好的广告，本身就是一件艺术品，有艺术欣赏价值寓广告于娱乐之中。这样的广告构思巧妙、耐人寻味、生动有趣、不落俗套；才能引人注目，收到良好的效果。中国的鲁迅、巴金、老舍等文学巨匠都为书刊发行撰写过广告，颇具独特的艺术性。广告的艺术性主要表现在两方面，一是语言，一是形式。妙语精言可以给人留下难忘的印象，陈词滥调令人反感。成语、俗语、歇后语、韵文都可以作为广告的语言，能收到意外的效果。例如：

法国某印刷公司的广告："除了钞票，承印一切"；

四通公司的广告："输入千言万语，奏出一片深情"；

打字机的广告："不打不相识"；

礼品的广告："海内存知己，天涯若比邻"、"千里送鹅毛，礼轻情意重"；

万宝电冰箱的广告："万宝，万宝，实在是宝，；家有万宝，不会烦恼"；

丛书的广告："与书为友，天长地久"，等等。

广告的形式要求新颖、奇特、美妙。新颖、奇特、美妙的广告形式，来源于明确的主题，巧妙的构思。有些广告千篇一律，单调乏味，不是自夸"优质"，"廉价"，就是亮出工厂的大门，产品的照片，生产的流水线。这样的广告毫无新意，它的宣传效果也就很难是理想的。

三、广告的种类

广告的种类繁多，有几种不同的分类方法。

1. 按广告主划分：有工业广告、商业广告、工商联合广告、机关事业广告等。

2. 按广告目的划分：有销售广告、公关广告、服务广告等。

3. 按广告的宣传范围划分：有国际性广告、全国性广告、地方性广告等。

4. 按广告媒介划分：有报刊广告、电视广告、广播广告、路牌广告、现场广告、招贴广告，车船广告、橱窗广告、商标广告、模型广告、灯光广告、实物广告等。

5. 按广告的表现方式划分：有理由诉求广告、情绪诉求广告和综合诉求广告。

理由诉求广告主要是陈述说明商品销售的基点，作用于人们的理智，以促进人们有意识的购买行动。这种广告介绍商品多采用专业化的形式，如介绍商品的质量、性能、规格、价格等。强调商品的独特属性和用户或消费者从中能得到的利益。这种广告简单、明了、直接，又称为"理由广告"、"说明广告"。用户或消费者购买商品的心理因素，主要有两种：一是"计划购买"，二是"冲动购买"。理由诉求广告主要是针对计划购买者的心理，特别是生产设备、生产资料的广告。

情绪诉求广告主要是向广告宣传对象的感觉和情绪传递广告的主题，它作用于人们的情绪。这种广告通过暗示，引起人们的潜在意识，从而启发和激起购买欲望。这种广告的形式是灵活多样的，有的以图画、形象、背景烘托情绪，有的只写商品名称或厂商名称，有的简单提示商品的用途和优点，还有的通过画面表现商品使用的情况激起人们的模仿本能。这类广告多用夸张等艺术手法，主要针对"冲动购买"者的心理，如生活用品、化妆品的广告。

综合诉求广告是理由诉求和情绪诉求两种表现方式的综合体。

四、广告的结构和写法

制作和撰写广告的要求是：引人注目、产生兴趣、树立信任、导致购买。

一篇广告包括语言文字（标题、文字说明落款）和视觉形象（图画、表演形象）以及音响（音乐、拟声）。广告的语言文字，特别是文字说明（口头或书面）是最能表现主题的。广告的写作如同文章一样，要有主题、标题、正文等内容，但是比写文章主题更集中、鲜明、突出，表现方法更丰富多彩，布局结构更灵活多样。广告的制作和撰写，尤其要受广告媒介的制约。例如，霓虹灯广告或现场广告一般只有标题，没有正文；路牌广告、交通广告以图为主，文字要非常精炼、醒目；广播广告一般都没有标题；电视广告不但要有标题、正文，还要有图像或表演形象显示，有的还要配有音乐或歌曲，摄成广告的结构则比较典型，下面主要介绍报刊广告文字部分的写法。

（一）确定广告的主题

广告的主题就是广告要向广大公众介绍或说明的主要意图，是广告目的的体现。广告主题选择的恰当与否是广告成败的关键。因而主题要鲜明、集中、突出。选择主题时，要从广告及产品、商品、劳务本身的特点，市场需求的变化，消费者的差异及购买心理，竞争对手的长处和短处等方面去考虑。一则广告只能突出一个主题，不能面面俱到。确定主题主要从以下几个方面考虑：

1. 考虑广告的目的。一则广告的具体目的，有的是为了推销商品，扩大销售；有的是为了树立企业形象，扩大企业声誉；有的是为了沟通经济信息；有的是为了与对手竞争；有的则是为了沟通经济信息；有的则是为了介绍服务或劳务项目等。确定主题，首先就要从这许多具体目的中，选择一个作为主题。包罗万象的广告，或主题分散的广告，是很难产生理想效果的。

2. 考虑广告的范围。广告要表现的内容范围大致有两个方面：一是产品、商品、劳务本身情况的介绍。例如：研究设计的过程，原材料、工艺、特点、效用及价值、优越性、社会评价等。另一方面是与产品、商品、劳务有关的情况介绍。例如：制造者、经营者或提供劳务者的经历及信誉；市场供求情况；同类产品、商品竞争情况；用户、消费者的反应等。广告范围的确定一定要慎重、有特色，针对性要强且不落俗套。广告宣传范围，是直接表现广告主题的，也直接关系到广告的效果。例如：上海第六制药厂生产的"泰山牌糖精"的广告，就是以产品的多种用途和优点为主题的。它侧重于宣传糖精"能用于调味品及诊断用药；用于糖尿病及肥胖病患者甜化饮食；亦可用于测定血液循环时间；以及牙膏、香烟等调味剂"。由于此广告主题范围选择恰当，特点突出，因此效果甚佳。

3. 注意时机的因素。也就是商品的发展的不同阶段广告宣传要有不同的侧重点，这样才能体现广告的主题，实现广告宣传的目的。

以商品广告为例，一般商品的发展总要经历四个阶段：创牌阶段、竞争阶段、保誉阶段和衰退阶段。

创牌阶段：广告宣传的主题应侧重于介绍商品的功能、用途和特长。要宣传商品的可靠性，立足于"新"字。目的是获得用户和消费者的承认。

竞争阶段：广告宣传的主题应侧重于介绍商品的价格优势、质量优势、性能优势等。这些优势都是在与同类产品比较中体现出来的，所以宣传商品的优势要立足于"比"字。给用户和消费者树立最佳选择的印象。

保誉阶段：广告宣传的主题应侧重于介绍广告在社会上的信誉，用户和消费者以及社会权威机构对商品的评价，商品获得的荣誉，商品的市场占有率等。立足于"信"字。在用户和消费者心中树立可信可靠的形象，从而巩固信誉和社会声望。

衰退阶段：随着生产力和科学技术的发展，商品一定要不断地更新、淘汰。衰退的商品多不再做广告宣传，除非又挖掘出新的优势，新的用途。

（二）广告文案的结构

由于现代广告讲究图文并茂，所以文案内容的排列、详略和侧重也是十分灵活自由的。

1. 广告文案含义

广告文案亦称诉求文字，是已经完成的广告作品的全部的语言文字，而且是个性化的语言文字。

2. 广告文案的构成

广告文案有其自身的独立、完整的结构，它由标题、广告语、正文、随文四个部分组成。

（1）标题：广告的标题是广告最重要的部分，被人们称为广告的灵魂。是对广告诉求和广告内容进行概括和提示的文字，常常通过简洁醒目的语言达到吸引消费者注意的目的。

（2）广告语：又称广告口号、标语。指为加强受众对企业、产品或服务的印象而在广告中长期、反复使用，旨在向消费者传达一种长期不变的观念的语言或文字。

（3）正文：是对广告诉求和广告内容进行说明和报道的文字，通过简洁生动的语言给受众留下深刻的印象。

（4）随文：又称附文。指传达附加性广告信息的例行文字。

需要注意的是，在针对不同媒介的广告写作中，广告文案的各构成部分会有所取舍。一般来说，印刷媒介的广告文案包括上述四个部分，最能体现广告文案结构的完整性；电视广告文案中，标题常常忽略，而随文以字幕的形式表现；广播广告文案中，标题也常常省略，而随文以语言形式表现。

3. 广告文案的地位和作用

曾经有一位美国著名广告人指出："文案是广告的核心"，这句话非常恰当地道出了广告文案的地位；还有人说"文案创造商品新生命，"也很准确地说出了广告文案的作用。

调查资料说明，广告效果的 50% ~ 70% 来自广告中的语言文字。因此，广告文案实际上是广告作品的核心，广告文案的基础地位不可忽视。

（三）广告文案的写作

1. 广告文案的写作特点

（1）短小精悍，简洁动人。

除非特殊需要，广告文案的写作应尽量做到简洁明确。标题一般应限制在十几个字以内；内文的字数与所宣传的产品有关，通常是耐用消费品或企业的内文长些，而日常消费品和服务的内文较短，从几十字到几百字不等。

（2）把握推销观念，争取注意与阅读。

广告文案不同于文学作品。文学作品是自愿阅读，人们有兴趣推敲考证；而广告文案要充分考虑诉求文字的特点，既要有"诉"（传播信息），又要有所"求"（激发兴趣，引导购买），因此必须最大限度地吸引大众的注意与阅读才行。

2. 广告标题和口号的写作

由于广告文案的特殊性，其构成部分没有固定的写法。以下提供一些创意角度来帮助构思和写作。

广告标题和口号在写作时，要注意两点：一是尽可能用最少的数字表现商品和服务的优点特色，过长的标题会使受众失去阅读的兴趣；另一个是要尽可能做到深入浅出、易读易记，朗朗上口的口号才可能被广为传诵。

广告标题和口号的创意角度通常有以下几种：

（1）新闻性：通过表现有新闻价值的内容来吸引受众。

例如："慢锅，不是快锅"（电饭煲）

再如："喝不喝咖啡都要知道"（摩卡即溶咖啡）

（2）荣耀性：表现使用产品和享受服务给消费者带来的心理荣耀。

例如："王者享受，享受之王"（苏格兰威士忌）

例如："权威人士戴权威手表"（劳力士表）

"出手不凡钻石表"（钻石手表）

（3）好奇性：通过标题激发消费者的好奇心，从而吸引他们阅读内文。

例如："不是药，比药更有效"（维生素）

再如："没有特点的轿车"（雷诺汽车）

（4）优惠性：朝着商品和服务能给消费者带来优惠的方向构思。

例如："见货就是半价"（百货店年终促销）

再如："一个只卖280日元的小月亮"（松下灯泡）

（5）通俗性：运用成语、俗语、谚语等来表达，便于记忆。

例如："恭喜发财迎新岁，常年好运金利来"（金利来）

再如："开心街上走，开心咬冷狗"（冰棍）

标题的写法。常用的还有名称式、报道式、问题式、祈使式、感叹式等。要求新颖别致，不拘一格，文情并茂。

3. 广告内容的写作

广告的正文是除标题之外的说明文字，是用来充分表现广告主题的，也是广告标题的具体化。由于广告形式的不同，有的广告可以省略正文。一般广告的正文可分为开头、中心、结尾三部分。

正文的开头要对广告的内容做概括性的说明，并且要为引起下文起衔接作用。可以介绍广告主的社会地位、商品的研制过程和商品的优势等。

正文的中心要根据广告的主题而确定，用关键性的，有说服力的证据来证实事实，要充分阐述广告主题。

正文的结尾多是强调广告的主题或目的，对人们进行敦促。

广告正文的体裁风格丰富多彩，不拘一格。目前国内广告常用的有陈述体、目录体、证书体、问答体、韵文体、新闻体、文艺体等。

广告内文和广告标题一样，可以从一些角度进行构思：

（1）直接说明

在内文中直接叙述说明商品或服务的性能特色。例如："彩色金属外壳，外形崭新；Dise 驱动系统，设计最新；转速稳定，音色完美，感受重新；立体声音轻松便耳机，款式更新。"（SONY 随身听）

（2）理智型

多用于耐用消费品，如汽车、房地产等。通过数字图标等进行充满理性的分析，帮助消费者做出判断。

（3）情感式

通过表现某种心理感受，唤起人们内心深处的情感体验，并以此打动消费者。

例如："童年时代，在长大成人以后会消失到哪儿呢？那满身大汗、全身泥巴，直到傍晚还在踢足球的日子！香港维他奶珍爱日常生活的充实，同时也愿意向您提供每日丰富的活动、美梦和感动。日常感受的幸福与珍藏胸怀的幸福融合为和谐的新生活。

4. 落款

广告的落款主要写明广告主的名称（全称）、地点、电话、电子邮箱等。如标题中已有广告主的名称，落款中可以省略。写明落款在广告中是非常重要的，切不可省略含糊，否则广告的宣传效果就前功尽弃了。

五、广告文案的文学表现手段

现代广告在创造上有两个显著的特点：一是在创意上着力于情趣美的追求，二是表现手法的多样化。作为一种信息传播方式，广告和美感功能在于其运用艺术表现手段时，既要以巧妙构思、动人的形象和变化多样的表现，唤起消费者的注意和兴趣，起到引导指导消费的作用；有要使人们在获得信息的同时得到艺术美的享受。因此，只有充分发挥艺术表现手段的作用，才能使广告从被动、消极的文字图片转化为具有生动说服力和艺术感染力的完整诉求。经过长期的创作实践和对其它艺术的借鉴吸收，现代广告的艺术表现手段已十分丰富多样，使广告作品添了魅力，极大地促进了广告目标的达成。

在众多的艺术手段中，文学的介入为广告表现力的发展开辟了广阔的前景。现将一些常用广告中的文学手段归纳如下：

1. 叙述

叙述是以亲切生动的语言向消费者介绍广告主的产品特性以及所提供的服务。这种方法多用于企业的市场开拓和产品促销活动。

例如"屈臣氏"蒸馏水的广告作品：紧闭的会议室的大门挂着"请保持肃静"的牌子，广告中心的文字告诉我们："在这间会议室内，只有最重要的任务和屈臣氏蒸馏水才能一同列席。"没有突出商品的外观、造型，也没有呐喊商品素质；而是使用一个别出心裁的"故事"，令人信服地抬高了商品的身份。

2. 托物抒情

在艺术感染力中最有直接作用的是感情因素，因为"感人心者，莫先于情"。抒情手段常用在一些软性商品的宣传中，由于与商品的特征较为吻合，多能达到以情动人的效果。

世间最深的爱，便是母爱。ked's童鞋的广告抓住人们的这一普遍心理，表达商品生产者对于使用者关怀备至的立场，使用了"像母亲的手一样柔软舒适"的标题，打动消费者的心。

3. 设问

在日常生活中，一个发人深思的问题，常会使人久久难忘。同样，广告中一个问题的巧妙提出，也能使消费者为之注目。

"如何为您的家庭节省旅游上的开支？"是亚太国际假日饭店的报纸广告，再配上一只玩具熊的照片，让消费者想从内文中探个究竟。原来是假日饭店可以使消费者在同样的条件下少付一些钱，而节省下来的费用，可作为生活中其它方面的开支——比如给孩子买玩具熊。

4. 比喻

比喻常利用本体和喻体间的某些相似之处来借题发挥，因此形象而含蓄。一经领悟，这样的广告往往令人回味无穷。无论是"像胎儿的衣服一样重要"的包装材料，还是"滴滴尊贵，珍如名钻"的法国香槟，无不给人以一种巧妙贴切的感觉。而"鱼排挂锁"的广告则别开生面地借"一夫当关，万夫莫开"的古语进行创意，在深红的色调和传统兵器的图形中，一把挂锁紧锁城门，极好地比喻了其牢不可破的良好质量。

5. 夸张

一般是通过虚构把宣传对象的特点或个性中美的方面加以夸大，从而加深受众对这些特征的认识。同是夸张，皮鞋广告中"平步青云""步步高升"，比起美国派克笔的："千军万马，难敌名笔一挥"的广告来说逊色不少。广告借用美苏两国领导人签署"撤出中程战略核武器"协议书的新闻照片，突出了里根和戈尔巴乔夫的派克笔，使人相信巨头手中的派克笔的确起到了"化干戈为玉帛"的作用。

6. 引用

引出名言警句俗语，不但能使消费者易记易懂，还会树立产品的高雅形象，像"车到山前必有路，有路必有丰田车""有朋远方来，人约必胜客"，都脍炙人口。

7. 对比衬托

作为一种行之有效的表现手段，是将事物的性质和特点放在鲜明的对照中来表现，从对比呈现的差别中，借彼显此、互相衬托，达到集中、简约、曲折的效果，更能揭示和强调商品的特征，给消费者以深刻的感受。

"强生"的广告选用了一个叫"啤啤"的幼童做比较，"啤啤"用香皂洗头时大哭大闹，用"强生"洗头水时则是一张人见人爱的笑脸，购买者自然会有判断："给婴儿洗头，应该是用香皂还是洗头水？"不比不知道，一比吓一跳。比较可提高商品的身价，衬托能在消费者心中建立起超群形象。但应注意在选择对比衬托对象时，切忌指名道姓，否则会引出不少麻烦来。

8. 联想

联想产生的前提是直接感受到的对象与过去经验之间有某种联系。通过丰富的联想，能突破时空的限制，扩大艺术形象的容量，深化画面的意境。

"鲜鸡蛋"的广告别出匠心，用细微的现象展示内涵，画面上稻草之间一堆鸡蛋之中，两个鸡蛋的脚印清晰可见，使人联想到一只母鸡生完蛋后刚刚离开。看似平常，却很好地诱发了人们"新鲜"的联想，主题不言自明。

9. 悬念

悬念不仅是小说的专利，广告作品中布卜疑阵，在受众心理造成波澜，激发他们的好奇和兴趣的做法屡见不鲜。

"巧克力糖"的广告画面中，杂乱的衣物间有一个未开启的黑盒子。"你知道黑盒子里的密码吗?"消费者只有集中注意力仔细观看广告,才从黑盒子旁边打开的,写满字句的卡片上找到答案,知道这是来自远方的很贵礼品——名牌巧克力。

反常理的"最佳途径并一定是最短途径"——瑞士航空公司的广告,标题就已经让受众感到疑惑,而画面上的台球就更令人不解。原来,瑞航的许多航班都需要转航,不能直达。而广告中表现了台球反弹的道理,利用台球击角度的计算表达出航空路线的最佳选择及安全因素,这么一来就使不利变为有利条件,受众看完广告后也就恍然大悟了。

例文及简析

【例一】

(一)广告内文范例

1. 北京康德 GBC 装订机广告文案

标题:一分钟文件装成书 康德 GBC

内文:当阁下在对外交往中遇到文件交换,由于文件装订简陋、外形粗糙而倍感尴尬时,请使用康德 GBC 文件装订机。

康德 GBC 文件装订机,引进美国先进技术,可以在一分钟内将散页文件装订成一本华美、高档的精装书。那种高雅、庄重、整齐划一的外观,会使您的文件身价百倍,给人以美好的印象。

设计独特、美观耐用、操作简便

规格齐全、形式多样、装订厚度可达 50 毫米,快捷方便、仅一分钟即可装订成册。

随文:略

2. 霞飞广告

入冬以来,由于争购"霞飞"名牌产品"特效增白粉蜜"的顾客骤增和进口原料不足,造成供不应求。现有外贸部门的支持,进口原料有了保证。为此,"霞飞"告慰商店和客户:即日起"霞飞特效增白粉蜜"将保证供应。

3. 美国 Allstate 保险公司广告

标题:借充气袋而得以活下来的人们

内文:奇科·门德斯,加利福尼亚州,奥兰治郎达·威廉森,佐治亚洲,维达利亚获得华·韦伯,纽约州,布鲁克林……

辛西亚·罗布,伊利诺伊州,芝加哥

这里的每个人都借充气袋而得以活下来，像这样的人有很多，从 1969 年起，Allstate 公司就一直主张司机及汽车制造厂在车中安装充气袋。我们很高兴这一主张得到了认可。我们还将继续努力，直到每个人都愿意使用这种充气袋（记住：安全带加充气袋是保障安全的最佳办法）。

请访问或写信给你的 Allstate 代理，索要一份带有司机与乘客充气袋的汽车的免费目录。

从生命中得到更多。

随文：略

4. 美商保德信人寿保险公司广告文案

标题：智子，请照顾好我们的孩子

内文：日航 123 航次波音 747 班机，在东京羽田机场跑道升空，飞往大阪。时间是 1985 年 8 月 18 日下午 6 点 15 份。机上载有 524 位机员、乘客以及他们家人的未来。

45 分钟后，这班机在群马县的偏远山区坠毁，仅有 4 人生还，其余的人成为空难记录里的统计数字。

这次空难有个发人深省的地方，那就是飞机先发生爆炸，在空中盘旋 5 分钟后才坠落。任何人都可以想象当时机上的混乱情形：500 多位活生生的人在这最后的 5 分钟里面，除了自己的安危还会想到什么？谷口先生给了我们答案。

在空难现场的一个沾有血迹的袋子里，智子女士发现了一张令人心酸的纸条。在别人惊慌失措、呼天抢地的机舱里，为人父、为人夫的谷口先生，写下给妻子的最后叮咛："智子，请好好照顾我们的孩子!"就像他去远行一样。

你为谷口先生难过吗？还是你为人生的无常感到叹息？免除后顾之忧，坦然地面对人生，享受人生。这就是保德信 117 年前成立的原因。走在人生的道路上，没有恐惧，永远安心，如果你有保德信与你同行。

随文：略

5. 草帽披萨饼电视广告文案

画外音：让我们开始这则广告。

首先请闭上眼睛。

现在，想象一下一张美味无比的披萨饼带给你的快感。

那就是草帽比萨饼!

这么浓郁的芬香。

这么甜软的……

上面覆盖一层鲜鲜的……

这么鲜美……

现在……请睁大眼睛。嘿!

你梦见的草帽披萨饼。

你能想象的最美味的比萨——

草帽披萨。

6. 香港地区地下铁路电视广告

小和尚:师父,是时候了。

小和尚:喂,师父……

老和尚:前路看得通,何故要匆匆?

小和尚:时辰刚好耶,师父……

老和尚:(画外音):心里有数,搭地下铁路,说着说着就到了。

小和尚:师父,要放生的那只乌龟,还未到耶……

7. 国光 PR97 OS 存折打印机广告文案

引题:一石激起千层浪

正题:不一样就是不一样

内文:高度仿真 PR50、IBM、PPDS、EP-SON 具有二并一串接口,更符合银行柜员化多进程、多仿真分时共享良好的用户界面,液晶显示。

广告语:国光 PR97OS 存折打印机

人无我有,人有我优

随文:略

8. 美国旅行者保险公司广告文案

当我 28 岁时,我认为今生今世不会结婚了。我的个子太高,双手及两条腿的不对称常常妨碍了我。衣服穿在我身上,也从来没有像穿在别的女郎身上那么好看。似乎绝不可能有以为护化使者会骑着他的白马来把我带去。

可是终于有一位男人陪伴我了。艾维莱特并不是你在 16 岁时所梦想的那种练达世故的情人,而是一位羞怯并笨拙的人,也会手足无措。

他看上了我不自知的优点。我才开始感到没虚度此生。事实上我俩当时都是如此。我们相互融洽无间,我们如不在一起就有怅然若失的感觉,以后我们就结婚了。

那是在 4 月中的一天,苹果树的花盛开着,大地一片芬芳。那是近三十年前的事了,自从那一天之后,几乎每天都如此不变。

……

唉!艾维在两年前的 4 月中故去。安静地,含着微笑,就和他生前一样。苹果树的花仍在盛开，大地仍然充满甜蜜的气息。而我则欲哭无泪。打理后事时，我发觉他是那么体贴关心我，就和他往常的所作所为一样。他在银行中没有给我存很多钱，但有一张照顾余生的全部生活费用的保险单。

9. 德国大众轿车的广告文案

要成为一辆大众牌汽车，其路程是艰难坎坷、阻碍丛生的。

有的车成功地经受了考验，有的车则半途而废。

那些车要经过 8397 个检查人员的严格检查（其中有 807 位十分挑剔的妇女检查员）。

他们在一个特殊的实验点试开相当于 3 英里的路程。

每一台电动机都是经过调试。

每一个变速器也是同样。

然后，许多汽车调离生产线，他们生命中唯一的任务就是接受检查而不是被卖掉。

我们把他们放置于水中以确信他们不会渗漏。

我们让他们穿过泥泞和盐水以确信他们不会生锈。

他们要爬山实验以检查他们的手刹和离合器的性能。接着他们面临的是可怕的风道和包括 8 种不同路面的旅程，以检查他们的行驶功能。

操纵杆要经过一百万次的扭转以确信他们能正常工作。

钥匙要转动 25000 次以确信他们不会断裂。

如此这样，等等。

每天有 200 辆大众汽车被淘汰。

这是坚忍不拔的一群。

【简析】

以上广告内文分别以说明式、陈述式、例证式、故事型、抒情型、对话型等几种类型，表现了商品或服务的特点，形式多样，内容新颖，给人以深刻印象，具有很强的说服力。

理论题：

一、填空题：

1. 人们常说的广告，指经济广告，是＿＿＿＿＿向人们介绍＿＿＿＿＿的一种传播方式。它以＿＿＿＿＿为目的，它是的产物。它是沟通＿＿＿＿＿者、＿＿＿＿＿者、＿＿＿＿＿者之间的桥梁。常见的经济广告，从内容上分，有＿＿＿＿＿广告、＿＿＿＿＿广告、＿＿＿＿＿广告等，从媒介上分，有＿＿＿＿＿广告、＿＿＿＿＿广告、＿＿＿＿＿广告、

_____广告等。

2. 国务院发布的《广告管理条例》第三条规定："广告的内容必须_____、_____、_____、_____，不得以任何形式欺骗用户和消费者。"这是写作广告文案的最基本的要求。

二、判断题：

（　　）1. 为了让读者充分了解商品的特点、用途、价格等情况，商品广告应不厌其烦地全面介绍、详细说明，以免遗漏。

（　　）2. 广告做得越多，越证明这种商品质量不好，因为好的商品不做广告也一样好卖。

（　　）3. 广告中的文案质量的优劣，直接决定广告宣传效果的高低。

（　　）4. 广告文案不仅要使视听者获得正确充分的理解，而且要适应消费者的心理特点，刺激其心理需求。

三、单项选择题：

1. 撰写广告文案的正文必须注意几点_____。

A. 标明主旨、突出重点、新颖引人、一目了然

B. 富有情趣、引人注目、诱发兴趣、富于哲理

C. 高度概括、生动简洁、准确贴切、富于感召

D. 重点突出、简明易懂、有趣引人、有号召力

E. 主题明确、浅显通俗、言简意赅、有真实性

2. 广告标语按其内容和心理反应，可分为下列形式_____。

A. 口号式、鼓励式、赞扬式、简要式

B. 口号式、赞扬式、简明式、艺术式

C. 口号式、号召式、赞扬式、情感式

D. 口号式、简要式、综合式、号召式

E. 赞扬式、号召式、情感式、综合式

四、分析题：

广告的标题主要有哪几种表达方式？请你分别指出下列广告标题各属于哪种表达方式，并说明打"△"的标题用了何种修辞手法。

（1）人类失去联想，世界将会怎样（联想电脑广告语）

△（2）箭牌口香糖一箭如故一箭钟情（箭牌口香糖广告）

（3）外在动人，内在动心（飞度汽车广告语）

△（4）选择中国银行，实现心中理想（中国银行广告语）

（5）六神有主，一家无忧（六神特效花露水广告语）

△（6）早也报，晚也报，又新又全看午报。（劳动午报广告语）

（7）肥皂我一直用雕牌，透明皂啊，我还在用雕牌。（雕牌透明皂广告语）

（8）大红鹰，胜利之鹰！（大红鹰香烟广告语）

五、问答题：

请细读"麦氏咖啡"广告文，并回答问题（选择正确答案）。

××食品有限公司新厂

3 月 28 日投产　生产麦氏咖啡

中美合资的××食品有限公司经积极筹备及建设，位于广州的新厂现已落成，并于 1988 年 3 月 28 日正式投产，全力生产极受国内人士欢迎的麦氏速溶咖啡及麦氏三合一速溶咖啡。

新厂结合国内有利条件及美国通用食品公司深远的咖啡制造传统，并引进最新高科技及生产技术。厂房设备先进，生产过程全部自动化，生产能力大大提高，确保产品质量。

麦氏速溶咖啡和麦氏三合一速溶咖啡自从在国内上市以来，由于严格控制质量，充分保存咖啡的色、香、味，滴滴浓郁芳香，令人回味无穷，所以大受各界人士欢迎，的确是现代生活的高级饮品。新厂投产后，定当继续持高水准生产，满足讲究生活情趣的人士需求。

麦氏速溶咖啡，滴滴香浓，意犹未尽。

××食品有限公司

××市天河路二号

电话：××××××

请回答以下问题：

1. 广告的标题包括_____。

A. 正题和副题　　　B. 正题　　　C. 引题和正题

2. 标题突出介绍_____。

A. 该厂名称　　　B. 该厂建厂时间及产品　　　C. 产品名称

3. 正文第二段的内容和作用是_____。

A. 分析该厂的有利条件，技术优势及产品优良品质，以赢得消费者的好感

B. 说明该厂设备、技术优势及产品的优良品质，以取得消费者的信任

C. 说明该厂性质及技术设备情况，以加深消费者的印象，引人注意

4. "滴滴香浓，意犹未尽"是消费者牢记是由于_____。

A. 这句话赞扬式标题适当夸张，突出了产品特点

B. 这句话情感式标题，富于人情味，显示产品优点

C. 这句话赞扬式标题，直陈产品特色，强调与众不同，言简意明

六、写作题：

1. 下面是两则广告方案，请你分别为它们撰写一句广告语。

（1）美国 AtandT 直播美国中文台 10180 报纸广告方案

标题：千里贺新年 情谊越洋牵—AtandT 直播美国中文台 10180

正文：过年是返乡回家的时候，无论多远都要想方设法全家团圆。

过年是惦记亲友的时候，总是特别思念远隔重洋的游子，想知道他们是不是也在吃团圆饭。所以无论如何，过年，一定要把思念送到他们身边。如果你的亲友远在美国，请即时接通直播美国中文台 10180。因为只要一声真情的问候，远在美国的亲友就能分享到全家团圆的喜悦。每当思念在美国的亲友，随时随地，用任何远程电话接通直播美国中文台 10180，千里情谊为你联系。

广告语：_____

（2）美国阿姆特拉克铁路运输公司的广告文案

标题：这次旅行将穿越沙漠、山岭、森林和隧道

正文：这是一列火车。在车上你会感到非常舒服，并为窗外的景象振奋不已。在车上您可以读点书，聊聊天或稍稍休息。用餐时可享受到我们为您准备的美味佳肴及我们热情周到的服务。乘我们的列车，可到达 500 个目的地的任意一个。在车上你可享受其他任何一种陆地旅行的快车，订票请打电话给你的旅行社，或打电话 Amtrak1 – 800 – USA – RAIL。

广告语：_____

第六节　消　　息

知识链接

要写好消息的标题

"看书先看皮，看报先看题。"一篇报道，读者拿起来之后要先看标题，然后再决

定看还是不看。标题是新闻的题目，是消息的眼睛，像人的脸面一样重要，拟写得好，可以吸引读者；拟写得差，一篇好消息也会被埋没。可见标题有着向读者推荐的作用。新闻标题的结构方式、写法很多。但有一点是共同的，在标题撰写上必须下功夫。新闻界有"三分之一时间写标题、三分之一时间写导语、三分之一时间写主题"这一说法。

一、消息的定义、分类和主要特点

（一）消息的定义和分类

消息是对社会生活或重大政治活动中新近发生的具有新闻价值的事实加以纪实报道的一种文体。消息通常又叫新闻。新闻的概念有广义、狭义之分，广义的新闻包括消息、通讯、特写等诸种新闻体裁，狭义的新闻专指消息。

消息的分类：消息按内容分，一般可分为动态消息、经验消息、综合消息、评述性消息等类型。

（二）消息的主要特点

1. 新鲜性。消息的内容要新鲜，应反映新近发生的且具有一定社会意义的事。

2. 真实性。真实性是新闻的生命。消息中反映的事实必须完全真实可靠，不能夸张，不能虚构。

3. 快速性。快速性是保证消息新鲜性的根本前提。因此，对有新闻价值的事实要发现快、采访快、写作快，做到分秒必争，抢先一步发表。

4. 简短性。消息不仅要篇幅短小，而且应做到言简而意明，言简而意丰。

二、消息的写作格式和具体内容

消息的结构一般包括：标题、电头、导语、主体、结尾，并在文中穿插背景材料。

标题是用来概括新闻的主要事实的。

电头放在消息开头，点明报道者。

导语是新闻开头的第一句话或第一自然段，扼要揭示新闻的主要内容。

主体是新闻的躯干，是对导语的进一步扩展，要用充分的事实表现主题。

背景是新闻发生的社会环境或自然环境。

结语是交代新闻事件结果的话。可有可无，视具体情况而定。

（一）标题

消息标题的特点是：必须有——何人（物）who、做何事 what，必须简洁、准确。消息的标题有主题（正题）、引题（眉题）、副题（次题）三种。主题：概括与说明主要事实和思想内容。引题：揭示意义或交待背景，说明原因，烘托气氛。副题：提示报道的事实结果，或做内容提要。在报道中，它们组合的基本形式有三种：

1. 单行式标题。即只有一个主标题。《会昌（who）举办体育盛会喜迎新年（what）》（2009 年 1 月 4 日，来源：赣南日报）

2. 双行式标题。其中一种由"引题＋正题"组成；还有一种由"正题＋副题"组成，如《口岸名称改"外砂"为"潮汕机场"—潮汕机场边检启用新式验讫章》（2014 年 9 月 4 日，来源：汕头都市报）

3. 多行式标题。一种是"引题＋正题＋副题"，一种是"引题＋正题＋副题＋提要题"。多行式标题一般用于内容较多、篇幅较长、意义重大的消息。

（二）电头

刊登的消息其开头部分往往冠以"本报讯（记者××）"、"新华社上海×月×日电"之类的字样，这就是电头。

（三）导语

导语是指一篇消息的第一自然段或第一句话。它是用简明生动的文字，写出消息中最主要、最新鲜的事实，鲜明地提示消息的主题思想。导语的写作要求，一是要抓住事情的核心，二是要能吸引读者看下去。导语的特点：有时间（when）、地点（where）、人（物）（who）、事件（what）。

导语的形式主要有：

1. 叙述式。用摘录或综合的方法，把消息中最新鲜、最主要的事实简明扼要地写出来。

2. 描写式。对消息的主要事实或某一有意义的侧面做简洁朴素而又有特色的描写，以制造气氛。如写烟叶生产势头好，就从描写某一生产现场如何一派繁忙，再讲整个乡或县的烟叶生产情况。

3. 提问式。先揭露矛盾，鲜明地、尖锐地提出问题，再做简要的回答，引起读者的关注和思考。如开头以提问的方式，接着某乡或县采取怎样的措施解决这个问题。

4. 结论式。把结论写在开头，提示报道某一事物的意义或目的或总结。如 1 月 6 日赣南日报头版头条，省委常委、市委书记潘逸阳走访慰问：1 月 5 日，带着省委、省政府，市委、市政府对城市及农村低保户、困难群众、重点优抚对象、敬老院老人和困难企业的关心，省委常委、市委书记潘逸阳深入到章贡区、赣县、南康走访慰问。

另外还有号召式、摘要式、评论式、综合式、解释式等。

（四）主体

主体是在导语的基础上，引入更多的与主题相关的事实，使之更加详实、具体。

这是消息的主干部分。它紧接导语之后，对导语做具体全面的阐述，具体展开事实或进一步突出中心，从而写出导语所概括的内容，表现全篇消息的主题思想。主体的结构形式主要有以下三种：

1. 倒金字塔结构。即按照消息事实的重要性由重到轻的顺序依次排列；

2. 时间顺序结构。即按照时间的顺序叙述事实；

3. 逻辑结构。即按照某个事物与其他事物的相互关系安排顺序。

主体的写作要注意以下三点：

（1）围绕主题、扣紧导语。导语、主体、结尾是消息的完整肌肤，写作时对选材和结构要通盘考虑。新闻主体部分所涉及的内容比较多，不能一一罗列，但仍要紧紧围绕导语中确立的主题思想来挑选素材。虽然，有些素材很感人、很动听，但若与主题无关，也要忍痛割爱。

（2）段落分明、启承自然

从消息的段落大小和字数多少来看，新闻主体所占的篇幅较大，一般比导语和结尾要长。但是新闻主体不是大采矿，不能什么都往里面装。写作时，要把材料排个队，安排好次序，哪个在前，哪个在后，先说什么，后说什么；哪些材料构成一段，哪些材料构另一段，都要泾渭分明，力求层次清楚。每一段最好只说一层意思，不要你中有我，我中有你，处于胶合状态。提倡段落短一点，段落可以多一点。段落与段落之间的过渡，尽量能够找到有机的联系。

（3）手法灵活、叙述生动

消息写作固然以叙述为主，但不排斥其他写作手法。美国新闻学者麦尔文·曼切尔把"要表现，不要叙述"作为新闻消息写作的"第一信条"。他说"平铺直叙，会使读者和听众处于消极的地位，表现就会使之身临其境"。他说的表现，就是指生动形象的描述。在消息中加强形象描写，用生动的形象来说明抽象的事物，往往会收到好的效果。

（五）背景

新闻背景，指事件的历史背景、周围环境及与其他方面的联系等。写新闻有时要交代背景，目的在于帮助读者深刻理解新闻的内容和价值，起到衬托、深化主题的作用，也就是回答五个"W"中的Why（为什么）。背景有四个作用：①说明新闻事件的起因；②显示或帮助读者理解新闻事件的重要性。③突出新闻稿件的新闻价值。④表明记者的观点。

消息背景常见的写法有以下三种：

1. 前导式。在导语里出现背景材料，可以先报道新闻事实后交代相关的背景材料，也可以先出现背景材料后报道新闻事实。

2. 板块式。背景放在导语之后，以独立成段的形式出现，常常安排在导语之后的第二段，也可以放在主体的有关段落中。

3. 插花式。以句子的形式出现，把背景材料分散到全篇消息中，将新闻事实与背景材料融合在一起，使行文更加自然流畅。

（六）结尾

新闻的结尾有小结式、启发式、号召式、分析式、展望式……。这些结尾写作与一般记叙文结尾的写作并无大的不同。

在消息写作中，标题、导语、主体是必须有的，背景和结尾在某些消息中可以没有。

三、消息写作的误区

误区一：弱化标题。标题是新闻的眼睛。如果眼睛不明亮，那新闻是很难吸引人的。我们平时在写作过程中，将大部分心思用在稿件的内容上，常常是写完稿后再起标题，想不出好的就随意编个了事，总觉得无关紧要。其实，这是陷入了弱化标题拟定环节的误区。标题绝对是一篇稿件成功与否的关键所在。我们阅读消息时，最先看到的常是新闻的标题，一个好的标题会抓住受众的眼球让他不由自主被吸引着看下去；而一个索然无味的标题只能让你一扫而过不想再探究下面的新闻。因此，我们要多在标题拟定上下功夫，要按照创新、贴切、准确、精炼等原则做好每一个标题。

误区二：角度错位。大家都知道，我们负有及时宣传报道本单位大事要闻的职责。为此，我们大家都付诸了极大努力，但写出的东西质量却不是很高。主要问题还是出在消息的采写角度上。我们的报道应该精益求精，努力增强报道的新闻性、亲民性、创新性，尤其在调整报道方向、拓展大众视角上下功大，要善于从小的新闻素材中提取最有价值的新闻点。比如，基层会议和基层领导的活动不是新闻，而会议里出台的重要举措和领导强调的工作导向才是重点，我们在写作时只有避开会议角度将这些新闻要点"拎"出来，稿件才能出彩。如果说真实是新闻的生命，那角度就是新闻的灵魂，找准了新闻的角度，也就找到了报道成功之源。

误区三：贪大求全。我们在写作时，总想把单位的各项工作全面地反映出来，写消息时就不得要领地"一、二、三、四"方方面面都想带上一笔，殊不知，那也是陷入了另一个消息写作的误区：贪大求全。在新闻写作时常会不自觉地带有机关应用文写作的痕迹，把稿件写成了总结报告式，总想面面俱到，却面面不到。其实，在消息写作中是要求的是一事一题，一篇消息只需说清一件新闻就可以了，如果出现两个或两个以上的主题那这篇消息就很难写出质量了。

例文及简析

【例一】

青年教师培训简讯

××××年××月××日，×××市×××青年教师培训班活动在××××举行，此次活动，特邀了×××老师为学员们做指导。部分××××学科带头人也参与了本次活动。

上午，学员代表××××学校的×××老师、×××学校的×××老师分别执教了同课异构课《认识百分数》。随后，×××老师与老师们进行了热烈的议课，结合课例，从理论和实践两个层面对两节课做了深入的剖析，为青年老师打开了可探索的视角。下午，××××老师为学员们做了《××××》的讲座，针对老师们写作中的问题，××××老师提出了几点建议：①避免宏大叙事；②避免形式主义；③用鲜活的例子说话；④要"贴"着例子去说；⑤开门见山、直来直去。最后，×××老师结合范文，详细指导学员们怎样修改文章进行投稿。

一天的活动，紧张而又充实，学员们受益匪浅！

附图：……

×××××

××××年××月××日

【例二】

在成长中奋斗，在奋斗中辉煌
——记管理学院 2010 年"简历大赛"初赛

为提高大学生就业技能，管理学院校友与职业发展办公室和人力资源管理学会（HRMA）联合于 2010 年 10 月 30 日面向全校同学举办了管理学院 2010 年就业能力特训营——简历培训专场暨"简历大赛"初赛，初赛在紧张激烈的氛围中顺利落下帷幕。

我们特邀了管理学院团委书记蔡老师与三位人力资源专业博士作为相应的评委。比赛按照 6 人一组，共 5 组，每半小时完成一个小组面试的形式进行。

初赛过程中，各位参赛选手对自己所设计的简历进行了精细解说，将自己的简历全方位呈献给评审人员及各位观众。各位评委分别对每位参赛选手的简历进行了精彩点评及相关的意见性指导，使各位参赛选手及现场观众收益颇深。

在全体成员的共同努力下，初赛圆满结束。我们在听到赞美之声时也发现了不足之处。比如比赛过程中有些选手略微超时，而主持人在这方面没能很好控制时间，导致比赛延时结束。不过在今后的活动中我们会吸取教训，再接再厉。

在此次活动中，我们受益匪浅，不仅提升了简历设计技能，还学到了有关集体合作、组织筹划的宝贵经验，也让参赛选手积累更多求职面试经验。我们坚信：在组织人员和参赛选手的共同努力下，我们一定会在拼搏中成长，在成长中奋斗，在奋斗中辉煌！

附图：……

校友与职业发展办公室

2010 年 10 月 30 日

【简析】

（1）标题：例一的标题简洁扼要，直接概括消息的主要内容，例二则采用正副标题，正标题概括出活动的举办意义、精神，副标题概括活动内容，对正标题起到补充作用，层次感较为丰富。

（2）导语：例一与例二的导语都是开头的一段话，极简明的概括活动时间、地点、参加对象。

（3）正文：例一的第二段，例二的第二、三段对活动的具体过程进行描述，是消息的主要部分，内容翔实，层次分明。

（4）结尾：例一的结尾以一句话概括活动收获，略显潦草和简单，例二的第四、五段，对开展活动的意义、收获与不足进行了总结，同时在最后一句话呼应了标题，显得结构严谨，让人对活动举办的意义印象深刻。

实练题：

在班里举办一次"弟子规"诵读比赛，请学生以小记者的身份对比赛组织者、参赛选手、观众进行采访，就比赛的意义、过程、收获或影响，写一篇500字左右的消息。

第七节　专用书信

知识链接

专用书信与一般书信的联系与区别

专用书信指专门用于某种事务联系的信件，如介绍信、证明信、推荐信、咨询信、感谢信、表扬信、慰问信、申请书、邀请书等。专用书信信封的写法与一般书信相同，行文则有特定的要求和格式，区别在于：

标题	专用书信常有标明性质的标题，有的还在标题前加上标题内容的修饰语。一般书信没有标题。
收信人称谓	专用书信收信人的称谓可写在开头第一行，也有的写在正文之后另起一行顶格，还有的写在正文中。一般书信收信人的称谓均写在开头第一行。
落款	不少专用书信，为表示慎重，要在具名处加盖公章。一般书信除单位写的外，一般不必用章。

介绍信　证明信　推荐信

一、介绍信

介绍信是机关团体介绍本单位的同志到有关单位联系工作时使用的信件，具有介绍和证明的双重作用。介绍信必须写明被介绍人的姓名、身份接洽的事情，以及对受信单位的要求。许多单位都预先印有空白介绍信，需用时按规定填写即可。由于是面呈，一般不用写信封，而要加盖公章。私人介绍信用于非正式场合，写法与普通书信相同，一般要写信封。

例文展示

介 绍 信

尊敬的陈登宇职业技术学校学管处领导：

　　兹介绍我校 2013 级商务英语专业廖艳艳、陈松、王辉耀三位同学，前去观摩贵校将于 9 月 19 日举办的广东省第三届英语电影配音大赛，请予接洽和引导。

　　此致

敬礼

××市外贸中专（章）

2014 年 9 月 15 日

二、证明信

　　证明信是机关、团体、个人证明某些人的身份、经历或有关事实情况的专用书信。证明信强调材料必须真实，证据必须确凿。写作时要严肃认真，不得马虎随便，更不能弄虚作假。写好后要签名、盖章以示负责。个人写的证明，要由所在单位签具意见，加盖公章。

例文展示

【例一】

证 明

×××公司人事科：

　　×××同志 1995 年 8 月考入我校高中部 95（1）班，1997 年因病休学一年，1999 年 6 月经过统考，成绩合格，已予毕业。特此证明。

××中学教务处（公章）

××年××月××日

【例二】

证　明

××职称小组：

由我主编的《写作知识》一书的第三章是陈弓同志执笔完成的。特此证明。

张一非（章）

××年××月××日

张一非同志是我校中文系教授，《写作知识》一书的主编。特此证明，

××大学科研处（章）

××年××月××日

三、推荐信

推荐信是为了向别人推荐人或事物，便于别人采纳而使用的信件。推荐人要对被推荐人和受信人双方负责，所以，推荐信既要将被推荐者的基本情况和值得推荐的理由写清楚，又要考虑受信人的需要。

例文展示

推　荐　信

×××先生：

××同志1981年毕业于复旦大学中文系文学专业。曾先后发表过小说《××》、剧本《××》等五部作品。他有较强的研究能力，社会知识丰富。近闻贵厂想请他参加系列片的编写工作，我深信他是可以胜任的。

顺颂

近安

××大学中文系教授×××

××××年×月×日

实练题：

1. 李欣是××市外贸中专外贸会计专业2014届毕业生，因毕业要办理退宿手续，但李欣不慎丢失入读学校时办理的内宿押金收据，现学生宿舍管理处要求李欣的班主任出具证明，证明李欣身份方能办理退宿手续，退回押金，请你以李欣班主任的身份拟写一份证明。

2. ××市职校商务文秘专业的2012级学生刘云为人谦诚，学习认真刻苦，专业基础扎实，在校期间先后通过了全国公共英语考试（三级）、商务单证员考试，全国计算机考试（一级），连续两年被评为校优秀学生干部，暑假期间，刘云要争取去市电视台实习，她找到班主任，希望班主任为她写一封推荐信，请你以班主任的身份为她写一份推荐信。

感谢信　表扬信　慰问信

一、感谢信

感谢信是对某单位或个人的关心、支持或帮助表示感谢的信件，要把对方的关怀、支持或帮助写清楚，对对方的行为表示敬意和感谢。写给单位的应在信笺的第一行正中写上"感谢信"三字，写给个人的则不必写。

例文展示

感　谢　信

尊敬的"春雨"公司领导：

您们好！

我是××大学的一名受资助的学生，来自江西农村。

去年九月，我满怀着对未来的憧憬踏上了南下求学之路。我很幸运地来到这所学校，因为它不仅帮助了我实现了大学梦，而且庆幸自己可以在这里为自己的未来拼搏。但我同时却不得不因家里贫困的经济状况而为大学生活的各种费用发愁，我父亲有腰椎间盘突出，不能从事体力劳动，生活的重担全落在母亲柔弱的肩膀上，如今支付我在大学必要的开支更是雪上加霜。可是"春雨"助学金帮助了我，我不必太拮据地生活着。

"春雨"助学金对于我来说是雪中送炭，不仅解了我的燃眉之急，同时又是对我最大的鞭策。我深知"学如逆水行舟，不进则退；心似平原走马，易放难追"的道理，在过去的半年里，我一直很认真地学习，同时也积极参加班集体活动，对自己要求非常严格。我牢记"博学慎思，明辨笃行"的校训，努力充实和完善自我。以求靠知识改变自己的命运，改善家里贫困的处境。

助学金从表面来看好像只是对贫困生物质上的帮助，但我认为，它对我精神上的鼓舞更是不容小视，它提高了我对生活的信心，增强了我的社会责任感，同时它也增强了我的感恩之心，让我更加懂得知恩图报。人曾说过："仁以知恩图报为德，滴水之恩定以涌泉相报。"我面对"春雨"助学金所给予的帮助和鼓励，心中万般感激，在这里只能汇成一句简短但能真切表露我心声的话，那就是谢谢！现在，我还只是一个在校的学生，我没有更好的办法甚至不能用自己的实际行动来回报"春雨"公司对我的帮助。我想在今后的学习和生活中，我会努力学习，珍惜时间，立志成才，全心全意地做一名品学兼优的学生，以此作为我对"春雨"公司和其他所有帮助过我的人的回报。作为一名受助者，我在获得帮助的同时，内心感到无比温暖，今后，我也会像你们关心我一样去关心身边需要帮助的同学，让他们也能体味到这种温暖，体味获得帮助的那份喜悦，让他们知道，其实在你遇到困难的时候，背后有很多人和你站在一起。

再次感谢关心、爱护我们成长的学校领导和老师们，感谢在学习生活上给过我莫大帮助的同学们，更要感谢"春雨"公司对我的关爱和资助。在你们爱的鼓舞下，我不再畏惧风雨的艰辛，在你们爱的庇护下，我的心灵得到了健康成长。请你们相信，现在受到过你们帮助的学生，一定不会辜负你们的期望，一定会把这份爱变成将来对祖国、对社会最好的回报！

最后，祝"春雨"公司事业蒸蒸日上，公司的企业精神不断发扬光大，也衷心祝"春雨"公司的所有员工工作顺利，事事顺心！

　　此致

敬礼

学生：××

2011 年 4 月 4 日

二、表扬信

表扬信是表扬个人或集体先进事迹、先进思想的信件，格式与感谢信相同。写时应注意对被表扬的人和事准确无误，评价要实事求是。

例文展示

表 扬 信

龙山镇中学：

　　我昨天进城买化肥，不慎在路上把钱包丢了。里面有买化肥的发票和人民币2000元。正当我焦急寻找的时候，贵校初二（1）班毕诚同学将钱包交还给我。里面的发票和钞票一张未少。毕诚同学这种拾金不昧的高尚行为非常可贵。希望贵校领导给予表扬。

　　此致

敬礼

沙溪村村民×××
××××年×月×日

三、慰问信

　　慰问信是对他人遇到不幸或特殊困难时，向其本人及亲属表示安慰、问候、关切和鼓励的信件。语言应当亲切热情，并从实际出发给以切实的帮助。

例文展示

慰 问 信

冠云先生：

　　顷接府上送来的请假报告和医院证明，知你因十二指肠溃疡出血，住院治疗。而今病况如何，实深挂念。

　　我已将你的情况向陈总经理做了报告。根据医院意见，陈总已批准你休病假两个星期。你科里的工作，我也与王怀之先生商量好，由他暂代，请你安心养病。

　　你一向健康，不意得此重病，恐怕是近半年来工作负担太重的缘故。不过，此病虽重，只要救治及时，断无危险。听你夫人说，你在医院略显紧张、烦躁，我认为没有必要。毕竟人过中年，今后务请多多注意保重身体。

　　王怀之先生代表科里同事去看你，特请他捎去麦片两盒。我因今天下午要飞往海口出差，只能等回来后再探视你了。专此致慰。

　　祝你

早日康复

李来福
12 月 17 日

实练题：

2014 年元旦中午，李进在佳佳超市买日常生活用品，那天商场优惠大酬宾，人特别多，李进买好东西回到家后才发现，他在挑东西时随手将自己的文件袋放在旁边的柜子上，里面除了有自己的驾照、身份证等重要证件外，还有一份公司的商业机密文件，是自己跟同事近半年的工作成果。他非常着急，连忙赶回商场寻找。商场工作人员张琪看见李进焦急的神情主动上前询问，并同他一起寻找，两人将日常生活用品那一栏的所有柜子都查找了一遍，直到晚上七点才在柜子间的缝隙里找到那个文件袋，期间有多名工作人员上前帮忙，李进深受感动。过后写了一封信给佳佳超市表示感谢。

（1）请你以李进的身份拟写一封信给佳佳超市办公室表示感谢。

（2）佳佳超市办公室主任希望全体职工学习这种积极主动的服务态度，请你以办公室名义写一封表扬信张贴在超市布告栏。

咨询信　申请书　保证书

一、咨询信

咨询信是询问事情或请求托办事务的信件。所询问的事情或要求别人做的事情，必须逐项写清楚，文字要简洁明确，忌笼统含糊。

例文展示

咨 询 信

××市公安局：

我的妹妹在国外，想把孩子送回祖国上中小学，让孩子接受祖国的文化教育，加深他们对故土的感情。拟学习一段时间后，再返回原居住地。对于这个问题，不知有什么规定，需办哪些手续？请你们拨冗给予答复为盼。

×××上

××××年×月×日

二、申请书

申请书是个人因某种需要，向有关部门、社团提出请求的信件。在写作上要写清楚具体要求、申请的理由和自己的态度，文字要明白晓畅，语气要恳切。

例文展示

入党申请书

敬爱的党组织：

我志愿加入中国共产党，愿意为共产主义事业奋斗终身。

中国共产党是中国工人阶级的先锋队，是中国各族人民利益的踏实代表，是中国社会主义事业的领导核心。党的最终目的是实现共产主义的社会制度。我们党是以马列主义、毛泽东思想、邓小平理论为指导思想的。自1921年中国共产党创建至今，中国共产党从小到大、从弱到强、不断发展壮大。从建党之初仅有的50多名党员，几个小组逐步发展到今天拥有数千万党员的执政党。

我之所以要加入中国共产党，是因为我深信共产主义事业的必然成功，深信只有社会主义才能救中国，只有社会主义才能发展中国。实践也充分证明，建设有中国特色社会主义，是实现中国经济繁荣和社会进步的康庄大道。目前，我在工作之余坚持政治理论学习，思想上有了极大进步。没有追求与理想，人便会碌碌无为；没有信念，就缺少了人生航线上航标，人便会迷失方向甚至迷失自我，难以到达理想的彼岸，更不会完全发出自我的光和热，激发出人生的意义和生命的价值。要成为新世纪的优秀年轻人，就要向中国共产党这个光荣而伟大的组织去靠拢，我清醒地认识到：只有在党组织的激励和指导下，我才会有新的进步，才能使自己不断成长，才能充分地去发挥自己的潜能，为国家、为人民、为集体做出更多的贡献。共产党员，不仅是做一个解放思想、实事求是的先锋，更重要的是要在不断改造客观世界的同时，努力改造自己的主观世界，树立共产主义远大理想，树立科学的世界观、人生观和价值观，充满为共产主义而奋斗终身的信心和勇气，为建设有中国特色的社会主义不遗余力地奉献自己的智慧和汗水。

201×年，通过自己的努力，我顺利考入××大学。入学以来，我努力学习专业知识，201×年加入学生会，任某某部长。除了上课认真学习课本知识外，课余时间我还积极参加各社团活动，提高自身素质；积极参加社会实践活动，增加社会经验。在生活上，我崇尚质朴的生活，并养成良好的生活习惯和正派的作风。在思想修养上，本人有良好道德修养，并有坚定的政治方向。本人热爱祖国，热爱人民，坚决拥护共产党领导和社会主义制度，遵纪守法，爱护公共财产，团结同学，乐于助人。并以务实求真的精神热心参与学校的公益宣传和爱国主义活动。这些都与党对我的教育、关怀分不开。我的身上还存在缺点，还有待于不断学习、不断磨炼，我衷心希望得到党组织的帮助和培养。虽然我现在还不是一名共产党员，但我决心积极向组织靠拢，在组织的教育和帮助下，发扬成绩，克服缺点，不断进步，争取早日从思想上入党。

我深知按党的要求，自己的差距还很大，还有许多缺点和不足，如处理问题不够成熟、政治理论水平不高等。希望党组织从严要求，以使我更快进步。我将用党员的标准严格要求自己，自觉地接受党员和群众的帮助与监督，努力克服自己的缺点，弥补不足，争取早日在思想上，进而在组织上入党。

请党组织在实践中考验我！

此致

敬礼

申请人：×××

×××年××月×日

三、保证书

保证书是以集体或个人名义以一种较为强烈的态度向上级组织、领导或个人表决心下保证时所使用的一种书信。它在一定程度上对立誓者形成一种制约和鞭策。所以具有誓言性的特征。保证的内容和时效性是写作中最重要、最核心的部分。

例文展示

保 证 书

本人已经阅读并自愿遵守××（市）××电子实业有限公司制订的各项规章制度，包括已经颁布的《劳动组织条例》、《劳动管理条例》、《产品质量管理条例》、《管理人员行为规则》、《销售管理条例》、《采购工作管理规定》、《档案管理条例》、《仓库管理工作规定》、《监察工作规定》、《促进合理化建议规定》、《生产统筹管理规定》及其他有关制度。本人承诺，即使今后有新颁布的规章制度，在经本人知悉后，也愿意遵守。

保证人：×××

××年×月×日

实练题：

1. 王薇现就读于汕头市金平职校 2012 级幼师专业，本应该在下半年才毕业，现因亲戚介绍，有一份难得的工作机会，工作地点在广州，因此她向学校提出提前就业申请，同时向学校保证工作期间会遵纪守法，注意人身安全，绝不落下学业，会按时按质完成实训作业，按期回学校参加毕业考试。请你代王薇拟写一份提前就业申请和一份保证书。

建 议 书

一、建议书的定义

建议书是个人、单位和有关方面为了开展工作、完成任务、进行某项活动而提出意见时使用的一种文体，有的也叫意见书。

二、建议书的写作格式和内容

写建议书要认真负责、严肃对待，内容要具体，语言要精炼。

例文格式

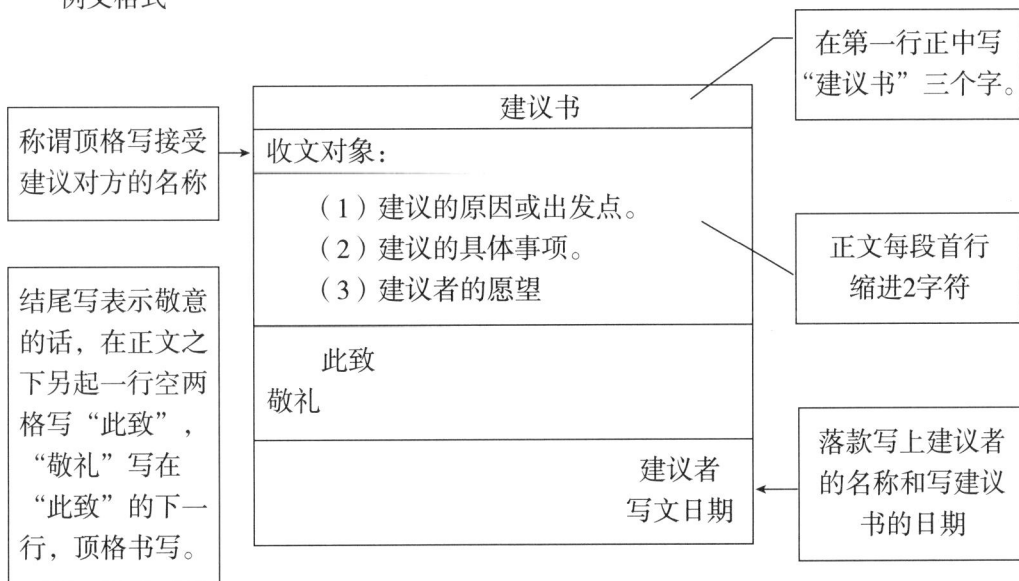

三、写建议书的注意事项

1. 建议书要具体明确，有针对性。建议书要将自己建议的具体内容，采取的措施、方法、步骤一一列出，少说大话。同时要针对某一具体问题来谈。

2. 建议书要把握好分寸，实事求是，不提过高要求，所提的建议经过努力必须是切实可行的。

3. 建议书的语言要精练、准确，篇幅一般不宜过长，较少进行分析和论证。

例文展示

校园安全建议书

尊敬的各位领导、各位家长，各位同行：

为了维护中小学、幼儿园及周边良好的治安秩序，保障师生人身财产安全，构建和谐校园，为学校营造良好的教书育人环境，公安部于2005年制定了《公安机关维护校园及周边治安秩序八条措施》，现在经常有警察在校园周围巡逻，以防止突发事件，对维护校园安全起到了很好的保障作用。但是，近年来，特别是今年以来，涉校恶性案件频频发生，严重危害了广大师生、受害家长的人身财产安全，影响了社会和谐，影响人民群众的安全感，校园安全面临着巨大的压力和挑战。如何做好校园安全工作是学校和公安机关乃至社会都需要认真研究和探讨的问题。

从理论和实践效果上讲，要有效确保校园安全，必须坚持标本兼治的原则，才能收到事半功倍的效果。因此，在校园安全的治标过程中应做到"四加强四提高"。

1. 加强组织领导，提高思想认识。校园治安涉及千万学生、儿童和千家万户的安宁幸福，学校安全问题事关群众安全感，事关公安机关甚至党委、政府形象。有效解决当前校园及周边治安突出问题是学校和公安机关落实科学发展观，推进社会主义和谐社会建设，为广大师生创造安全、和谐、稳定的学习环境的重要任务。

2. 加强基础建设，提高防范能力。一是公安机关要指导各校按照《企事业单位内部治安保卫条例》的要求，设置治安保卫机构，配备工作人员。健全门卫、值班、巡查制度，教学、住宿、活动等场所的安全管理制度；单位内部的消防、交通安全管理制度，治安防范教育培训制度，单位内部发生治安案件、涉嫌刑事犯罪案件的报告制度，治安保卫工作检查、考核及奖惩等制度，切实提高学校自我防卫的意识和能力。二是要加强技术防范设施设备的建设，提高校园防范的科技水平。视频监控系统在打击破案、社会管理和安全防范作用十分明显，公安机关要主动协调教育部门，尽可能在学校安装视频监控系统，实现校园安全监管的可视化，对已安装视频监控系统的要立即实现与"110"指挥中心的联网，为做好校园安全打牢基础。三是要实现校园值班守卫的专业化。学校要从大局出发，着眼长远，聘请专业的保安人员从事校园的安保工作，并为其配备必要的防范设备，通过专业的安保力量强化校园安全防范。四是要加强校园安保人员、师生的教育培训，提高防范意识和工作能力。

3. 加强资源整合，提高防范合力。校园安全是一个世界性难题，在如何确保校园安全上，国外动员社会力量参与的做法值得借鉴。因此，在校园安全方面，走群众路线是一条行之有效的方法。只要我们做好宣传、教育和动员工作，充分发动各行各业人员参与到校园安全中来，校园安全状况将会大为改观。特别是一些离退休的老干部、老教师、老职工他们都十分热心于公益事业，他们有时间、有精力、有热情，只要我们将他们有效地组织起来，共同去维护校园安全，保护我们的学生，他们必定会尽心尽力。通过整合社会力量，打一场校园安全的人民战争。

4. 加强机制建设，提高防范实效。一项制度就是一条安全线，只有加强机制建设，才能确保校园安全的长效持久。各级公安机关要积极向党委、政府建议，由政府主导，建立完善各部门互通情报，建立定期联系会议制度，校园安全检查制度，校园安全责任追究制度，校园及周边巡逻制度、涉校纠纷调处制度，进出校园车辆检查和可疑人员盘查制度，危险物品保管使用制度，法制和安全知识定期培训制度，违青和留守儿童学校、家庭和公安机关"三位一体"的帮教等制度。通过建章立制，确保校园安全措施、安全责任、安全设施的全面落实。克服上级强调多时抓得紧，出现问题抓得紧的不良现象，全力推进校园安全工作常态化，有效防止涉校违法犯罪的发生，营造良好的校园及周边环境。

学校安全工作是关系社会稳定、经济发展和人民生命财产安全的大事。针对学校安全工作不断出现的新情况，学校、教师务必认真贯彻落实科学发展观，本着对学生、对社会、对人民高度负责的态度，充分认识加强学校安全管理工作的重要性和紧迫感。以对党、对人民、对社会、对师生生命财产安全高度负责的精神，切实做好校园安全工作，严防恶性事件的发生和意外安全事故的发生，决不能有任何侥幸心理和松懈麻痹思想，要警钟长鸣，力度不减，信心不变，坚持不懈做好校园安全工作，维护校园一方平安。

×××中学×××

2012 年 9 月 11 日

实练题：

学生社团是由学生依据兴趣爱好自愿组成，按照章程自主开展活动的学生组织。开展学生社团活动，是学校实施素质教育的重要途径和有效方式，是新形势下有效凝聚学生、开展思想政治教育的重要组织动员方式，在引导学生适应社会、促进学生成才就业等方面发挥着重要作用。请以个人名义向学校就开展学生社团活动的宗旨、原则、活动形式、领导管理机制和奖惩办法写一份建议书。

倡 议 书

一、倡议书

倡议书是个人或集体提出建议并公开发起，希望共同完成某项任务或开展某项公益活动所运用的一种专用书信。它的性质跟挑战书很相近，但是对象比挑战书广。倡议书是所有看到倡议书的人都可响应。倡议书更具有广泛发动群众，调动集体和大多数人团结互助，群策群力，共同奋斗的作用。

二、倡议书的写作格式

倡议书的写作格式和一般书信相似，由标题、称呼、正文、结尾、落款五部分组成。

（1）标题。多数情况下直接用"倡议书"三个字标题，也可在"倡议书"三个字前概括倡议的内容。

（2）称呼。可根据受倡议对象选用适当的称谓。如"同学们"、"妇女姐妹们"等，也有的倡议书不另起行写受倡议对象，而是在正文中指明。

（3）正文。正文是倡议书的重要部分，主要写倡议的背景，倡议的对象、目的、内容、意义和要求。

（4）结尾。表示倡议者的决心、希望以及建议。

（5）落款。写倡议者的名称或姓名，发倡议的年、月、日。

例文展示

图书交换月倡议书

各位尊敬的老师、亲爱的同学们：

自从学校在我们高一年级设置图书书架以来，我们发现同学们读书的热情空前高涨，每个班级的每一个书架前都挤满了挑选图书的同学，七八百本的图书在不到半天的时间内就所剩无几。我们看了既为同学们积极向上的精神感到自豪，但又有些担忧。因为，学校发下的这1300多本图书远远不能满足同学们读书的欲望。为了满足同学们渴望读书的要求，我们校团总支特发起了"图书交换月"的活动。

有道是"赠人玫瑰，手留余香"，如果我们每个人有一本书，而又都愿意将自己的这本书与别人分享，那么，我们年级每个人就会拥有1400多本图书，那我们就会读到1400多本，也就会有1400本书的收获。"聚沙成塔，集腋成裘"，只要我们每个人献出一本书，就会填满我们年级的书架，也会填补我们师生精神上的空白。

"腹有诗书气自华"，为了使我们的教师更加博学，为了使我们的学生更加优秀，我们校团总支发出倡议：将您自己的图书拿出一至两本放到我们年级的书架上。要求图书的内容积极向上，能够激励我们师生拼搏、进取；为此希望我们广大的教师将您手中的、现在用不到的学习资料也放到我们的书架上。每个赠书的老师和学生在书上写上自己的名字。也要求借阅图书的老师和同学：要爱护你借阅的图书；看完后立刻将书籍放回到书架上，以方便其他同学阅读。

尊敬的老师，亲爱的同学们，"前生五百次的回眸换来今生的擦肩而过"，我们能够在一起工作，学习，是我们的缘分，这种缘分使我们年级变成了一个大家庭，为了让我们的"家"更加繁荣富强，更加和谐，为了让我们的家人更加优秀，更加睿智，让我们都献出一份真诚的爱心，在不久的将来，我们一定会收获硕果累累的金秋。

××中学团总支
××年××月××日

实练题：

目前，借助网络平台散发谣言的事情不断发生，结合相关材料，请你以中国互联网协会的名义，向互联网行业写一份净化网络环境的倡议书。

要求：针对性强，用语恰当。不超过500字。

求职自荐信

一、求职自荐信的定义

求职自荐信是毕业生向用人单位自我推荐的书面材料，是毕业生所有求职材料中至为关键的支柱性文件，其写作质量直接关系到毕业生择业的成功与否。因此，自荐信被称为毕业生求职的"敲门砖"。

二、求职自荐信的分类

目前常见的求职自荐信种类可分为口头求职自荐、电话求职自荐、书面求职自荐信、广告求职自荐以及通过他人推荐。

口头求职自荐要求应聘者必须亲临用人单位或招聘现场。优点是直接面对用人单位，便于展示自己的风度和才华，容易给用人单位留下较深的印象。

电话求职自荐也是口头求职自荐的一种方式，但只能是"投石问路"，仍需要书面材料或面试方式。对于风度潇洒、谈吐自如、反应敏捷的毕业生，此种方式更能发挥自己的优势。

书面求职自荐是通过求职自荐信的形式向用人单位推销自己。求职自荐信可以邮寄，也可以当面呈递，还可以让他人捎带。这种方式覆盖面宽，可以扩大求职自荐范围，不受时空限制，简便易行，但反馈率较低。

广告求职自荐是近年来出现的一种新的应聘方式，借助于新闻媒体进行，覆盖面宽，可以扩大应聘范围。

通过他人推荐（一种间接的求职自荐方式）是指由学校或个人向用人单位推荐毕业生，是毕业生应聘的重要途径。

三、求职自荐信的写作格式和内容

自荐信格式一般分为标题、称呼、正文、附件和落款五部分。

1. 标题。标题是求职自荐信标志和称谓，要求醒目、简洁、庄雅。要用较大字体在用纸上方标注"自荐信"三个字，显得大方、美观。

2. 称呼。这是对主送单位或收件人的呼语。如用人单位明确，可直接写上单位名称，前用"尊敬的"加以修饰，后以领导职务或统称"领导"落笔，如单位不明确，则用统称"尊敬的贵单位（公司或学校）领导"起，最好不要直接冠以最高领导职务，这样容易引起第一读者的反感，反而难达目的。

3. 正文。正文是自荐信的核心，开语应表示向对方的问候致意。主体部分一般包括简介、自荐目的、条件展示、愿望决心和结语五项内容。

简介是自我概要的说明，包括自荐人姓名、性别、民族、年龄、籍贯、政治面貌、文化程度、校系专业、家庭住址、任职情况等要素，要针对自荐目的做简单说明，无须冗长繁琐。

条件展示是求职自荐信的关键内容，主要应写清自己的才能和特长。要针对所求工作的应知应会去写，充分展示求职的条件，从基本条件和特殊条件两个方面解决凭什么求的问题。基本条件应写清政治表现和学习活动两方面内容。

愿望决心部分要表示加盟对方组织的热切愿望，展望单位的美好前景，期望得到认可和接纳，自然恳切，不卑不亢。

结语一般在正文之后按书信格式写上祝语或"此致，敬礼""恭候佳音"之类语句。

4. 附件。求职自荐信附件主要包括个人简历，证书及文章复制件、需要附录说明的材料，也可作为附件一一列出。

5. 落款。落款处要写上"自荐人"的字样，并标注规范体公元纪年和月日。随文处要说明回函的联系方式、邮政编码、地址、信箱号、电话号码等。署名处如打印复制件则要留下空白，由求职人亲自签名，以示郑重和敬意。

自荐信写作虽有一定的自由度，但务必要注意文明礼貌，诚朴雅致，特别要注意突出才艺与专长的个体特征，注意展现经验、业绩和成果，精心设计装帧，讲求格式美观雅致、追求庄重秀美，使其像一只报春的轻燕，飞进千家万户，为你带来佳音。

四、求职自荐信的自荐技巧

当到招聘单位应聘时，灵活掌握一些基本技巧有助于求职的成功。这里应注意以下几点。

第一，要积极主动。求职自荐信是求职者的主动行为，求职自荐信、个人简历等求职自荐材料的呈交、寄送要尽量及时进行。在了解到需求信息时，更不能迟疑，否则会坐失良机。

第二，是重点突出。在介绍自己的情况时，要重点突出自己的能力和知识。可以详细介绍自己的专长、经验、能力、兴趣等，本人和家庭情况简单介绍即可。为了取得对方的信任，有时还要举例说明。

第三，要如实全面。在介绍自己各方面情况时一定要实事求是，优点不虚谈，缺点不掩饰，是一说一，是二说二，客观全面，不能吹嘘或夸大，尤其是在介绍自己以往学习、工作上取得的成果时，一定要恰如其分。否则，效果将适得其反。同时，自我介绍材料要全面、完整，切忌丢三落四；个人基本情况、社会关系、工作简历、学习成绩、业务特长及爱好，不能缺少其中任何一项，否则会有不全面的感觉。

第四，要有的放矢。针对用人单位的具体要求，强调自己的社会经验和专业所长，这样才能使招聘者相信自己就是最理想的应聘者。

例文展示

【例一】

尊敬的领导：

您好！

我是一名即将毕业的本科毕业生。我很荣幸有机会向您呈上我的个人资料。在投身社会之际，为了更好地发挥自己的才能，谨向各位领导做一下自我推荐。

美好的大学生活，培养了我科学严谨的思维方法，更造就了我积极乐观的生活态度和开拓进取的创新意识。课堂内外拓展的广博的社会实践、扎实的基础知识和开阔的视野，使我更了解社会；在不断的学习和工作中养成的严谨、踏实的工作作风和团结协作的优秀品质，使我深信自己完全可以在岗位上守业、敬业、更能创业！我相信我的能力和知识正是贵单位所需要的，我真诚渴望，我能为单位的明天奉献自己的青春和热血！

我个性开朗活泼，兴趣广泛；思路开阔，办事沉稳；关心集体，责任心强；待人诚恳，工作主动认真，富有敬业精神。在四年的学习生活中，我很好的掌握了专业知识，学习成绩一直名列前茅。在学有余力的情况下，我阅读了大量专业和课外书籍，并熟悉掌握了各种设计软件。

自荐书不是广告词，不是通行证。但我知道：一个青年人，可以通过不断的学习来完善自己，可以在实践中证明自己。尊敬的先生/小姐，如果我能喜获您的赏识，我一定会尽职尽责地用实际行动向您证明：您的过去，我来不及参与；但您的未来，我愿奉献我毕生的心血和汗水！再次致以我最诚挚的谢意！

此致

敬礼

求职人：×××

2005 年 11 月 26 日

【例二】

尊敬的×××公司领导：

　　您好！

　　感谢您抽出宝贵时间来阅读我的求职信。通过我的了解，公司的人文环境与发展前景，我很认同，也是我所追求的。假如有幸能为公司工作，我一定会用我的责任心和创造力融入公司的发展壮大中。

　　我于2004年进入重庆信息工程学院学习电子商务专业。四年的大学生涯，使我从一名只懂学习的中学生成长为一名具有较为扎实的基础和专业知识，具有一定社交能力的大学生。期间凝聚了我奋斗的历程，取得了一定的成绩，但也有失败，在失败中不断总结。但成绩属于过去，成功还看未来，我将继续努力，毫不松懈，发扬严谨、勤奋、刻苦的精神，去面临新的挑战。

　　我学的专业是电子商务，电子商务就是通过电子方式进行的商务活动，掌握学电子商务专业的学生应该从管理或从专业知识方面去适应社会的需要。因此，我选择了从商务方面去发展自己，从管理方面看过哈佛商学院生产销售管理丛书全四级；从专业知识方面，除取得会计从业资格上岗证，还进修初级助理会计师……（略）

　　新的世纪已经来临，社会需要的是综合素质的人才，要想在这种激烈的竞争中脱颖而出，除了应该学习和掌握专业知识外，还需要综合培养自身素质。为了让自己能早一点适应社会，本人2005年末曾在淘金计算机学校做兼职，负责公共关系（招生工作）；2006年1月曾在永川"家福"参加过社会实践工作；在2007年暑假我参加了重庆信息工程专修学院新生接待工作；2007年"十一"在重庆家乐福进行手机促销。再加做过一些房产方面的实践活动……（略）。它让我看到社会的丰富多彩，世界的魅力所在……（略）

　　我正处于人生中精力充沛的时期，一直热爱和衷情于房地产工作，梦想能成为房产业的精英；我渴望在更广阔的天地里展露自己的才能，我不满足于现有的知识水平，期望在实践中得到锻炼和提高。因此，我希望能够加入贵公司，我会踏踏实实地做好属于自己的一份工作，竭尽全力地在工作中取得好的成绩。我相信经过自己的勤奋和努力，一定会做出应有的贡献。

　　此致

敬礼

求职人：林超刚

2008年3月5日

实练题：

万绮雯是学校商务英语班 13 级学生，她是校广播站的广播员，性格活泼，语言表达能力和交际能力较好。平时负责星期二的校园信息广播工作，同时编辑主持星期二中午的"车河星光"校园音乐广播节目，采、编、播能力较强。此时，学校学生管理处举办校园元旦汇演主持人遴选活动，小万觉得自己无论是从主持人应具备的能力上或者主持活动的经验上都存在较大优势，于是写了一封求职自荐信给学生管理处。请你以万绮雯的名义拟写这封求职自荐信（所需相关内容请酌情补上）。

第八节　请柬　邀请函

知识链接

在古代，柬与帖有一定的区别。请柬的"柬"字，本为"简"。造纸术发明以前，简一般是较普遍的写作材料。简是将木材或竹木经过加工后制成的狭长的片。简一般指竹简，木制的写作材料古人称"牍"。人们把文字刻在简上用来记事，由于书写面积有限，篆刻也有些难度，所以用简书写文字容量是较小的。人们把简联缀在一起而成"册"。到了魏晋时代，"简"就专门用来指一种短小的信札，这一说法沿用至今。

一、请柬和邀请书的定义和异同

（一）请柬和邀请书的定义

请柬又称请帖。在公关活动中，它是组织邀请宾客参加某些重要活动，如庆典、重要会议时所使用的一种礼仪性书信。按使用请柬的不同情况，请柬可以分为开业请柬、会议请柬、庆典请柬等。

邀请函，又称邀请书，属于请约性书信，是请有关人士参加某些会议或活动的信件。学术研讨会、产品展销会、庆祝活动、纪念活动等，为了开展得隆重而有成效，主办者一般都要发出邀请信，有时还要通过传媒刊布消息，扩大影响。邀请书要写明邀请事由、要求以及注意事项，如会议或活动的时间、地点、会期、乘车路线等。

（二）请柬和邀请书的异同

两者的相似点是：①都具有邀约功能；②都具有礼仪功能；③都具有对象的特定性；④同为专用书信，两者的结构和格式相似。

两者的不同点也十分明显：①邀请函的用语比请柬来得自由随意；②邀请函的内

容比请柬更详细和丰富，不仅表示邀约的意思，而且还有比较具体的邀约内容。③请柬比邀请信更具庄重性。④邀请信对象较宽泛，可以发给不确定对象；请柬一般给平级或上级。

二、请柬和邀请函的写作格式和具体内容

请柬和邀请函一般由标题、称呼、正文、结尾、落款五部分构成。但请柬作为书信的一种，又有其特殊的格式要求，其形式上可分为横式写法和竖式写法两种，竖式写法从右边向左边写。

1. 标题。邀请函或请柬写在第一行居中或封面上。在封面上写的"请柬"（请帖）二字就是标题，一般要做一些艺术加工，可用美术体的文字，文字的色彩可以烫金，可以有图案装饰等。需说明的是，通常请柬已按照书信格式印制好，发文者只需填写正文而已。封面也已直接印上了名称"请柬"或"请帖"字样。

2. 称呼。要顶格写出被邀请者（单位或个人）的姓名名称。如"某某先生"、"某某单位"等，称呼后加上冒号。

3. 正文。要写清活动内容，如开座谈会、联欢晚会、生日派对、国庆宴会、婚礼、寿诞等。写明时间、地点、方式。如果是请人看戏或其他表演还应将入场券附上。若有其他要求也需注明，如"请准备发言"、"请准备节目"等。

4. 结尾。要写上礼节性问候语或恭候语，如"致以——敬礼"、"顺致——崇高的敬意"、"敬请光临"等，在古代这叫做"具礼"。

5. 落款。署上邀请者（单位或个人）的名称和发柬日期。

三、请柬和邀请函的写作应注意事项

（1）请柬和邀请函不同于一般书信。一般书信都是因双方不便或不宜直接交谈而采用的交际方式。请柬和邀请函却不同，即使被请者近在咫尺，也须送请柬，这主要是表示对客人的尊敬，也表明邀请者对此事的郑重态度。凡属比较隆重的喜庆活动，邀请客人均以请柬为准，切忌随便口头招呼，顾此失彼。

（2）请柬和邀请函在语言上要摒弃那些繁冗造作或枯涩乏味的语言，要求其"雅"，更要求其"达"。行文要根据具体的场合和对象，做到用语简洁、明确，通顺明白，还要措词文雅、大方和热情。

（3）请柬是邀请宾客用的，所以在款式设计上，要注意其艺术性，一帧精美的请柬会使人感到快乐和亲切。选用市场上的各种专用请柬时，要根据实际需要选购合适的类别、色彩、图案。请柬要在合适的场合发送。一般说来，举行重大的活动，双方

又是作为宾客参加，才发送请柬。寻常聚会，或活动性质极其严肃、郑重，对方也不作为客人参加时，不应发请柬。

例文及简析

【例一】

春 节 茶 话 会 请 柬

××先生：

定于二月一日上午九时在政协礼堂举行春节茶话会，敬请届时出席。

此致

敬礼

××市政治协商会

2000 年 9 月 10 日

【例二】

××电视台：

兹定于五月四日晚八时整，在××大学礼堂举行"五四"青年诗歌朗颂会，届时恭请贵台派记者光临。

××大学团委会

五月二日

【简析】

例一是政协邀请有关人士春节茶话会发份请柬，既庄重严肃，又显得喜庆和对知名人士的尊重。时间、地点和具体内容在短短的一句话中全部表达出来，显得简洁明确。

例二也是以团体的名义发出的，所不同的是该文的邀请对象不是要作为客人参加会议或聚会，而是要前往进行采访工作。这份请柬实际还起到了提供某种新闻信息的作用。语言上也是用语不多，却将所要告知的信息全部说出，简洁明快，不拖泥带水。

【例三】

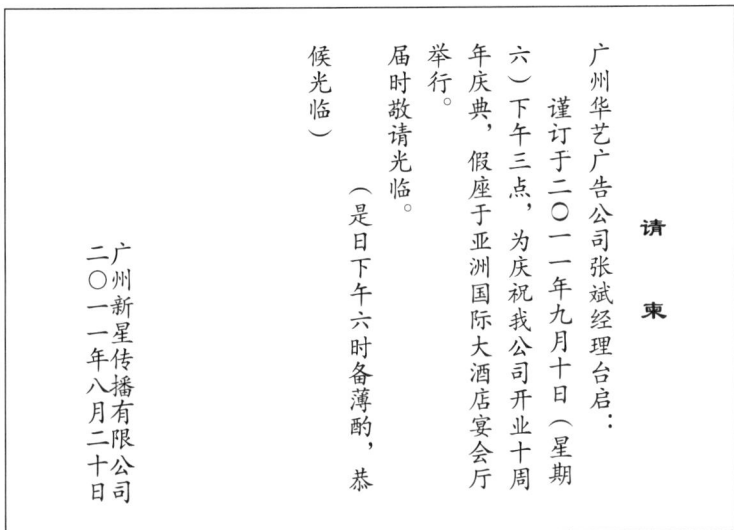

请　柬

广州华艺广告公司张斌经理台启：

谨订于二〇一一年九月十日（星期六）下午三点，为庆祝我公司开业十周年庆典，假座于亚洲国际大酒店宴会厅举行。

届时敬请光临。

（是日下午六时备薄酌，恭候光临）

广州新星传播有限公司

二〇一一年八月二十日

【简析】

这是一份竖式写法的周年庆典请柬，使用了"台启"、"谨订于"、"假座于"、"薄酌"等用语，措辞文雅庄重，恭谨得体。

【例四】

邀　请　函

××大学宣传部：

根据中央宣传部关于重大活动宣传的统一部署，我台将举办"庆祝北京 2008 奥运会成功举办"大型歌舞晚会，本活动时间拟定于×月×日晚 8 时，在贵校有室外演出活动场面。

因演出需要，经编导与贵单位领导初步协商落实，正式向贵单位发出参加活动的邀请函。请将回执单填好传真给我台节目编导组。因本次演出为全国电视直播，恳请贵单位认真抓好节目的整体质量。节目审查时间为×月×日。具体事宜请于编导组联系。

联系电话（传真）：×××××

联系人：王××、周××

另外，请贵单位领队及节目指导教师于本月××日（星期二）下午 2 点到本台四楼会议室参加节目协调会。

此致

敬礼

中央电视台（章）

××年××月××日

回执

领队姓名：　　　　　　职务：　　　　　　联系电话：

指导教师姓名：　　　　　职务：　　　　　　联系电话：

联系人：　　　　　　　　电话：　　　　　　传真：

【简析】

　　这是一则由活动主办方——中央电视台向协办方——××大学宣传部发出的演出邀请函。邀请函的内容比请柬更详细和丰富，不仅表示邀约的意思，而且还有比较具体的邀约内容和注意事项。在函的第一段，主办方写明了活动举办的依据、主题、时间、地点，第二段起则向协办方提出相关的协办要求、联系方式甚至包含有节目协调会的会议通知内容。

【例五】

<h3 style="text-align:center">新春晚会邀请函</h3>

_____小姐/先生

　　仰首是春、俯首成秋，××公司又迎来了她的第×个新年。我们深知在发展的道路上离不开您的合作与支持，我们取得的成绩中有您的辛勤工作。久久联合、岁岁相长。作为一家成熟、专业的××公司，我们珍惜您的选择，我们愿意与您一起分享对新年的期盼。故在此邀请您参加×××公司举办的新年酒会，与您共话友情、展望将来。如蒙应允，不胜欣喜。

地点：×××

时间：××年×月×日

（备注：期间抽奖，请随赐名片）

【简析】

　　这是一则邀请对象不确定的新春晚会邀请函。标题明白指出了邀请事由。同样是公司商务礼仪活动邀请函，同样是针对合作伙伴或客户，与【例三】措辞中体现出来的简洁文雅的风格不同，这份邀请函表达上更口语化，感恩之情溢于言表，让人更能体会到邀请者的热情和用心。

实练题：

1. 下列这则请柬在格式和措辞上存在不少问题，请找出来并逐一分析。

×××同学：

　　兹定于 2000 年 3 月 6 日上午 9 时到校医院看望病重的××老师，届时请准时到校医院指导。

××班委

2000 年 3 月 4 日

2. 今年是你十八岁的生日，你想要举办一场隆重的成年典礼并邀请你的朋友和长辈一起来见证你的成年礼，要用哪一种文体的邀请呢？请你决定后拟写这份邀请文书。

第九节　祝词　贺词

知识链接

贺　郎　歌

　　汉族婚姻风俗，流行于桂东北兴安县一带。拜堂、晚宴后，亲友簇拥新郎于正厅，唱贺郎歌。即兴现编贺词，也有戏谑、诙谐之词。亲友唱一首，新郎饮一杯酒。唱到半夜，送新郎入洞房。女歌手闭门以待，男女对唱《开门歌》，尽兴方开门。进门后唱歌闹房，由"恭贺新郎酒一杯"唱到"十杯"，新郎依次由 1 饮到 10 杯（酒力不胜者可由男歌手代饮）。然后唱《交欢酒》，新人双双同饮一杯。最后歌手扣门唱《扣门歌》以结束婚礼。

一、祝辞和贺词的定义及特点

（一）祝词、贺词的定义

祝辞，指在各种喜庆场合中对人对事表示祝贺的言辞或文章。祝辞是行政机关、企事业单位、社会团体或个人在喜庆场合对某人或某项即将开始的工作、事业表示祝福的言辞或文章。祝辞一般是在事情未果时表示的一种祝愿和希望。贺辞是行政机关、企事业单位、社会团体或个人在喜庆场合对某人或某项已经取得成功的工作、事业表示祝贺的言辞或文章。贺辞一般是在事情既果时表示的庆贺和道喜。祝辞和贺辞在某种场合可以互用，但它们所包含的含义并不相同。祝辞一般的对象是事情未果，表示祝愿、希望的意思；而贺辞一般对象是事情已果，表示庆贺、送喜的意思。由以上可知，祝辞和贺辞的区别是显而易见的。祝辞在事前祝，贺辞在事后贺，但祝辞、贺辞在某些场合却可以互用。今天人们在实际使用时又常常将祝辞、贺辞混在一起，祝贺之间也难以分清，所以这里我们将其归为一节进行介绍。

（二）祝辞、贺辞的特点

1. 喜庆性。祝辞、贺辞是在喜庆的场合对祝贺对象的一种真诚的祈颂祝福和良好心愿的表达，因此喜庆性是祝辞、贺辞的基本特点。在措辞用语上务必体现出一种喜悦、美好之情。

2. 体裁的多样性。祝辞、贺辞无须拘泥于某种文体，而可以根据祝贺对象的具体情况采用合适贴切的文章体裁。如既可以用一般的应用文体，也可以采用诗、词、对联等各种其他的文体样式。如夏衍贺钱钟书80华诞词：风虑云龙笔，霜钟月笛情。

二、祝辞贺辞的分类

（一）祝辞、贺辞从祝贺对象上看可以分为四类

1. 祝寿辞

祝贺寿诞的主要对象是老年人。在祝贺中，既赞颂他已取得的辉煌成绩，又祝愿他幸福健康长寿。祝贺寿诞的对象也可以是新得子女的一对夫妻，贺其喜得子嗣，祝其夫妻生活更加甜美。祝贺寿诞的对象也可以是自己，称自寿。自寿往往抒发个人的感慨、抱负，或自勉。如：仆仆风尘六十年，胸中豪气尚盘旋。千辛历尽心翻快，百体呈衰齿独坚。抗战不难行蜀道，宣传无懈说民权。法西斯未全消灭，岂敢停骖倦着鞭。《熊瑾玎：六十自寿》

2. 祝事辞

事业成功的祝贺涉及范围极广。如会议开始时祝其圆满成功，会议结束时贺会议圆满结束；展览会剪彩时祝其取得较好的社会效益，展览会结束时贺其已取得了预期目的；某人考入大学时，贺其金榜题名，祝其鹏程万里、百尺竿头再进一步；其他如公司开业、银行开张、报刊创刊、社团纪念等均可贺其已取得的成就，祝其今后事业的顺利发达。

3. 祝婚辞

既贺新婚，又祝新人婚姻今后和谐美满。

4. 祝酒辞

以酒祝兴，酒只是人们交往中的一种媒介形式。酒宴上的祝辞、贺辞，其实是在向赴宴宾客表达的一种祝福和庆贺。

（二）祝辞、贺辞从表达形式上看可分为两类

1. 现场即席致辞祝贺

一般说来，在较为随意轻松的场合可以即兴表示祝贺；但在公共事务场合下，为庄重严肃起见，应按事先拟好的祝贺辞发言。

2. 书信函电传祝贺

有时祝贺人无法到场祝贺，在这样的情况下，可以用书信的方式祝贺，也可以拍发电报、传真或用电子邮件来表示祝贺之意。

三、祝辞和贺辞的基本格式和写法

祝辞、贺辞通常由标题、称呼、正文和落款四部分组成。

（一）标题。祝辞、贺辞的标题一般由两种方式构成。一种是由致辞者、致辞场合和文种共同构成。如《周恩来总理在迎尼克松总统宴会上的讲话》。另一种是由致辞对象和致辞内容共同构成。如《贺紫荆山国庆集体婚礼》、《在谢××先生和王××小姐婚礼上的祝辞》。

（二）称呼。称呼写在开头顶格处，写明祝辞或贺辞对象的姓名。一般要在姓名后面加上称呼甚至有关的职务头衔，以求敬重。如"尊敬的斯密斯博士："

（三）正文。正文一般有三项内容构成。

1. 向受辞方致意要说明自己代表何人或何种组织向受辞方及其何项事业祝福贺喜。如孙玉茹《在创新电脑公司开业庆典上的贺词》：

改革开放带来累累硕果，十五大东风又吹开朵朵新花。在这万象更新的金秋季节，天津创新电脑公司隆重开业了。在此，我代表各位来宾和广大用户，向你们表示衷心祝贺！

2. 概括评价受辞方已取得的成就如《在创新电脑公司开业庆典上的贺词》：

你们公司的名字是"创新"，今天我的贺辞也要来一个创新，在这里，我不想谈"门盈喜气，店满春风"的老话，也不想说"生意兴隆通四海，财源茂盛达三江"的俗愿，我只想从"创新"的"新"字谈起，那就是——新事、新风、新辉煌。众所周知，科学技术是第一生产力，正当电脑这一崭新的生产力以惊人的速度进入人类一切领域的时候，你们则站在时代的前列，以股份制的新形式成立了公司，并打出了"为时代文明铺路，让电脑走进千家万户"的旗帜，正可谓"胸怀四化业，志在绘宏图"。你们公司开业可喜可贺，而你们所从事的新事业更可喜可贺！自古以来，没有哪个商家不贪利，没有哪个商家不爱财。然而你们却说："我们从事的是文明事业，我们就要有别人没有的新风尚，生财有道，以德为先，以信为本。"并推出了人无我有、人有我新的宗旨："有价的电脑，无价的服务"、"全心全意为用户，献出兄弟姐妹情"。朋友们，你们说，有这样的商家，有这样的新风，你们还愁买不到称心的电脑吗？他们还愁财源不像长江之水一样滚滚来吗？

3. 展望未来美好前景，再次向受辞方表示衷心的祝贺。如《在创新电脑公司开业庆典上的贺词》的结尾：

创新，创新，只有创新才会出新；创新，创新，只有开拓才能前进。如今，党的政策已经为你们铺平了道路，朋友们，扬鞭起程吧，此时风光正好，天下太阳正红。各位来宾，让我们举杯祝愿，祝创新公司的事业蓬勃发展，一步一层天！

（四）落款。落款处应当署上致辞单位名称，或致辞人姓名，最后还要署上成文日期。

四、祝辞、贺辞的写作应注意事项

1. 祝辞、贺辞要求热情洋溢，充满喜庆，满怀诚意地表达自己的良好祝愿。

2. 多用褒扬、赞美、激励之词，但又千万不可滥用美辞，以免给人阿谀奉承之嫌。

3. 祝辞、贺辞文体上可以多种多样，只要可以写出特色，表达诚挚的祝愿即可。

例文及简析

【例一】 祝事辞

国外友人对博物馆开馆的祝辞

首先，请让我代表日本群马县教育委员会，对陕西历史博物馆的开馆，表示衷心的祝贺。

贵国作为世界四大文明发祥地之一，自人类迎来文明曙光以后，在悠久而光辉的历史上，对世界的政治、经济、文化起了很大的影响。

我国以贵国为师，受到贵国文化很大影响，创造了自我发展的历史。

雄冠于世界的贵国文化，特别是十三王朝相继繁荣的贵省文化，不单单是历史的遗留，它作为全人类共同的财产，现在仍然不失其灿烂光辉。

我想，将这些历史瑰宝向国内外展览的陕西历史博物馆的开馆，恰逢其时，意义深远。

1987 年得到贵省巨大支援的"中国陕西省文物展"取得巨大成功，对于本县来说不胜喜悦，深得群马县民的喜爱。

我衷心祝愿傲视世界的陕西历史博物馆不断发展，更加繁荣。

谨此祝贺！

日本国群马县教育委员会

教育长 坂西辉雄

1991 年 5 月 24 日

【例二】祝酒辞

祝 酒 辞

公民们，我要为国家的独立而干杯，但愿在这个神圣的原则面前，在祖国的崇高感情面前，其他一切东西都能退居第二位；但愿独立能取得胜利，否则就让我们为客观存在而死；但愿要求独立的感情能把所有的墨西哥人都联系在一起。而只把祖国和敌人排斥在外。

先生们，为独立而捐躯就是得到极大的幸福。既然所有正直的墨西哥人都在这样做，那么我们在他们的榜样的激励下为独立去献身，就不过是尽了我们应尽的责任罢了。我不是有意谦虚，在我的酒杯中更没有丝毫虚假的感情，我只想重复一遍：人是渺小的，而原则是伟大的。我们的祖国当然更加伟大，她一定会打败一切暴君，取得胜利；墨西哥将重新获得它在 1810 年 9 月 16 日所获得的辉煌胜利，从而向全世界表明它无愧于它那神圣的独立事业所取得的胜利。我还要为国家的自由而干杯，我衷心感激齐瓦瓦人民给了我极大的荣誉，我愿以对自由的誓愿作为我应当做出的唯一回答。

胡亚雷斯

××年××月××日

【例三】祝寿词

为庆祝朱总司令六十大寿的祝辞

亲爱的总司令朱德同志：

你的六十大寿，是全党的喜事，是中国人民的光荣！

我能回到延安亲自向你祝寿，使我万分高兴。我愿代表那反动统治区千千万万见不到你的同志、朋友和人民向你祝寿，这对我更是无上荣幸。

亲爱的总司令，你几十年的奋斗，已使举世人民公认你是中华民族的救星，劳动群众的先驱，人民军队的创造者和领导者。

亲爱的总司令，你为党为人民真是忠贞不贰，你在革命过程中，经历了艰难曲折，千辛万苦，但你永远高举着革命的火炬，照耀着光明的前途，使千千万万的人民，能够跟随着你充满信心向前迈进！

在我们相识的二十五年当中，你是那样平易近人，但又永远坚定不移。这正是你的伟大！对人民你是那样亲切关怀，对敌人你又是那样憎恶仇恨，这更是你的伟大。

全党中你首先和毛泽东同志合作，创造了中国人民的军队，建立了人民革命的根据地，为中国革命写下了新的纪录，在毛泽东同志旗帜之下，你不愧为他的亲密战友，你称得起人民领袖之一！

亲爱的总司令，你的革命历史，已成为二十世纪中国革命的里程碑，辛亥革命、云南起义、北伐战争、南昌起义、土地革命、抗日战争、生产运动，一直到现在的自卫战争，你是无役不与。你现在六十岁了，仍然这样健壮，相信你会领导中国人民达到民族解放的最后胜利，亲眼看到独裁者的失败，反动力量的灭亡！

你的强健身体，你的快乐精神，象征着中国人民的必然兴旺。

人民祝你长寿！

全党祝你永康！

周恩来

1946 年 11 月 30 日

（见延安《解放日报》1946 年 11 月 30 日）

实练题：

请为外贸中专学校的"绿叶文学社"社团成立十周年社庆庆典写一篇祝酒词。

单元综合训练

一、判断题：

(   ) 1. 广告的最终目的，就是希望消费者购买。

(   ) 2. 广告文要有强烈的感召力，因此允许艺术渲染和艺术夸张。

(   ) 3. 广告文的标题要能高度概括主旨，具体突出诉求重点；要有新颖引人的创意，生动简洁的文字。

二、简答题：

1. 什么叫启事？它的一般格式包括哪些内容？

2. 写寻物启事和招领启事，应注意哪些事项？

3. 某地一商厦在 1997 年初举办了春装展销会，为此制作了很大的一块广告牌，上面的广告词是："出卖春天"。请你根据广告的写作要求，谈谈自己的看法。

4. 有人说："酒香不怕巷子深"，商品全凭质量取胜。也有人说：企业经营的成败取决于广告，广告做得响，产品就吃香；广告做得孬，产品没人瞧。请你根据广告的定义，谈谈自己的看法。

三、修改题：

××玩具有限公司

招收助理工程师启事

本公司为生产世界名牌××××仿真模型汽车的中外合资企业，现经人事局同意，招收下列各方面的助理工程师五名：

（1）锌合金玩具、塑料玩具的设计。

（2）锌合金玩具、塑料玩具产品品质稽核。

（3）锌合金玩具、塑料玩具的模具设计。

学历：理工科大学有关专业毕业。

语言：能用英文听、讲、读、写。

年龄：30 岁以下。

招聘范围：市区常住户口，工作单位在市区的职工或待业人员。

请亲笔用中英文书写　①简要履历②回邮地址、电话并附照片 2 张，在 5 月 31 日前用挂号信寄××市××路××号，××玩具有限公司××亲启。

收到应征信后，将在两个月内回复。一经录用，一律实行劳动合同制，享受中外合资企业待遇。

四、分析题：

下边是爱因斯坦于 1935 年 11 月 23 日在纽约罗里奇博物馆举行的居里夫人悼念会上的演讲。仔细阅读这篇演讲辞，回答下列问题：

1. 哪段是演讲的开头？它是用哪种表达方式的？请略做说明。

2. 主体包括哪几段，它采用哪种表达方式？请略做说明。

3. 结尾是哪段？具体说说它的表达方式。

悼念玛丽·居里

在像居里夫人这样一位崇高人物结束她的一生的时候，我们不要仅仅满足于回忆她的工作成果对人类已经做出的贡献。第一流人物对于时代和历史进程的意义，在其道德品质方面，也许比单纯的才智成就方面还要大。即使是后者，它们取决于品格的程度，也远超过通常所认为的那样。

我幸运地同居里夫人有二十年崇高而真挚的友谊。我对她的人格的伟大愈来愈感到钦佩。她的坚强，她的意志的纯洁，她的律己之严，她的客观，她的公正不阿的判断——所有这一切都难得地集中在一个人的身上。她在任何时候都意识到自己是社会的公仆，她的极端的谦虚，永远不给自满留下任何余地。由于社会的严酷和不平等，她的心情总是抑郁的。这就使得她具有那样严肃的外貌，很容易使那些不接近她的人发生误解——这是一种无法用任何艺术气质来解脱的少见的严肃性。一旦她认识到某一条道路是正确的，她就毫不妥协地并且极端顽强地坚持走下去。

她一生中最伟大的科学功绩——证明放射性元素的存在并把它们分离出来——所以能取得，不仅是靠着大胆的直觉，而且也靠着在难以想象的极端困难情况下工作的热忱和顽强，这样的困难，在实验科学的历史中是罕见的。

居里夫人的品德力量和热忱，哪怕只要有一小部分存在于欧洲的知识分子中间，欧洲就会面临一个比较光明的未来。

（选自《纪念爱因斯坦译文集》）

五、写作题：

1. 2014 年 8 月 3 日 16 时 30 分在云南省昭通市鲁甸县（北纬 27.1 度，东经 103.3 度）发生 6.5 级地震，震源深度 12 千米，余震 1335 次。截至 2014 年 8 月 8 日 15 时，地震共造成 617 人死亡，其中鲁甸县 526 人、巧家县 78 人、昭阳区 1 人、会泽县 12 人；112 人失踪，3143 人受伤，22.97 万人紧急转移安置，8.09 万间房屋倒塌，中央财政下拨救灾资金 22 亿元；解放军和武警部队近万兵力抗震救灾。请你以学校学生会的名义起草一封慰问信，向灾区人民和救灾人员致以真诚慰问。

语文实践活动

实践活动一：

汕头市外贸中专学校 4 月 30 日将举办"三十载荣誉与梦想"校庆活动，届时将有来自全国各地的共 1000 多名历届校友莅临活动现场，请你：

（1）以校庆活动筹备小组的名义拟写一份邀请校友参加校庆活动的请柬。

（2）以主持人的身份撰写一份欢迎莅临活动现场校友的欢迎词。

（3）以荣誉校友的身份撰写一份表达对学校已取得成绩的贺词和对学校未来发展前景的祝词。

（4）以校长的身份撰写活动开幕词。

（5）以学校校报小记者的身份为校庆活动写一篇活动简讯。

实践活动二：

1. 为你所学的专业的应届毕业生写广告文。

广告对象：需缺本专业的用人单位

广告媒介：报纸、人才市场

内容要求：要有广告标题、正文（前言、主体、尾语）、随文（联系方式）

突出人才素质、专业特点

广告目的：显示社会价值、推销人才

2. 请你收集两则服装广告，要求一则是优秀广告，一则是较差的广告，并写出简要的材料评议意见；对较差的那则广告加以改写，然后在教师的引导下组织一次全班性的讨论、交流会。

第四章　事务文书

事务文书是指党政机关、社会团体、企事业单位或个人为处理日常办公事务、交流信息、总结经验、解决问题、指导工作而使用的应用文体。它是工作中使用频率极高的一种实用性文体。具有事务性、辅助性、灵活性的特点。

基础要求：1. 熟悉和掌握计划、启事、简报、总结的结构、格式和写法。

　　　　　2. 熟悉和掌握事务性条据的格式和写法。

实践要求：1. 能结合社会实践活动制订相应的计划或方案。

　　　　　2. 能撰写活动总结。

　　　据 3. 能编写相应的格式规范的调研报告。

第一节　概　　述

一、事务文书的概念和特点

所谓事务文书，就是机关、团体和企事业单位处理日常事务的文书。事务文书特点是：对象比较具体，格式比较固定；写法比较实际；时间比较紧迫（与法定公文和一般文书比较）。

二、事务文书的作用

事务文书的作用在于：贯彻政策，指导工作；沟通情况，联系工作；积累和提供资料；宣传教育，检查督促。一个单位、一个部门、一个地区，考虑发展远景，安排近期工作，需要制订计划；总结前段工作，肯定成绩，找出存在的问题，归纳成经验、教训，需要写作总结；进行调查研究，了解情况，发现典型，需要写作调查报告；上下左右之间传递信息，沟通联系，交流经验体会，需要编印简报；为了建立正常的工作学习、生产、生活秩序，制订具有法规性与约束力的准则，需要有规章制度；向上级单位汇报各项统计数据，需要填报统一规格的报表，凡此种种，都充分说明，事务文书是机关、团体和企事业单位处理日常事务的重要工具，在行政和业务管理工作中发挥着极为重要的作用。正因为如此，有人把事务文书称之为管理文书。

三、事务文书与公务文书的区别

事务文书与法定公文有相同或相近之处，也有一些明显的不同之处：如都是用于公务活动，都有较为固定的体例格式，作者基本上都是单位或单位负责某一具体工作的同志，这是相同或相近的一面。不同之处主要是：事务文书的使用频率比法定公文更高，使用范围更广；而其政治性和政策性则不及法定公文那样鲜明、显著，作者的法定性和处理程序，也不及法定公文那样严格、明确；具体写法上更是要比法定公文自由、灵活些。因此，事务文书虽然也有"准公文"之称，但与法定公文毕竟是两回事。

第二节　便条　单据

知识链接

外贸交易中的"单据"

对外贸易中所涉及的单据，主要是运输单据，包括提单、商业发票、汇票、装箱单、产地证等。国际商会《跟单信用证统一惯例》对国际贸易中涉及的单据和支付等问题进行了规范。常见的单据有以下几种：①资金单据：汇票、本票和支票、信用证；②商业单据：商业发票、海关发票；③货运单据：海运提单、租船提单、多式运输单据、空运单等；④保险单据；⑤其他单证：商检单证、原产地证书、其他单据（寄单证明、寄样证明、装运通知、船龄证明等）。

便　条

便条属于条据类应用文，是人们用于临时性事务的一种最简便的书信。在日常生活中，有些事要向对方说明、介绍，或请对方办理，有时无法当面讲但又必须告知的，或者是出于手续上的需要，要留作依据的，都可以用到便条这种形式。

便条的使用范围极广，一般常用的便条有请假条、留言条、托人办事条等。便条的格式一般由标题、正文、结尾构成。

一、请假条

请假条是向领导、老师等说明原因请求准假的一种便条。递交请假条是请假的正式手续。请假条应该提前送达，如果时间紧急，也可事后补送，以完善手续。

请假条一般包括标题、称呼、正文、署名、日期几部分。"请假条"作为标题写在便条上方居中，下面第一行顶格写对方称呼，第二行空两格写正文，写明请假原因和请假的时间等，正文结尾写"此致　敬礼"，也可以不写。最后写请假人姓名和请假日期。

请病假有医生证明的，可在正文后另起一行写："附：医生证明。"然后把医生证明与请假条一起交给对方。

请假条一般由请假人本人书写。如有特殊情况（比如请假人在异地），则可委托他人代为请假，在请假条上应以第三人称出现，并应写上代请假人的姓名，有的还要写明与请假人的关系。

例文及简析

请　假　条

张老师：

　　我收到区学联的通知，要我代表我校学生会参加会议。下午我不能到校上课，特此请假半天。

　　此致

敬礼

学生　何彦
××××年×月×日

二、留言条

走访别人未遇，多使用留言条。这种情况下，留言条一般要写明来访目的、未遇心情及希望与要求。如果以前没有交往，还要做自我介绍。临时有一活动要请对方参加，而对方恰好不在，这时可以留条通知。有时替人接了电话不能当面转告，也可写个留言条。想请人代办某事，一时见不了面；有事不便于当面谈，又必须让对方知道等，都可使用留言。留言条在日常生活中使用的范围很广。它的格式与书信几乎相同，不用标题，正文后也可以不写致敬语，写条人的姓名要写清楚，下面的日期一般写明年、月、日，也可简化为月、日，有时可用"即日"代替具体日期。

留言条要放在对方容易发现的地方，如书桌显眼处，或便条单据贴在门上，贴在车站、码头的留言栏内。也可托对方的家人、熟人或者门卫转交。

例文及简析

【例一】

> 亚平同学：
>
> 　　特地上门拜访，不想没遇到你。本来想约你去探望刚退休的李老师，你交际能力强，有你在场气氛也好。今晚7点我再来找你，能不能咱们一起去？
>
> 　　　　　　　　　　　　　　　　　　　　　　　　　　　　杨森和
> 　　　　　　　　　　　　　　　　　　　　　　　　　　　　即日

【例二】

> 亚平：
>
> 　　青年报何记者来电话，要你明天下午4点到编辑部开个座谈会。
>
> 　　　　　　　　　　　　　　　　　　　　　　　　陈钢　　留条
> 　　　　　　　　　　　　　　　　　　　　　　　　　　　　即日

【例三】

> 蔡亚平同学：
>
>   星期天我要参加一个演讲比赛，稿子已写好，总是不满意。你能否帮我修改一下？你是高手，要是得奖一定有你的份。不过，不要让别人知道。
>
>   原稿附上，我明天来取。
>
> 金琳
9 月 10 日

【例四】

> 平儿：
>
>   我晚上有会。约 10 时左右回家。红烧肉在电饭煲里，加一加热就能吃。
>
> 父字

【例五】

>   参加全国美育会议迟到的同志，请自行乘65路公共汽车到金城饭店107号房间报到。或打电话××××××××转107号与张老师联系。
>
> 全国美育会议会务组
1998 年 10 月 20 日下午 5 时

【简析】

  例一是上门寻访未遇写的留言条。

  例二是转述的留言条。因为知道"亚平"只是暂时离开，而自己又有事须离开，所以省略日期，写"留条"二字。这也是常见的方式。

  例三是不便于当面请人办事而写的留言条。

  例四是家庭中的留言条，更简略了，落款只一个"父"字，或"母"字即可。

  例五是贴在公共场所留言栏的留言条，称呼略去，直接正文开头，但内容交代清楚，一点也不含糊，否则就失去作用。

三、托人办事条

委托别人办事的便条应把事情交代清楚，以免给对方造成麻烦。托人购物，要详细写清要求；托人送物也得交代明白，以免误事。

写托人办事条还得讲究礼貌，致谢语必不可少。

【例一】

绍裘同志：

　　知道你明天赴长沙开会，会议地点是国防科技大学。我哥哥是该校的教授，有两本书请代我捎去。详细地址已在纸包上写明，你只要送到系里的传达室即可。

　　谢谢

乐思一托
7月9日

【例二】

小潘：

　　请代购一张本星期六赴南京的火车票，发车时间最好是 7：00—9：00 之间。这样我可中午到南京，赶上下午 2 点的课。我明天来取票。拜托了！

秦根生
5月21日

【简析】

【例一】是托人送物，细节交代清楚，落款有"托"的字样，这是常见的托人办事条的一种写法。

【例二】是托人购票，把意图写得很明确，让被托付人有操作的余地。

单   据

一、单据的定义和种类

在生活中人们常常要使用单据。比如借到、收到、领到钱或物品时，往往要写张条子给对方作凭证，以便对方作为收入、支出、报销、保存、查考的根据。这种作为凭证用的条子，叫单据。

写单据应该在双方互相信任的条件下进行。它不同于便条，而应妥善保存，有的即便在办完事情后仍需保存。事关重大的单据，如经手大笔款物，还要有担保人参与并签名，有的还需到公证处办理正式公证手续，使其具有法律效力。

常用的单据有借条、收条、领条、欠条等。

借条是借钱或物品时写给对方的一种凭证，以供对方保存查考。等所借钱或物品归还时，应收回原来所写的借条作废处理。

收条是指收到单位或个人送来的钱或物品，应写张单据给对方作为凭证，这种单据叫收条，也可叫收据。正式收据印制成表格式的二联单或三联单，第一联是存根，第二联或第三联加盖公章后，给付出者。一般的收条是便条式的，它的写法基本与借条相同。如所收的钱或物品本来是由甲方借出的，那么甲方应出示乙方写的借条，还给对方或当对方面撕毁。这时甲方不必写收条。如果甲方不在，由别人代收，代收人应写张收条或代收条给乙方。

领条就是领物人从单位或个人处领到钱或物品时，写给发放人的留存单据条。

欠条是在借钱或物品后，到期不能全部归还的情况下，收回原借条，另写一张单据，约定在一定期限内归还尚余部分。

二、单据的写作格式

单据一般包括三个部分。

（一）标题

通常在第一行中间写"借条"、"收条"、"领条"等，或者写"今借到"、"今收到"、"今领到"等字样，表明单据的性质。

（二）正文

第二行空两格开始写，要写明从什么单位或什么人处借到或领到什么财物，要详细写明名称、种类、数量，数字要用大写汉字，一般不用阿拉伯数字。

（三）具名和日期

正文下面偏右处写上经手人的姓名及日期，个人出具的单据，由本人签名，有时要写明所属单位名称，并盖章；单位出具的单据要盖公章，一般还要有经手人签名盖章。日期写在署名的下面。

三、填写单据的注意事项

1. 表示钱物往来数量的数字要用大写"壹、贰、叁、肆、伍、陆、柒、捌、玖、拾、佰、仟、万、亿"等，以防涂改。

2. 在钱的数额前，必须写"人民币"紧相连接，以防与其他的币种纠缠不清。数额末尾应加"整"字。

3. 正文之后可写上"此据"二字，以防他人增减作弊。

4. 单据一般要用钢笔、毛笔书写，写后不得涂改。如需改动，应在改动处加盖公章或私章（有时要双方盖章），以免误会。

5. 打印稿的格式不变，但必须有签名、盖章。

例文及简析

【例一】

借　　条

今借到总务科录音机壹台（编号008），供大会录音用。会后归还。

经手人　校办　王一德
××××年××月×日

【例二】

今　借　到

总务科录音机壹台（编号008），供大会录音用。会后归还。

经手人　校办　王一德
××××年××月×日

【简析】

这是同一事（借录音机）可采用的两种不同形式的单据。

如标题用"借条"（有的可用"单据"），那么正文开头要有"今借到"字样。如用"今借到"作为标题，则正文开头可直接写对方单位或个人名称。

所借钱物的数量用汉字大写数字。

【例三】

收   条

今收到高一（2）班交来救灾款人民币伍佰捌拾叁元肆角；救灾衣物：单衣壹拾陆件、棉衣玖件、棉被叁条。此据。

校办　夏红（签名盖章）
××××年×月××日

【例四】

代 收 到

张群同志还给沈豪的人民币叁佰元整（原借条已交还张群同志）。

王评南
××××年××月×日

【简析】

【例三】是收条，所收钱或物品写得明确、具体，落款清楚。

【例四】是代收条，然而标题不能写"代收条"而应写"代收到"。

【例五】

今 领 到

××公司劳保科工作服叁拾伍套，手套叁拾伍副，供实习用。

收物人××职校高三（1）班张宁
××××年×月××日

【例六】

领　条

　　今从新风路派出所领回本人遗失的票夹壹只，内有本人学生证壹张及人民币伍拾元整。特致谢意。

　　　　　　　　　　　　　　　　　　　　　　　　　　　　裘　逸

　　　　　　　　　　　　　　　　　　　　　　　　　××××年×月××日

【简析】

【例五】的标题可以写"领条"，那么正文开头就要写上"今领到"的字样。

【例六】中的"新风路派出所"写在正文开头，明确表明遗失物领自何处和致谢对象。

【例七】

欠　条

　　原借学校图书馆各类杂志伍拾陆册供阅读用，现已归还伍拾壹册，尚缺伍册，下周还清。

　　　　　　　　　　　　　　　　　　　　经手人　高一（3）班　王喜

　　　　　　　　　　　　　　　　　　　　　　××××年××月×日

【简析】

欠条的特征是原来借的钱或物品，已还清一部分，尚余部分要在新商定的期限内归还。因此，不能与借条混淆。

实练题：

一、说说便条与单据的异同。

二、某集体宿舍的一个门上钉着四张留言条：

①"小李，对不起，请来电话。王平。"

②"小李，我说对不起，是真诚的。王平。"

③"小李，逃避于事无补。王平。"

④"王平，你弄错了房间。本室主人。"

这是个笑话，从写便条的角度，能给我们什么启示？

三、指出下面单据或便条，可能引起的误会

张明借我30元，一月内归还。

钟　林

李老师没见到你，我晚上再来。

钟　林

四、阅读下面一份条据，指出它属于哪一类？

王月生：

上月你请鲍天同志带给我的叁佰元，现仍托他带回，请点收。

李　明

××××年×月

五、下面是谢冰莹去拜访柳亚子，没见到人，留下的一张纸条。阅读并思考：便条与书信有什么异同

亚：

特来，你不在，失望之苦，写不出！

几天来，过的是非人的生活，我不知我会苦痛到这个地步的。天！我究竟是犯了什么罪呢？一个社会主义思想的女子，而受……苦痛，恐怕天下只有我一个人吧！

你们何时回来？我不能等了。明天早晨第一、二堂课是我的国文，有信可送至学校。

给小鹿一本书，请代我着人送去，明天一定要送去！

不写了。我昨晚不在霞飞坊，今晚仍旧不在。

祝

健康

冰　莹

11 月 6 日下午四时二十五分（1932）年

我此刻去林语堂家，你回来时，请打一电话给我。

第三节　规章制度

知识链接

春秋战国以前的"法律法规"——典谟诰训

【典】典常。是记述的古代帝王法文书，如《尚书》中的《尧典》、《舜典》。

【谟】臣下为君主就国家大事进行策划谋议的文件。如《尚书》中的《大禹谟》、《皋陶谟》。

【训】是国君教导臣下的文辞。始见于《尚书·盘庚》："予告汝训汝"。孔安国《尚书序》解释曰"教导之文曰训"。有时以下戒上也可用训，如伊尹对太甲所云，也称《伊训》。

【诰】教告众民，昭告诸侯，禁戒、受命之辞。如《尚书》有《汤诰》、《大诰》、《酒诰》，汉唐时代还偶尔使用，宋代则用为授予官职的文书。

一、规章制度的定义和用途

规章制度是国家行政机关、社会团体、企事业单位为实施管理的需要，依照国家法律、法令和政策，在自己权限范围内制订的具有法规性、指导性与约束力的应用文书。规章制度也称规章文书。各种规章制度在内容上对某方面的工作、某项工作或某一事项做出规定和要求，对有关方面、有关人员的行为具有规范和制约作用。

二、规章制度的类型

规章制度的类别可分为五类：法规类、指导类、章程类、制度类和公约类。

具体文种有：条例、规定、办法、细则、章程、制度、规则、守则、规程和公约等。

规章制度各文种写法类似。

三、规章制度的特点

（一）约束性

规章制度是出于规范人们行为之目的而制订。

规章制度对有关单位或个人的言行举止具有约束性乃至强制力。

（二）周密性

内容规定上要求能面面俱到，细致而周到，不能有遗漏和疏忽。

内容要清晰明确，不能有遗漏，不能有歧义，不能含混不清、似是而非或自相矛盾。

具有逻辑的严谨性，无懈可击。

（三）条款性

规章制度结构形式主要有章断条连式和条文并列式两种。内容复杂、条文较多的采用章断条连式，采用这种结构的，正文分为：总则、分则、附则。内容简单、条文较少的规章制度多用条文并列式，采用这种结构的，正文从头到尾皆用条文组织内容。

（四）依附性

依附性是指一般作为"令"或"通知"的附件发布。规章制度也可以直接颁发。

（五）广泛性

规章制度的广泛性，指的是其内容涉及的对象非常广泛。

章　　程

一、章程的定义和用途

章程是政党、团体、企业或其他组织依据法律法规，对本组织的性质、宗旨、任务、组织原则、成员条件及义务、权利、机构设置、职权范围、行为规则、纪律措施等做出规范要求的规章文书。国家行政机关及其职能部门一般不使用章程这一文种。

二、章程的特点

（一）组织性

根据国家有关规定，章程是成立一个团体组织的必要条件。

（二）准则性

组织或全体成员必须遵守的工作、行为准绳，违反者将受到处理。

三、章程的常见类型

（一）组织章程

即用于制定政党、社团组织的组织准则和成员行为规范的章程。如《中国共产党章程》、《中国写作学会章程》等。

（二）企业章程

即用于规范企业的性质、组织原则、机构设置和经营管理等的章程。如《广东中南公司章程》等。

四、章程的结构和写法

（一）标题

一般有两种写法：

一种由"团体组织名称"加"章程"构成；

一种由"团体组织名称"加"事项"再加"章程"构成。

标题下可注明会议通过的时间及会议名称。

（二）正文

第一章即"总则"。末章为"附则"，中间各章为"分则"。

1. 总则。总则是章程的纲领，对全文起统率作用。

（1）组织章程的总则部分

一般要求阐明：组织的名称、性质、宗旨、任务、指导思想和组织本身的建设等。

（2）企业章程的总则部分

涉及的内容一般有：企业名称、宗旨、经济性质、隶属关系、服务对象、机构等。

2. 分则。即基本规则部分，分则部分即总则和附则之间的各章。

（1）组织章程的分则部分，通常需写明的内容有：

组织人员：加入条件，加入程序，义务和权利，纪律规定等。

组织机构：领导机构、常务机构和办事机构的设置、规模、产生方式和程序、任期、职责、相互关系等。

组织经费：来源、管理方式。

组织活动：内容、时间和方式。

其他事宜：根据不同组织、团体的需要而确定。

（2）企业章程的分则部分

通常需写明：组织关系、资本构成、人事制度、资产管理、业务范畴、运作规程、利润分配等。

分则是章程的主体部分，要全面考虑，合理分章，各章内容相互独立，先后位置安排有序，一条一款，清楚分明。

3. 附则

附则为补充说明的部分。

组织章程和企业章程，附则一般都要写：解释权、修订权、实施要求、生效日期、本章程与其他法规、规章的关系，以及其他未尽事项等。

五、注意事项

符合国家的法律、法规和方针政策。

凡章程从撰写初稿到定稿，须经历讨论、修改和会议通过等环节，一般先经由合资各方签订"意向书"、"会谈纪要"，然后才可能形成章程（草案）。

做到每条内容只表达一个完整独立的意思，条文严谨、周密和规范，对于一些把握不准的提法，难以阐明或界定的问题，不勉强写入，免生歧义。

结构要合乎章程的规范写法，格式规范。

例文及简析

【例一】

×××秘书事务所章程（草案）

第一章 总 则

第一条 "××市秘书事务所"为民办非营利性的咨询服务机构。

第二条 本所宗旨：面向社会，为机关、团体、企事业单位及个人提供秘书事务帮助，为广大群众的学习、工作、生产、生活等实际需要服务，促进经济繁荣和社会事业的发展。

第二章 机构与人员

第三条 本所人员自愿平等加入，退出自由。

第四条 本所人员应努力学习党的方针、政策和国家的法律、法令，增强业务能力，不断提高写作水平，为社会提供优质服务。

第五条 本所人员应严守职业道德，为服务对象保密，尊重他们的意愿，维护他们的合法权益。

第六条 本所人员由三方面组成：一是现职文秘人员中的兼职工作者；二是本地政府机关和法律、财政、科技、新闻等部门中有较高写作水平的工作人员（含离退休的）；三是具有大专学历的文秘专业毕业生。

第七条 本所由民主推选一人为所长，负责主持工作，其余均为工作人员。所长任期一年，可连选连任，不胜任者可随时改选。

第三章 服务内容

第八条 本所的服务内容和项目暂定如下：

1. 代写公文及通用文书。如通知、通报、请示、报告、会议纪要及计划、总结、调查报告、讲话稿、规则、章程、制度、守则等。

2. 代写经济文书及科技文书。如意向书、协议书、说明书、广告、经济合同、招投标书、新产品申报书、专利申请文件等。

3. 代写司法文书。如诉状、辩护词、遗嘱、契约、委托代理合同、授权委托书等。

4. 代写礼仪文书。如贺词、答谢词、悼词、挽联、讣告、慰问信等。

5. 为集体和个人翻译外文（英、日、俄）资料及查询有关经济、技术方面的资料。

6. 为单位及个人介绍和推荐秘书人才。

7. 接受委托，办理有关秘书、文书方面的其他事务。

第九条 随着事业的发展和社会的需要，本所今后将增加信息服务项目，为集体和个人提供经济、技术人才信息。

第十条 本所设固定地点提供服务。根据需要也可派人员上门服务。

第四章 收入分配

第十一条 本所实行有偿服务。

第十二条 各个服务项目的收费标准，根据其劳动工时确定，并报请物价部门审定后执行。

第十三条 本所收入，除开销及必须交纳的税收、保险费外，提取15%留作增添必要的设备用具，其余按照各人参加劳动的工时和完成任务的质量合理分配。

第十四条 本所人员的工资分配，可以评工记分、按分论值，可以按件计资，也可以按工时计算。总的分配原则是多收多分、多劳多得。

第十五条 实行财务民主，每个季度由会计人员向全体人员公布账目，年终进行最后结算，做到公开监督。

附 则

第十六条 本章程的修改权，归全所工作人员大会或代表大会。

【简析】

这则有待员工会议通过的企业章程草案，标题由单位名称加"章程"构成。正文为总则、分则和附则式结构。第一章总则写秘书事务所的性质、宗旨。第二至四章为分则。第二章机构与人员属下各条分别写进退自由、业务要求、人员组成和所长的产生等问题。第三、四章分别写业务项目、收入分配。附则写修改权的归属。

本文结构合乎章程规范，语言也明晰。但是，如果我们按照企业章程的结构和写作要求，仔细分析，便会发现存在下列问题：

1. 人事机构欠完善。漏写所长的具体职权，也漏写所内的科室设置。

2. 漏写资产管理。

3. 条的排列有不合理处。如现在的第三条应移至现在的第六条之上，因为同属写人事的问题，可放在一起。

4. 条款（项）式表述有的地方不规范。根据本书第二章第二节应用文书的结构类型即"条款（项）式"的要求，条下如果不带序码，一个自然段就是一款。若条下的自然段带上了序码，则不是款而成项，项冠以带圆括号的汉码。因此，应把文中第八条下的项码阿拉伯数字，全部改为带圆括号的汉码，即"（一）"至"（七）"。

5. 文字也存在不准确之处。应把第三章"服务内容"改为"业务项目"，把第四章"收入分配"改为"分配制度"。

【例二】

××股份有限公司发行股票章程

第一章 总 则

第一条 ××股份有限公司（以下简称"公司"）是以公有制为主体的社会主义股份制企业，是依法注册登记、独立核算，具有法人资格的经济实体。经中国人民银行××分行批准发行股票，为维护投资者的合法权益，特制定本程章。

第二条 公司由国家股、单位股、个人股组成。

国家股是指全民所有制企业的国家资产折成的股份。

单位股是指集体所有制企业的资金折成的股份以及其他企事业单位认购的股份。

个人股是指个人资金认购的股份。

第三条 公司股票是发给入股者的股份所有权凭证。股票持有者享有按股领取红利等公司章程规定的股东权利，并在股票金额范围内承担公司经营亏损或破产的有限经济责任。

股票可以转让、抵押和继承，股票遗失可以申请挂失。

第四条 公司发行的股票名称为：上海××股份有限公司股票。

公司发行的股票为不定期限的记名式股票，并以人民币计值，每股股值为人民币100元，股份总额为25万股，合计人民币2500万元。

第二章 发 行

第五条 公司向社会开发行股票6.09万股，计金额609万元。其中单位股3.59万股，计金额359万元，主要向横向联合中投资方发行。个人购2.5万股，计金额250万元，主要向本公司职工发行。个人购买股票至多20股。

第六条 公司发行股票委托金融机构代理发行。

第七条 公司按季向中国人民银行××分行金融行政管理处报送财务报表，并向股票持有者公开公司经营情况。

第八条 公司股票按19××年×月×日××人民政府发布的《××股票管理暂行办法》中规定的范围发行。

第三章 转 让

第九条 公司股票可以转让买卖，但必须通过经中国人民银行上海市分行批准经营股票交易业务的金融机构办理。单位股股票只限于单位之间转让。

第十条 股票转让买卖以现货为限。

股票交易价格可由交易双方自行商定。委托金融机构进行交易的，股票价格可由委托方自行决定。

第十一条 公司按季向社会公开经注册会计师查核鉴证的财务报表。

第四章 分 配

第十二条 公司在依法向国家缴纳税金后的利润中先提取一定比例的盈余公积金、

公益金，剩余部分列为按股分红基金，用于当年分红。当按股分红基金过大时，则适当留存作分红后备基金，用于以丰补歉。

第十三条 公司股票只计红利，不计股息。红利率由董事会决定。

第十四条 公司发放红利于每年年终决算后进行。股票发行的第一年，自发行日至年终决算日不满 1 年的，红利并入下一年度发放。

公司发放红利时，对个人股按国家规定扣缴 20％的个人收入调节税。

第十五条 公司在发放红利日前登报公告。

第十六条 公司如发生经营亏损，且未建立红利后备基金，当年不发红利。以后也不再补付，投资人对亏损共负有限经济责任。

第五章 附　　则

第十七条 本章程由××股份有限公司董事会负责解释。

第十八条 本章程自中国人民银行××分行批准之日施行。

【简析】

这是用得较少的企业业务章程。例文结构为章断条连式。总则五条，分别说明公司性质、制定本章程的目的、公司的组成成分、股票持有者的权利及股名、股值等。分则三章分别规定了股票的发行、转让、分配等方面的具体规范。末章附则规定了章程的解释权和施行日期。例文符合规范章程的一般写法。构思周密、条款完整、语言简洁明晰。

规　　定

一、规定的定义和用途

规定是党和国家机关、社会团体、企事业单位对某一项工作或开展某种活动做出政策性或规则性要求的法规文书。《中国共产党机关公文处理条例》规定："规定适用于对特定范围内的工作和事务制定具有约束力的行为规范。"

《行政法规制定程序暂行条例》规定："对某一方面的行政工作做部分的规定，称'规定'。"

二、规定的特点

1. 使用的广泛性。各类单位都可制发。可用于重大事项，也可用于一般事项。制发灵便，适用范围广泛。

2. 规范对象集中性。规定规范的是某项工作或某种活动，对象具体、明确而集中。

3. 制约制。具体来说，多为解决界限问题，即解决："应该如何"、"不应该如何"的问题。

三、规定的常见类型

1. 管理性规定。即制定某项活动或某方面工作的管理规则和要求，加强管理，规范行为。

2. 政策性规定。即依照有关法律法规条文，对某项活动或某项工作制定政策规范的规定。

3. 实施性规定。即为实施有关法规而制定的规定。实施性规定与实施原件配套使用。

4. 补充性规定。即对某些法规性文件做补充的规定。

四、规定的结构和写法

（一）标题

通常有三种写法：

一是由发文机关、适用对象或主要内容加"规定"构成，如《国务院关于征收私营企业投资者个人收入调节税的规定》。这种标题的构成与行政公文完全式标题写法一样。

二是由规范范围、适用对象或主要内容加"规定"构成，如《广东省开平县碉楼保护管理规定》。

三是在"规定"之前加某些修饰限定语。如《关于加强引进资金管理的暂行规定》。

（二）正文

正文组成分三部分：因由、规范、说明。

1. 规定的因由部分，一般说明制作本规定的依据或目的。

2. 不同类型的规定，其规范部分的写法不尽相同。

（1）管理性规定。着重于规定：管理原则、管理职责、质量标准、措施、办法、管理范围及要求。

（2）政策性规定。着重于规定：界限划分、明确范围、提出要求和奖惩情况，解决"应当怎样"和"不应怎样"的问题。

（3）实施性规定。着重于对实施文件：做出有关规定，对原件条款做出解释，提出相应的实施意见。

（4）补充性规定。主要内容：补充原件中某些提法不够明确之处、对不够具体的方面加以明确、具体，对遗漏的问题加以补充完善，以便实施。

3. 规定的说明部分，通常说明本规定的：制作权、解释权、实施日期。

五、注意事项

1. 准确掌握规定的适用范围。一般说来，制定某项规定性、政策性强的工作或活动的规则，可用"规定"。但对临时性、阶段性的工作，则应发"通知"，而对岗位性、局部性的、业务性强的工作，则应制"制度"。

2. 规定的内容要具体、明确。

3. 语言要凝练、准确、严密、肯定，避免产生歧义。

例文及简析

国务院关于高级专家退休问题的补充规定

（一九八六年二月二十八日）

为了有利于在全国实行专业技术职务聘任制度，现对国务院 1983 年 9 月 12 日发布的《国务院关于高级专家离休退休若干问题的暂行规定》做如下补充规定：

凡建国前从事专业技术工作，1986 年已满 60 周岁，并于 1983 年 9 月 1 日前已获得相当于副教授以上职称的老科学家、老教授、老专家（含建国前在国外工作，建国后回国的），在他们退休后，仍可保留原已获得的称号，他们的退休费按其工资额的百分之百发给。对于过去已经办了退休手续、符合上述条件的，也同样对待。领取原工资额的百分之百退休费的时间，自 1986 年 2 月起计算。

这里所说"1983 年 9 月 1 日前已获得相当于副教授以上职称的"，系指《国务院关于高级专家离休退休若干问题的暂行规定》第一条规定的范围，并包括 1983 年 9 月 1 日前经过职称评定组织评定了副教授以上职称并已上报到有关部门"特批"或"待授"的人员。

【简析】

这是一篇补充性规定。补充性规定有两类：一类是针对原件尚未做出规定的有关条款，做出补充；另一类是针对原件中某些不够明确、不够具体的内容加以明确、补充和解释，以便实施。本例属于后一类补充规定。

本例文正文篇幅较短，不像一般规定用章、条结构方式。例文分两部分，即因由和规定条款。因由为制定目的和补充对象。规定条项对退休后称号的保留、退休费及领取时间和其中的关键条文做出了解释。本例文属注解性规定。

【例二】

××市小型国营企业租赁经营试行规定

第一章　总　　则

第一条　根据国家有关文件精神，为了探索新的经营方式，进一步搞活小型企业，特制定本规定。

第二条　本规定适用于我市实行租赁经营的小型国营企业。

第三条　对小型国营企业实行租赁经营，是在不改变企业所有制性质的前提下，依照所有权与经营权适当分开的原则，实行租赁机制与按劳分配原则、民主管理制度相统一的一种社会主义经营方式。

第四条　企业实行租赁经营，只是经营方式的改变，其行政隶属关系、党群关系和财政、税收渠道不变。

第二章　租赁程序

第五条　企业的出租权属于国家。企业出租，由主管局（公司）公同财政局审查批准。

第六条　租赁企业的方式，可以集体承租，也可以个人承租，以集体或企业全体职工承租为主要租赁方式。

第七条　出租企业面向社会实行公开招标。

第八条　凡中华人民共和国公民，拥护党的十一届三中全会以来的路线、方针、政策；有经营管理能力和相当于中等专业以上的文化水平（集体承租的指代表）；有一定数量的个人财产和两位具有正当职业并有一定财产的保人（集体承租不用保人），均可投标。经出租方资格审查合格的投标者，允许到投标企业调查，编写投标书和经营管理企业方案。

第九条　由出租方和聘请的有关专家、学者及出租企业的职工代表，组成考评委员会，对投标者进行答辩考评，从中选择优秀者，经企业主管部门进行品德、业绩考核后，确定承租人。

第十条　承租人确定后，出租方和承租方须签订租赁合同。其主要内容应包括：

租赁双方的权利与义务、租赁期限、租金数额与缴纳方式、利益分配、债权与债务处理等事宜。由企业主管部分负责人、承租人和保人代表在租赁合同上签字。

第十一条　在签订合同的同时，由出租方、承租方及财政局、银行代表对出租企业的资产进行核查注册，作为租赁合同的主要附件。

第十二条　合同签字后，由租赁双方持合同向公证部门申请公证。公证部门确认合同合法，出具公证书后，租赁合同正式生效。合同与公证书的正本交出租企业的主管部门，出租企业、承租人和公证处各一份，副本报工商行政管理部门和有关银行备案。正本与副本具有同样法律效力。

第十三条　承租人（集体承租的指代表）如不是企业租赁前的法人代表，须持变更企业法人代表申请报告、租赁合同及公证书，到工商行政管理部门办理变更法人手续、领取营业执照。

第十四条　租赁手续办理完毕后，由企业主管部门负责人陪同承租人到所承租的企业，召开职工大会，宣读租赁合同，承租人正式就职。

第三章　承租人的权利与义务

第十五条　承租人是企业租赁期间的法人代表，是从事社会主义经营活动的劳动者。

第十六条　承租人对租赁企业的生产经营和行政管理全面负责。有权自主使用、支配企业的财产，使设备不断更新；有权决定企业机构设置、人员配备、分配形式和经营方式；在保证完成国家计划的前提下，有权按工商管理规定从事多种经营。

第十七条　承租人必须认真贯彻执行国家的方针、政策和有关规定，不得违法经营；必须接受国家下达的指令性计划，完成合同规定的各项经济技术指标；必须接受政府有关部门的监督指导，不得随意改变国家规定的经营方向。

第十八条　承租人必须努力提高经济效益，带领职工走共同富裕的道路，在政策允许的范围内，逐步提高职工的收入，改善职工的生活福利待遇。

（略）

【简析】

这是一篇实施性规定。全文39条。第一章总则写制定本规定和依据、目的、适用范围、实施规定的前提和有关说明等。第二、三、四、五、六、七章构成分则，内容包括租赁程序、承租人的权利与义务、租金、承租人的收入、合同的变更、终止或解除、管理等，这些都是本实施规定必不可少的内容。各章的内容，区分合理。末章附则为本实施规定的补充说明条款和有关内容。

制　度

一、制度的定义和用途

制度是国家机关、团体、企事业单位为了加强对某项工作的管理而制定的要求有关人员共同遵守的管理操作规程和行为准则。

常见的制度有：会议制度、公费医疗制度、保密制度、门卫制度等。

建立制度的目的：明确职责、规范行为，提高工作质量，优化管理。

二、制度的特点

1. 规程具体性

制度体现的工作规范和工作程序是针对某项具体的工作或具体的岗位而制定。

2. 准则性

制度对人们的制约比不上规定，制度主要是作为一种行为准则。

3. 发布形式多样性

制度除作为文件发布外，还可以张贴或悬挂在某一岗位和工作现场。

三、制度的主要类型

1. 岗位性制度

即对做好某一个岗位的工作而制定的管理操作规程和行为要求。

如《××公司保安工作制度》、《××厂门卫制度》等。

2. 法规性制度

即根据有关政策法规而制定的某一项工作的工作程序和管理规范。

如《××银行资金营运管理制度》、《××公司用电管理制度》等。

四、制度的结构和写法

（一）标题

标题有两种写法：

一种由制发机关、制度内容和文种构成，如《××公司财产管理制度》；

一种由制度内容和文种构成，如《××岗位责任制度》、《行政事业单位审计制度》等。

（二）正文

内容较多、涉及面较广的制度

正文的内容分三部分：

总则——说明制文的目的、根据和指导思想。

分则——对某项工作的实质性规范（总则和附则之外的中间部分）。

附则——说明执行要求及生效日期等事项。

内容较单一、基层单位的制度

其正文一般如下：

第一条——写制订制度的目的、要求、适用范围等。

中间各条——写制度的各项具体规范。

最后一条——写施行制度的要求及生效日期。

特殊：

有的制度各条均写具体规范，略去制订制度的目的、适用范围和生效日期等。

（三）签署

写在正文右下方，内容有：制发机关名称、制发时间构成。

如果标题已注明制发单位，则此处可省略。

五、注意事项

1. 内容必须符合党和国家的方针、政策及法律。
2. 条文必须具体、实在，针对性强，有可行性。
3. 语言准确、明晰、简练，不含糊笼统，以免产生歧义。

例文及简析

门卫管理制度

一、门卫是本厂精神文明的窗口。门卫工作人员在值班时间务须衣饰整洁，对来访者以礼相待，态度和蔼。

二、门卫工作人员必须坚守工作岗位，做好安全保卫工作。

三、传达室是工作场所，外来人员不准在室内谈天闲坐。外来联系工作的人员必须出示介绍信，并进行来访登记，方可进厂。

四、上班时间谢绝会客。除急事外，私人电话一般不传呼。集体参观必须持上级主管部门介绍信，并事先与本厂有关部门联系，经同意后才能入厂。

五、本厂职工一律不准带小孩上班，不准带零食，不准穿拖鞋，进厂必须衣冠端正，佩戴厂徽（佩在胸左上方），未佩戴者需登记上报。外包工、临时工、外来学习培训人员进厂应出示凭证。

六、凡本厂职工迟到者必须登记。上班期间因公外出，应持出厂证。凡经批准的病假、事假、调休等人员出厂应持有准假证。所有持证人员必须在门卫登记后才能出厂。对无证出厂者，门卫有权登记并及时上报人保科。

七、凡厂内的原辅材料、生产设备、工具零件、成品、半成品等一切物资一律凭成品物资出厂单或实物现金发票出厂联出厂。凡拎包等物出厂要主动向门卫打招呼。对不符合手续出厂的物品门卫有权询问、检查或滞留。

八、各种车辆按指定地点停放，未经批准不准入厂。

××市××化工厂

××××年×月×日

【简析】

这一份某企业的《门卫管理制度》，是一种岗位性制度。内容以人为中心，涉及出入厂人员、物品和车辆管理。首先，规范的是对外来人员（来联系工作的人员和集体参观人员）的管理；其次，是规范对内部人员及物品、车辆的管理（上班期间进出厂的注意事项和有关考勤事宜）。条理清晰，规定明确，针对性强，便于执行。值得提出的是，文中个别词句还有待推敲。"门卫是本厂精神文明的窗口"应略去。

实练题：

请阅读下面的章程，试回答下列问题：

1. 这是一篇什么类型的章程？

2. 第一章总则写什么内容？

3. 第二章至第四章分别阐述了什么内容？

4. 第五章写什么内容？

深圳行政学院××届同学会章程（第五次会员大会通过）

第一章 总 则

第一条 本会是由深圳行政学院××届毕业的学员组成的自我管理和自我服务的群众团体。

第二条 本会的宗旨：组织和团结××届学员，积极开展各种有益的活动，加强学员之间的联系，增进友谊，互相帮助，携手前进，为深圳市的经济建设和精神文明建设多做贡献。

第三条 本会的任务：（一）发动和组织全体会员开展各种有益的活动；（二）关心会员，帮助会员解决工作、学习和生活等方面的实际问题；（三）收集和印制会员的通讯资料；（四）加强同母校的联系，在母校与学员间起桥梁和纽带作用；（五）激励会员为深圳特区建设多做贡献。

第二章 会 员

第四条 凡是深圳行政学院××届毕业的学员和深圳行政学院的教职员工，承认本会章程，参加本会组织的活动，均可成为本会会员。

第五条 会员的权利：（一）有参加本会举办的各种活动的权利；（二）有选举权、被选举权和表决权；（三）有对本会的工作提出建议和批评的权利。

第六条 会员的义务：

（一）有遵守章程，承担工作任务，履行职责的义务；

（二）有学习、宣传和执行党纪国法的义务；

（三）有联系校友，团结校友和服务校友的义务；

（四）有捐助本会经费，帮助本会开展各项活动的义务。

第三章 组 织

第七条 本会的组织原则是民主集中制。

第八条 会员大会每年7月8日召开一次，特殊情况可提前或延期召开。设立理事会，理事会由会员大会推选产生，每届任期三年，理事可连选连任。

第九条 理事会的权利和职责：（一）定期召开会员大会。（二）推选会长和秘书长。会长和秘书长负责处理本会活动事务。会长和秘书长可连选连任。（三）解释和修改本会章程，组织开展本会的各项活动，审查本会经费的收支情况。

第四章 经 费

第十条 本会的经费，主要来自会员捐助，同时，可考虑参与办一些实业，解决活动经费的来源。

第五章 附 则

第十一条 本章程由深圳行政学院88届同学会负责解释。

第十二条 本章程自××××年7月8日起生效。

第四节 计 划

知识链接

商业计划书与可行性研究报告的区别

商业项目计划书是创业者或企业为了实现未来增长战略所制定的详细计划，主要用于向投资方和风险投资商说明公司未来发展战略与实施计划，同时也是展示自己实力、资源，从而取得投资方或风险投资商支持的一份商业计划报告。项目可行性论证报告主要侧重于项目本身技术方面的分析，同时也针对项目实施所带来的经济效益进行评估，但项目可行性论证报告一般并不涉及项目实施中管理因素、人的因素和对投资人在利益方面的回报以及回报的方式等方面的内容。它们之间的区别在于：①商业计划书是一个项目的总体构想规划，而可行性研究报告是对商业计划的可行性的研究。②商业计划书看起来像是框架性的方案，可研报告是阐述基本情况和建设方案，经济分析，具体到怎么做。③商业计划书通常是帮别人提供系统解决方案，可行性研究报告本质上只是把别人想好的东西表达出来。

一、计划的定义和种类

计划是人们在一定时期内的学习或工作的打算。它是一种预先拟定目标、步骤，提出具体要求，制定相应措施的应用文书。

在工作学习和社会生活中，计划的名称很多。如长远、宏大的为"规划"，切近、具体的为"安排"，具体、全面的为"方案"，简明、概括的为"要点"，粗略、雏形的为"设想"，它们都属于计划的范畴。

计划按照不同的分类标准，可分为多种类型。如按活动领域：分工作计划、学习计划、教学计划等，按适用范围的大小不同：分为国家计划、单位计划、个人计划等，按其适用时间的长短：分长期计划、中期计划、短期计划三类，具体还可以称为十年计划、年度计划、月份计划等。按计划的详细程度分，有计划要点、简要计划和详细计划。

计划主要的特点是它的超前性和可行性。超前性，是指计划是事先拟订的，它的实现是将来的事。可行性，是指计划的科学性和合理性。计划不是空想，它是建立在对既定事实和实现条件的充分分析、论证的基础之上的，是有其理论和现实依据的，因而，计划应该是可行的。

二、计划的写作格式与内容

计划的写作格式一般包括如下几个部分：

（一）标题

计划标题一般由制订计划的单位名称、计划内容和计划名称三个要素组成。如属个人计划，标题只需计划内容加计划名称即可。如计划不成熟，或者还没有正式通过，一般要在标题后面用括号注明"草案"、"讨论稿"、"征求意见稿"等字样。

（二）正文

计划的正文，一般包括三个方面的内容：

1. 基本情况

即制订计划的根据。制订计划前，要分析研究学习或工作的现状，目前的学习或工作进行到了什么程度，有哪些经验，有哪些教训，有哪些有利条件，有哪些不利条件，这样，就能充分了解下一步的学习或工作的基础怎么样，制订这个计划的依据是什么，以使计划建立在切实可靠的基础上。

2. 任务要求

即"做什么"，这是计划的中心内容。根据需要与可能，制定在一定时期内应完成的任务和应达到的要求。任务要求要明确具体，可以分条目来写，可以用小标题的形式来表现。

3. 方法步骤

即"怎样做"，也就是具体措施。在明确了任务要求以后，需要根据主客观的条件，确定切实可行的方法和步骤，采取必要的措施，以保证任务的完成。

（三）结尾

计划的结束语应简单，并署上制订计划的时间。

以上所介绍的是"文字叙述式"的计划格式。除此之外，还可运用"图表式"来制订计划。图表式，即通篇用图表形式。图表式计划一般可设置若干栏目，如项目、任务、要求、执行人、完成期限等，在图表后面也可以加上一些简洁的文字说明。图表式计划制作简便，使用明了，适用于较为固定活动范围，如学校、班级的活动计划。由于"图表式计划"的简明扼要，一目了然，因此在现实生活中，已越来越受欢迎。

三、计划的写作要求

（一）注意协调

大到单位，小到个人，无论是长期计划，还是短期计划，凡涉及其他单位或部门的都要注意协调，即进行协商，取得一致意见，共同保障社会效益。制订计划要以党和国家的方针、政策为指导，使自己的计划不与整个社会的发展相背离，并力争使自己的局部计划成为全社会发展的有机组成部分，也就是说，计划的协调性是保证计划得以顺利完成的重要条件。这是在制订计划时应该首先注意的问题。此外，订计划要依靠群众，集思广益，以使计划得以顺利实施。

（二）主次分明

一段时期内的事情往往很多，做什么，不做什么；先做什么，后做什么；主要做什么，次要做什么，等等，都要在计划的制定中有所体现。只有主次分明，才能重点突出，并通过以点带面，最终完成预订计划。如果计划含混不清，模棱两可，就会使执行者不得要领，难以达到预期目标。

（三）随机应变

毫无疑问，计划是事先订好的，但这并不等于可以一成不变。事实上，常常是变化比计划还快，在这种情况下，必须随机应变，根据新出现的情况，对原计划进行必要的修订和补充。

例文及简析

【例一】

××社区 1999 年绿化计划

经过三年的努力，我们社区基本上改变了原来的绿化落后面貌。截至 1998 年 11 月底，共植树 2500 多株，改造或新植草坪 53 处，约 8 亩。我们的"绿地为家家添光彩，家家为绿化做奉献"的经验，在 11 月的交流会上得到与会领导和代表的好评。但是我们社区因为起步晚、条件差等原因，绿化状况至今仍不能与××、××等先进社区相比。根据区绿化工作会议精神——把绿化与"优化"结合起来，把绿化与开发结合起来——我们经过认真研究讨论，特制订本计划：

一、完善绿化制度，强化居民绿化意识

如何有效地完成绿化计划并使之有效发展，很大程度上取决于居民的绿化意识。

只有"种"、"养"并举，绿化才能得到保证。

（一）在我们已经建有的退休职工护绿队与××小学的红领巾护绿队的基础上，增加宣传绿化的内容和强度，做到"护绿"不忘"宣传"。

（二）建立区内单位、文明楼组或个人对树木、草坪等的"认养"制度，并每年评比，表扬优秀者。

（三）对破坏绿化的行为进行批评与惩罚。一般破坏行为由文明楼组做批评与自我批评，严重的破坏行为给予罚种几株树或按成本价 1~3 倍赔偿。情况恶劣的交付有关部门依法处理。

（四）倡导新迁入社区或在本社区中新婚的植树纪念活动，其费用可由社区承担，或植树方捐赠。

二、做好长远规划，加强"种"、"养"力度

根据新区绿化规划，以及本社区绿化规划，本社区 1999 年拟开辟 12 亩绿化园地。××河道疏理后，两岸新植绿地面积为 6 亩，非干道的绿化拓宽面积为 3 亩左右，大小干道、种植街树面积相当于 3 亩左右。

（一）种植任务要在年头落实到责任人，并经检查考核。此项工作的具体负责人为××同志。

（二）对原有绿化情况做统一评估，该改的则改，但须有专家书面意见，以免财力、物力浪费，由××同志负责。

（三）为确保社区中心草坪与树木的绿化质量，采用以墙边狭地为"苗圃"的方式，种养花草树木。此项工作由新区绿化队××同志负责并筹划落实。

（四）建立每周绿化巡视制度，及时反馈。巡视活动以各楼组负责人及退休职工护绿队、红领巾护绿队的负责人组成，由社区绿化队组织，并汇总意见交社区委员会。

三、形成绿化新区特色，促进社区文明

绿化工作除了长期坚持，促进良性循环形成外，还要走开放的道路，形成社区绿化的特色。

（一）每月一次由专人到先进的社区学习取经。

（二）聘请园林专家为社区绿化做顾问。

（三）以××河道绿化规范和住宅绿地花园化为本社区的绿化特色。

（四）结合环境治理，使清扫与绿化合为一体。

（五）绿化为社区文明服务，节假日开放中央草坪，夏天组织纳凉晚会，让人人享受绿化。

（六）推动家庭绿化，组织盆景比赛、参观家庭绿化等活动。

社区绿化是关系到每个居民的生活质量的大事。我们一定要努力实现我们的计划，为促进社区的文明做出贡献。

××社区

1999 年 2 月 15 日

【例二】

××省××市土产进出口公司申报企业升级的工作计划

根据省经贸委和市外贸局关于抓管理、上等级、全面提高企业素质的指示精神，为切实做好今年我公司企业升级这一中心工作，特制订如下计划。

一、企业升级的指导思想和目标

企业升级的实质是企业管理水平上等级。希望通过企业升级，全面提高企业管理水平提高企业素质，逐步实现各项管理制度化、规范化、科学化，使企业进入同行业省级先进水平。

本企业升级的目标：一九××年申报省级先进企业。即达到我省土产进出口行业省级先进企业标准：

（一）出口创汇规模：1000 万美元/年；

（二）人均创汇额：≥10 万美元/人

（三）出口每美元平均使用≤0.98/每美元；

（四）出口每美元平均占用流动资金≤5.56 每美元；

（五）出口每美元减亏（增盈）额：

二、实现达标的具体措施

1. 加强领导，成立企业升级领导小组，下设工作组加强企业管理和整改工作。

2. 深入开展宣传发动工作，组织全体干部职工学习有关文件，采用墙报、专刊、标语、录像、广播等形式广泛宣传，使全体干部职工明确企业升级的目的意义，增强主人翁责任感。并在适当时候对全体干部职工进行有关知识的书面测验，公布成绩。在上级考评时，抽部分人员参加正式考试。

3. 分阶段推进，把具体工作落实到人。

第一阶段：学习宣传发动阶段。在五月份召开动员大会，每周安排三个下午为学习时间，做到人人参与。

第二阶段：建立和健全各项规章制度，对原有各项规章制度要进行修订、补充。各种资料要归档，立卷，使各项工作做到标准化、规范化、条理化，还要进一步优化企业环境，制订文明办公条例。

第三阶段：边学习，边整改。根据企业升级的考核标准和管理工作要求，找出薄弱环节，制订改进措施，检查落实情况，把企业升级与强化企业基础管理结合起来。

第四阶段：各项申报材料的准备工作。落实专人负责，×月×日前完成初稿，具体分工如下：

（1）企业升级工作汇报，由业务办负责。

（2）经济考核指标达标依据和企业经济效益情况汇报，由财会股负责。

（3）精神文明建设情况汇报，由工会负责。

（4）安全生产管理情况汇报，由储运、保卫股负责。

（5）公司历年来荣获上级嘉奖的奖旗、奖杯、奖品等资料的拍摄、整理、由审计股负责。

4. 企业升级申报前评审验收的各项工作，必须在7月上旬完成，并正式向市外贸局申报。

××省××市土产进出口公司

×年×月×日

【简析】

这两份计划的制订与写作比较规范。前言部分概述了制订计划的依据（方针政策、上级指示、当前形势、会议精神）。例一首先介绍了基本情况与不足（即当前形势和本单位具体情况）；例二写明了根据上级哪些指示，提出总的任务要求，说明完成计划的必要性和可能性。

主体写明计划的任务要求。例一的下面三部分是目标，每个目标下面是措施与步骤，其中有的落实到人，有的有时间安排，制订得较具体。例二则提出指导思想和具体的质量要求、数量要求，写得明确、精炼、切实。接着写明步骤方法，包括程序安排、时间要求等，写得具体清楚，切实可行。

这两份计划还有个特点，就是起点比较高。从较高的视角出发，避开了就事论事的不足，使计划的超前性、科学性特点得到体现。

实练题：

一、下面这份团支部活动安排的提纲毛病不少，有的不够具体明确，有的加入了不必要的议论渲染，请逐一加以修改并重写。

《××班关于开展创先进团支部活动的安排》

提纲：

1. 思想政治工作好，是团支部应具备的第一条。

2. 学习雷锋活动要像万马奔腾般热火朝天地开展起来。

3. 带领青年搞好学习是先进团支部的又一条件，学习是我们青年的又一任务，也是团的工作之一。

4. 组织建设，这个问题要下大力气去抓。

5. 团结青年，是先进团支部的五项条件之一。

二、请给下列计划加上标题和小标题

近年来，我们公司的青年职工人数越来越多，已经成为业务骨干力量，他们在经济战线上发挥着积极作用，展示了我国金融事业的希望和前景，但不能忽视一些青年水平低，文化素质差，科学文化知识贫乏等方面影响了工作效率，根据上级指示，为提高在职人员文化水平，我公司决定开办中专班，脱产学习一年半，招生的对象是工作两年以上，具有高中或相当高中毕业的同志，现特此制订计划如下：

（一）学习基础理论，学习《政治经济学》、《哲学》、《货币概论》、《会计原理》、《高等数学》、《大学语文》等十二门。

（二）第一学期，有数学、语文、政治经济学、转账结算、哲学、分行会计、商业会计、统计。第二学期，有应用文、党史、储蓄、企业管理、工业会计、工商信贷、政治思想教育、体育。学完一门课，进行一次结业考试，不再进行全面考试。

（三）任课教师，请××大学、××学院、××师范学院、××电大和银行的讲师及副教授，学生上课时做笔记，课后参考书籍做复习题、练习题，由任课教师批改作业，各门功课每学习完两章进行一次阶段考试，考查学生掌握知识的程度。

三、写作题：

1. 请根据学校的课程安排制订一份综合性的学习计划或某一学科的专题性学习计划。

要求：

（1）符合计划的撰写格式：标题、正文、署名和日期三个部分要完整；

（2）正文要写得明确具体，做什么，怎么做，做到什么程度，采取什么切实措施等，要分条分项逐一排列。

2. 汕头市××对外贸易公司经营项目有粮油、纺织、五金、化工、机械、土畜产、工艺品等。试为该公司设计一份第八个五年计划出口总额表格。

第五节 总 结

清代几种常用的下行文

【札】原义为古代写字的小木片，清代上级官厅对下级官厅行文饬事、委办和督催所用。

【牌】清代用于下行的公文。各部行道府以下、府行州、州行县的文书都用牌，又称行牌。

【谕帖】清代长官对下属六房书吏有所训示时所用，又称为传谕。

【谕】告之使晓谕也。最早见于《左传》。汉高祖有入关告谕，但其文已佚。清制，皇帝特降的命令为谕，由于臣下奏请而批复的文书称为旨。用于晓谕中外及京官自侍郎以上、外官自知府总兵以上的黜陟调补，统称上谕。长官告其属吏也称为谕，机关仍沿用。

一、总结的定义

总结是一种应用文体，它是对过去一个阶段学习、工作的情况，或者是某一项具体工作完成后，进行全面系统的回顾、分析与评价，归纳经验教训，从中得出一些规律性的认识，用以指导今后的实践。

总结的使用范围很广，平时的学习、工作都需要总结。及时地总结经验，吸取教训，以利于更好地向前迈进。

二、总结的写作格式与内容

总结从结构上看，分为标题、正文和落款三个部分。

（一）标题

标题一般有两种写法。一种是包括个人或单位名称、时间、内容及文种名称。另一种是用一名句或形象生动的话，突出总结的主要内容。为明确起见，在正标题之外再加上一个副标题，说明是什么人或什么单位、什么内容的总结。

（二）正文

正文部分是总结的主体。由于学习与工作的情况不完全相同，总结的内容就不可能千篇一律。一般来说，总结的正文包括以下四个方面：

1. 基本情况

任何总结，都必须有情况的概述和叙述，所不同的只是有的比较简单，有的比较详细。情况的概述和叙述，就是要对学习或工作的主客观条件、有利条件和不利条件，以及学习或工作的基础等进行分析。

2. 成绩和缺点

这是总结的中心或重点。总结的目的就是要肯定成绩，找出缺点。成绩有多大，表现在哪些方面，是怎样取得的；缺点有多少，表现在哪些方面，是什么性质的，怎样产生的，这些都是总结中不可缺少的内容。

3. 经验和教训

取得成绩一定有经验，存在缺点一定有教训；为了巩固成绩，克服缺点，在总结时，须对以往学习或工作的经验和教训进行分析、研究、概括、集中，并把它提升到理论的高度来认识，作为今后学习或工作的借鉴。

4. 存在的问题和今后的努力方向

事物是在矛盾的斗争中发展的，旧的矛盾解决了，新的矛盾随之就会产生。学习和工作也是一样，旧的问题解决了，会产生新的问题。而旧问题的解决，往往需要一个过程。因此，在总结中，既不能回避已经克服的缺点，已经解决的问题，也不能隐瞒尚未克服的缺点和尚未解决的问题，同时还应针对存在的问题提出今后的改进意见或努力方向。

（三）落款

总结的落款部分一般署单位名称或个人姓名和年月日。如标题已包含了单位的名称，落款只需署上年月日。

三、撰写总结的注意事项

总结是一种常见的应用文体，写作时要注意以下几点：

（一）总结要处理好几个关系

1. 材料与观点统一

材料是形成观点的基础，观点是材料所说明的问题。必须先收集材料，再从中概括、提炼出明确的观点，然后用明确的观点去运用材料，而运用的材料不宜太多，说明问题便可。

2. 成绩与问题要实事求是

成绩与问题是对立的统一，要把握好分寸，不能只讲好，不讲坏。对问题要抓住要害，切忌不痛不痒，不能只讲一般存在的共性问题。

3. 典型与一般的关系

解剖典型是为了更深刻地反映一般，脱离一般写典型会以偏概全。解剖典型不能离开总体情况，只有在把握总体的基础上分析典型，才能反映一般，才能具有说服力。

（二）总结要写出特色

写总结既要了解事情的全过程，又要研究具体做法和客观规律，把这个单位（或个人）不同于一般单位（或个人）的特殊经验写出来。防止报"流水账"，或者罗列几条人所共知的所谓经验。

（三）总结要突出重点

写总结，特别是专题性的经验总结，一定要突出重点，有主有次。而面面俱到，贪大求全，平均使用力量，则必将冲淡甚至忽略主要的内容和经验。

（四）总结要条理清晰。

写总结要思路清楚，有针性，有纲有目，前后连贯，逻辑性强，让人看了一目了然，得到启发。

（五）总结要重视准备阶段和定稿阶段的工作

要写好总结，准备阶段的工作十分重要。首先是调查研究，详细占有材料，做好材料的搜集、分类工作。第二是研究材料发现掌握典型，在把握总体面目的基础上，选择最有代表性，最能反映问题本质的典型材料。第三是确立主题，拟写提纲。力求主题鲜明、中心突出、材料充实；材料能说明观点，观点能统帅材料；精心布局谋篇，做到动笔前对全文有清晰的整体构思。

四、总结与计划的关系

计划是在工作开始以前对所要做的工作的打算，总结是在工作结束以后对计划完成情况的鉴定。总结与计划是既有区别又相联系的。

（一）它们是相互制约、相互依赖的关系

一般地讲，下一段的工作计划要根据上一段的总结制定。没有系统、全面、深刻的总结，不可能制定出符合实际、切实可行的计划。反之，总结要以计划为依据，要检查计划的执行情况，要检验计划的准确程度。

（二）它们又是相互促进、不断提高的关系

计划——实践——总结——再计划——再实践——再总结……周而复始，循环无穷。但这种循环不是简单的重复，而是不断提高不断发展的。假定以第一次总结为基点，那么根据第一次总结制定出来的计划，要比第一次总结以前的计划提高一步；第二次总结也要比第一次总结提高一步。它们是相互促进、不断提高的，实际上是同一事物的两个方面。

例文及简析

【例一】

高一年级军训活动小结

一、背景

（一）时代特征

1999 年是 20 世纪的最后一年，又恰逢新中国成 50 周年大庆。学生参加军训，也是 20 世纪的最后一次，作为世纪最后一届的中职新生，理应以出色的军训成绩为之画上一个圆满的句号。

（二）学校传统

我们××中学历来是军训的先进单位，多年来，在学校领导的重视下，在一届又一届高一同学的努力下，取得了令人瞩目的优异成绩，形成了良好的军训传统。根据××市教委和警备区司令部对高一新生军训工作的要求与指示的精神，以及区教育局、武装部的有关意见，为增强高一学生的国防观念，提高其军政素质和组织纪律性，达到"有效、有序、有益"的目标，结合我校的实际情况，我们制订了严格细致的军训计划。

二、概况

（一）人数

参加这次军训的有：来自于全区各个不同的学校 99 级高一学生，共有 474 人，组 10 个教学班；

各班的班主任老师和军训营部的老师 19 人；

来自中国人民解放军政治学院××分院警卫连工务排的教官 20 人。

（二）时间

本次军训从 8 月 11 日集队动员开始，到 8 月 22 日会操总结结束，历时 12 天。其中从 8 月 15 日到 8 月 21 日住训。

三、过程

整个军训过程包括：

（一）动员

8月11日，全营集结以后，由营长、学校党支部书记进行军训动员。书记在回顾学校历年军训的成绩和传统的基础上，希望全体同学通过军训，能够在国防意识、意志品质、行为规范和形成集体等诸方面都得到长足的进步。

（二）政训

8月11日、8月12日两天以及每天晚上，是我们进行政训的时间。

我们先后听取了××中学校史报告，行为规范报告；观看了《巍巍中华》爱国主义国防教育系列片，中国人民解放军三大条令的教育录像片和《兵器大观》军事知识教育片，举行了"军歌比赛"，"学军演讲比赛"和"国防知识比赛"；开展了军政训练成绩，内务、组织纪律，活动组织参与及射击成绩等多项评比。通过上述多方面的政训活动，以促使学生达到学革命传统、学军人的奉献精神、学军事技能、学国防知识和学优良校史的政训目的。

（三）军训

通过立正、稍息、整齐、报数，停止间转法，步伐与立定等队列动作的训练，以使同学们掌握队列动作的基本要领，养成良好的军人姿态和仪表。

通过56式半自动步枪的简易原理和卧姿有依托实弹射击，以使同学们了解射击原理，正确掌握卧姿有依托射击的方法。

四、收获

（一）意志品质得到磨炼

12天军训，同学们在烈日下，在大雨中，经受了有生以来从未受过的考验。

一遍又一遍的立正稍息，一遍又一遍的抬腿摆臂；一次又一次的整顿队伍，一次又一次的端正军姿。什么叫汗流浃背，什么叫腰酸背痛，什么叫头晕目眩，什么叫浑身散架，头一次有了切身的感受和体验。然而，在教官的严格要求下，在老师爱护关心下，尤其是在同学们自己顽强地坚持之下，我们都胜利地挺过来了。

在同学们的军训日记中，我们不止一次地发现这样的思想火花："军训并不是单纯的要我们吃苦，而是要我们通过吃苦而培养坚毅的意志，培养我们具有不畏艰难的品质。"

这就是我们的收获，这就是我们精神品质上的升华！正因为有了这样的意志品质，使我们的同学能够从第一天开训时的东倒西歪，成为现在英姿挺立在操场上；正因为有了这样的意志品质，使我们的同学能够带病、带伤坚持训练；正因为有了这样的意志品质，使我们的同学能够在强化训练之余，还认真地整理内务，高唱军歌，呈现出蓬勃向上的精神面貌。

（二）纪律意识得到强化

十二天的军训生活，我们的又一个收获是纪律意识得到了前所未有的强化。

我们有统一的着装要求，我们有统一的内务规范，我们有严格的军训纪律，我们有规定的作息时间。

在操场上，教官的哨声口令就是命令。不管你在什么地方，也不管你在何种状态，只要听到口令，听到哨声，就会毫无保留地服从，就会毫不犹豫地执行命令。

在教室，在寝室，在餐厅，学校的铃声，老师的要求就是命令。服从命令，听从指挥，已经成为我们军训生活的主旋律。就是这个主旋律，使我们 12 天的军训生活过得有序、有节、严肃、生动。

严格的军训纪律，是我们建立班级集体的凝结剂，纪律意识已经使我们每个班级的班集体得以初步形成。

严格的军训纪律，是我们进入××中学，接受行为规范教育的第一课，是我们在××中学为时三年的学习生活的良好开端。

（三）独立能力得到培养

对于绝大多数同学来说，还是第一次离开家庭，离开父母，在外面独立生活近两星期。我们知道，现在大多数家庭的生活条件都得到了改善，同学们在家里得到的都是尽可能周到的照料和呵护。然而在军训的住训期间，吃的是食堂的大锅饭，睡的是教室的课桌椅；没有空调，没有电视，一切因陋就简，一切艰苦朴素，而且一切的生活起居都要自己料理。这一切对同学们来说都是崭新的课题。

通过十二天的军训生活，我们的同学顺利地通过了独立生活关的考验，初步具备了自己照顾自己，自己管理自己的能力，为今后的成长迈出了可喜的第一步。

（四）国防知识得到拓展

十二天的军训生活的又一个收获，是我们的国防知识得到了拓展。

通过军训，我们明确了接受军政训练是中学生的国防义务；了解了中国人民解放军的性质、宗旨，了解了解放军的光辉历程，增强了继承发扬解放军光荣传统和在和平时期的奉献精神的自觉性；熟悉了解放军部队三大条令的基本内容和重要意义。从而使我们增强了国防观念，并为我们进一步培养良好的组织纪律性和集体主义精神打下坚实的基础。

良好的开端是成功的一半，而这次军训就是我们进入××中学所接受的第一项教育。我们这次军训取得的令人满意的成果，正预兆着今后三年的光辉前景。

同学们，让我们将军训中养成的严格的组织纪律，牢固的集体意识，坚韧的意志品质和旺盛的进取精神，带到我们今后的学习、生活和工作中去，去进一步发扬、进一步光大，我们相信，等待我们的一定是更加辉煌的明天！

××中学

××××年×月

【简析】

【例一】是一所中学的同学写的军训总结。总结的第一部分从时代特征和学校传统这两个方面写了这次军训活动的背景；第二部分简略地写了人数、时间等军训活动的概况；第三部分则写了军训活动的简单过程；第四部分写这次军训活动的收获，分别从"意志品质得到磨炼"、"纪律意识得到强化"、"独立能力得到培养"和"国防知识得到拓展"四个方面对军训活动的收获做了全面而深刻的总结，是总结的重点。

【例二】

我是怎样学习大学语文的

畅申琪

我是商业一局职工大学经济专业的学生，平时喜欢阅读一些古典作品和历史书。入学后，对学习《大学语文》这门课有极大的兴趣。然而兴趣毕竟只能是动力，学习的成功与否，还得取决于学习的态度和方法。

1. 认真学习

教师在授课前，预先告诉学生所授新课的篇名，这使我养成了课前预习的良好习惯。预习能促使我带问题去听课，从而增强了听课的效果。根据教师"字不离词，词不离句，句不离章，章不离篇"的要求，在预习时，我利用《古汉语常用字字典》和《文言虚字》这两本工具书，注意分析同一虚字的不同含义和词义、句法的异同之处，同中辨异，异中求同，逐字逐句地进行分析，通过辨别词义来理解全文。特别是对于那些通假字、词性活用、一词多义及使动、意动用法，都要在书上做记号。例如，在预习《论语·侍坐章》时，我对孔子的"以吾一日长乎尔，毋吾以也。居则曰：'不吾知也！'如或知尔，则何以哉？"这段问话不能理解，于是我就抓住这段文字中的三个"以"字来进行分析，区分出三个"以"字所代表的三种不同的词性和含义，再将"不吾知也"与"如或知尔，则何以哉？"两句相对照，找出其中宾语提前的句法现象，（"不吾知也""则何以哉？"）及"或""如"两字在现代汉语和古代汉语中的异同，才对这段文字有一个初步的了解。对整篇文章基本理解之后，再动手翻译课文，有些词、句似乎是懂了，但到动笔翻译时，不一定能正确写下来，这时便再去查字典，结合上下文来分析，就能避免不求甚解的毛病。预习得充分，上课时，就能做到当堂理解，当堂消化。

2．抓住四十五分钟

我们学经济的学生，平时最常说的一句就是"以最小的劳动消耗，取得最大的经济成果"。我认为，善于利用教师授课的四十五分钟，是有利于提高学习效率的。听课时，我十分注意记笔记，课后再将笔记加以整理，摘出重点，然后总结出每篇的中心和写作特点。通过听讲和总结，提高了自己的文学鉴赏能力。在全市统考中，有一道问答题，要求概括《史记·管晏列传》在取材上的特点，另外还有一道分段，写段落大意和中心思想的试题，我都能顺利地完成，这不能不归功于抓住课堂教学的"四十五分钟"。

3．勤于质疑

我觉得，作为大学生，一方面应当独立思考、独立解惑，另一方面也要勤于质疑。古人说得好："非学无以质疑、非问无以广识。""问"也是学习的一个重要部分。职大虽然没有积卷数万的图书馆供我们查阅资料，但学生与教师经常接触，却便于随时质疑答疑。

我专门准备了一本备忘录，每遇疑难问题，则记之于上，通过查阅一些书籍资料以寻找答案。我们也常常利用自修课时间聚在一起切磋琢磨，语文老师也经常参加我们的讨论，为我们解难。回想起来，我的不少知识，还真可以说是从"问"上得来的呢。

4．扩大知识面

要真正学好语文不能局限于学习课本上的文章，还学好些地理、历史、政治、经济、哲学等相关的知识。例如，学习《秦晋殽之战》，若不知道秦、晋两国由相亲至交恶的历史，就会影响对课文的理解；学习《前赤壁赋》，若不了解苏轼的坎坷经历，就难以分析作者贯注在作品中的思想感情。因此，我经常利用课余时间阅读一些历史书，还订了一本《文史知识》作为课外读物。在学习王安石的《读孟尝君列传》时，我去翻阅了《史记·孔子世家》。去年市统考卷上有一篇关于祖逖立志恢复中原的小文章，要求解释、翻译、分析，由于我平时阅读了一定数量的历史书籍，对这个人物有所了解，因此能比较顺利地完成了这道试题的解答。

5．不教一分钟闲过

董必武同志说过："古云一足是可惜，吾辈更应惜秒阴。"著名画家齐白石先生也把"不教一日闲过"作为自己的座右铭，那么，对于我们这些求知若渴又感到时间不足的青年来说，更需"不教一分钟闲过"了。

我经常利用午后的休息时间或在做数学习题疲倦的时候来阅读一些文史资料，以扩大自己的知识面。对于课文的预习和复习，则利用自修课或者晚上较安静的时间。别人用来看电视的时间，则是我课后的主要学习时间。在老师的辅导和同学的帮助下，我学完了"大学语文"，参加全市职大"大学语文"统考，以92分的成绩，获得全市第一名。

目前，在老师的辅导下，我仍然在自学文学，以提高自己的写作水平和文学素养，以便将来更好地为四化建设服务。

【简析】

这是一篇职业大学的学生写的学习总结。总结以自己的亲身体会，写出了学习的成功经验和行之有效的学习方法。总结条理清晰，重点突出。其五点学习态度和方法值得我们借鉴。

【例三】

××中学高三（1）班班委会工作总结

一学期来，我们班委会在学校和班主任的正确领导和热情帮助下，带领全班同学在德、智、体、美和劳动技术方面开展了一些工作，取得了一定的成绩，归纳起来有以下几点：

一、明确学习目的，争取全面发展

进入高三，很快就要毕业了，不少同学在家长和社会的影响下，对集体活动不够关心了，一心只想学好书本知识，争取升学。有部分同学自己感到基础差，升学无望，就自暴自弃，学习松散。针对这种情况，我们召开了"一颗红心两种准备"、"广阔天地出人才"等主题班会，班级黑板报连续办了十期，开展"四化在召唤"的问题讨论和笔谈，并请了一些校友来班介绍自己的感受。通过这些活动，全班同学端正了学习目的，激发了学习积极性，一致体会到，没有正确的学习目的和学习方法，是不可能成为"四有"人才的。由于正确处理了就业与升学时间的关系，原来学习不认真的同学树立了为四化而学习的信心。我们班委会又及时组织干部对于思想不正常的个别同学进行帮助，与他交心通气，共同提高，立志成为祖国最需要的人才。

二、人人争当班级主人，新的班风正在形成

过去，我们班同学自己顾自己的现象比较严重，班级工作班主任推一下动一步，班委缺乏主动性。本学期，我们在全国经济体制改革热潮的影响下，配合学校提出的要做合格毕业生的要求，我们班委会反复讨论，大家一致认为：合格的毕业生要具有主人翁的思想，要使自己成为建设四化的合格人才，必须具备一定的工作能力和组织能力。因此，我们班委会在班长带动下，工作主动积极，凡是学校布置的工作和班级日常事务，如反映教学情况、填写教学日志、打扫卫生、体育锻炼等，都先由班委会讨论研究、集体定出措施，再征求班主任老师的意见和帮助，经老师同意后，便分别由班委进行工作，每次工作告一段落后，再班委会集体讨论小结。由于我们班委吃苦在前，以身作则，在同学中间了解情况，与同学打成一片，全班的团结气氛很浓，要求进步的同学越来越多，许多同学写了入团申请书，六名同学光荣入团，并成立了团支部。后来，我们班委研究，认为应让每个同学都成为班级主人，于是每天请一位同学值日，值日生可行使班长的职权，在这一天内对班级负责，先由一些迫切要求进步、关心集体的同学值日，再带动大家，人人经受锻炼，人人争做主人。我们的工作得到学校的肯定，我们班委会被评为先进集体。

三、加强锻炼，增强体质

我们班同学，一向热爱体育。寄宿生每天坚持早锻炼，全班同学认真上好每周两节体育课，两节锻炼课，坚持两操（课间操、眼保健操）。一学期来，基本上没有同学请病假，运动会夺得了全年级总分第一名。班级还组织了篮球队、足球队和乒乓球队，全班有80％的同学达标。

我班一学期来班级工作还存在不足的地方：

第一，班委会与团支部工作配合不够，有时互相冲突，有时互相依赖。

第二，班委中各个委员的工作情况不平衡，有的做得多些、有的做得少些。

第三，班级活动还不够丰富多彩。

以上成绩，我们决心在新学期里发扬，不足之处一定努力克服。我们一定要在校领导和班主任的指导下，把班委会工作搞得更好。

高三（1）班班委会

××年×月×日

【简析】

这是一篇汇报性的工作总结。先概括叙述了一学期来班委工作所取得的成绩。分析情况部分，分条分点具体说明班委工作所取得的成绩和收获。结论和意见部分，分条分点说明班委工作存在的问题，并表明了努力方向。内容完整，符合总结的写作要求。

【例四】

开展财会同工种竞赛，加强会计基础工作

为了适应改革开放的形势，我公司开展了以加强会计基础工作为重点，实行按标准评分定级为主要内容的同工种竞赛，大大调动了财会人员的积极性，加强了会计基础工作，提高了企业管理水平。

首先，我们组织会计人员认真学习《会计人员职权条列》和有关文件，把全体财会人员从思想上发动起来。在这个基础上开展赛思想、赛技术、赛质量的同工种竞赛。具体做法如下：

同工种竞赛的主要内容是"六好、六化、三相符"，"六好"即：争当领导参谋好，依靠群众理财好，面向生产服务好，财务计划分析好，把口收关监督好，钻研业务技术好。"六化"即：会计凭证合法化，账册分录标准化，报表数字准确化，计划分析科学化，服务监督经常化，班组核算持久化。"三相符"即：账账相符，账表相符，账实相符。竞赛的具体项目有十个，即：会计凭证，会计账册，会计分录，会计报表，统计质量，计划与分析，服务与监督，财经纪律，资料积累与档案保管，财会人员思想建设。

将十个竞赛项目又分成若干小类，如会计凭证项目分为外来原始凭证是否合法，自制原始凭证手续是否齐全，记账凭证汇总表是否按照规定汇总，各种空白支票、现金收据、付款凭证等是否妥善保管等四个小类，并定出每个小类要达到的质量标准。每个大类项目定为十分，全面达到标准可得到一百分，每个小类根据达到质量标准的难易程度给分。每类分数确定后一年不变。对表现特优的，可适当加分；对发生重大差错或严重违反财经纪律的，要酌情扣分。

同工种竞赛一年检查评比两次。先自查、自评、自报，然后由公司检查验收，全面平衡评定后，发给等级证明书。共分五个等级：90分以上定为一级，80～90分定为二级，70～80分定为三级，60～70分定为四级，60分以下定为五级。连续一年被评为一级的，定为公司系统先进集体，并按劳动竞赛奖励办法的规定给予奖金。对有重大贡献者，授予先进财会工作者的称号，其成绩作为今后个人评奖、定级、评定技术职称的主要依据。

我们取得的效果是：

1. 提高了认识，增强了事业心的光荣感。原来一些同志对财会工作的作用和地位认识不足，对搞好财会工作缺乏信心，有人说："会计会计，算算计计；眼开眼闭，皆大欢喜；坚持原则，两头受气。"开展竞赛后，原来不想干财会工作的现在积极肯干

了，原来想调离财会工作的现在纷纷要求归队。

2. 提高了财务工作的质量和企业管理水平。过去会计凭证五花八门，审核不严，核算不实，手续不齐，报表经常脱期，资料残缺不全，档案保管不善。开展竞赛后，多数单位能做到当天账目当天清，往来账目天天查，物质账卡经常对，托收托付手续齐，结算货款及时解决，月后一天出报表，数字做到准、快、齐。

3. 找到了差距，通过检查评比，找到了单位与单位，会计人员与会计人员之间的差距。这就为今后的工作指明了方向和重点。

4. 改变了工作作风，出现了"四多四少"的可喜现象。即热爱财会工作的人多了，不安心工作的少了；学习技术钻研业务的多了，不学业务技术的少了；讲求工作质量的多了，马马虎虎，不负责任的少了；执行制度，坚持原则的多了，眼开眼闭，迁就迎合的少了。

总之，开展同工种竞赛，加强了会计基础工作，提高了会计核算质量，有利于改善企业经营管理，它是改进财会工作的好方法。

×× 土产进出口公司
×× 年 × 月 × 日

【简析】

这是一份工作活动的总结，重在介绍经验。标题概括主要事实，引人注意。正文主体部分详细说明了活动的做法，有科学性，系统化，条理清楚有利于经验的推广。而且边说明做法边总结经验。结论部分总结了活动取得的效果，是具体做法的理论化，并通过对比的手法，加以突出和强调。

实练题：

1. 毕业在即，请同学们为自己三年的学习生活写一篇总结。

2. 根据下列内容，为 ×× 省旅游局拟写当年的工作总结。

（1）全省风景名胜区有 36 家，国家级景区 9 家，省级景区 9 家，市级景区 18 家，总面积 6950 平方公里，占全省面积的 5% 左右，省级以上景区门票总收入 20000 万元左右。

（2）医巫闾山、青山沟风景名胜区于今年 5 月晋升为国家级景区；锦州北普陀山景区已通过省政府常务会讨论，晋升为省级风景名胜区。

（3）7 月评议审批了本溪水洞风景名胜区详细规划方案。10 月，召开了桓仁万乐岛规划审批会议。

（4）6月份制定并下发了风景名胜区行业创建"三优"活动方案，11月初开始，对全省36家风景名胜区开展"创三优"活动检查评比。

（5）兴城海滨取消门票的问题，青山沟景区仍存在个人侵占风景区的问题，擅自开发、建设的问题，宣传力度不足、开发力度不够的问题等需要解决。

（6）进一步理顺景区的管理体制，实现经营权和管理权相分离，增强景区的发展后劲。做好世界自然遗产工作的申报事宜。加强省级以上风景名胜区的详细规划的编制工作。这些是明年的工作。

第六节 访　　谈

知识链接

宋代的公文——"答子"

宋代答子有三种用途：一是群臣百司上殿奏事，有时用答，相当于唐代的榜子。《宋史．范质传》："先是宰相见天子议大政事，必命坐面议之，……及质等惮帝英睿，每事辄具答子进呈，……由是奏御多，始废坐论之礼。"第二种用途是下官上书于上官，如王十朋与赵安抚《乞降祀上虞帝舜庙答子》。第三种用途是上行下的文体，中书指挥事，凡无皇帝降敕的称答子，和唐代的"堂帖"相类似。诸路帅司指挥所属部下也用答子。

一、访谈的定义和特点

在日常生活中与人打交道的方式之一是访谈，访谈是有目的、有步骤、有准备的访问谈话。接近和熟悉被访人，通过采访交谈，达到预期的目的，这是访谈的基本目标任务。访谈有三个主要的特点：

（一）目的性

它是有既定目的的交际活动，即访问谁？为什么要去访问？要达到的预期目的是什么？怎样访问才能获得成功？选择何时何地访问？等等，事先都是十分明确的。

（二）随机性

访谈是语言互有往来的交际活动；它不是枯燥的一问一答，更不是"查户口"式的盘问；它是在活生生的语言情景中进行的富有生活情趣的语言交际，带有比较明显的随机性。所以，要注意根据访问现场的情景和对方谈话的情况，随机找出双方都感兴趣的话题进行交谈。在此过程中，访问者有意识地把自己想要了解的问题自然地融合进去，以达到访问的目的。

（三）主要使用对话

访谈主要通过生动、活泼的对话进行。访问者为了解情况而提出问题，所以不要说得太多，提问的目的是打开被访者的话匣子。双方对话投机，共同创造和谐的气氛，才能获得圆满的结果。

二、访谈的形式

访谈的形式是多种多样的，这里介绍常见的三种形式：

（一）座谈会

在同一时间里找几个人进行交谈，通过提问答问，访问者得到比较全面的情况；被访者在集体交谈中又可以互相启发、补充，探讨一些问题。访谈双方对问题的认识更深刻、更全面，因此它是效率比较高的访谈形式。需要注意的是参加者不宜太多，这样才能保证每个人有较充分的发言机会。

（二）个别预约交谈

这种访谈方式能够充分了解细致、深入、生动的情况，被访者在交谈中不会因为有第三者在场而有所顾虑和保留，利于无拘无束地交谈。访问者又可以与被访者充分交换意见，启发对方把问题谈得更深入、更具体，访问者易于进入被访者的内心世界。

（三）电话交谈

对于某些突发事件，为了尽快获得有关情况，常用电话交谈；或者某些事实材料中人名、地名、数字等的核对和补充，因为时间缘故，也用电话交谈。迅捷简便是电话交谈的最大优点。总的来说，访谈的形式是多种多样的，每种形式各具特点和各具功能。访谈中应该根据具体情况的变化而决定变换访谈的形式。对于重要的人物或复杂的事件，可以运用多种访谈形式。灵活机动，才能达到访谈的目的。

三、访谈的关键——"提问"

访谈是否成功，关键看提问。提问是访谈的重点和核心。由于访谈的目的性所决定，访问者只提问，而尽量少发表或不发表个人意见。在座谈会式访谈中，言简意赅的提问，可以使与会人员围绕提出的问题去思考和回答；在个别预约交谈中，恰当的或内行的提问可以一下子打开被访者的话匣子；在电话式访谈中，通过精炼的提问，可以迅捷地取得所需要的情况。因此，聪明的提问是要花费心机的。

把问题提到点子上，根据被访者是否健谈的情况，把握好问题的难易程度，这是很重要的。"判断一个人，要根据他的提问，而不是根据他的回答。"法国哲学家伏尔泰一语中的，道出了提问的重要。如果提问千篇一律，浮于表面，程度肤浅，或者零乱琐碎，游离于话题之外，那么，问题多数是出在没有充分准备上。

我们应该怎样提问呢？这里介绍几种基本方法。

第一，开门见山。不作寒暄，不绕圈子，开口就进入正题，直截了当地向被访者提出问题。这种方法适合访问繁忙的人，特别熟悉的人，或者公众人物。

第二，包抄迂回。不正面提出问题，用迂回战术，先打外围，再攻主堡。这种方式常常是从日常琐事或周围接触的事物谈起，待被访者对访问者逐渐熟悉，感情融洽后，再把话题引回，提出主要问题。这种方法适用于不善谈吐、不习惯被访问的访谈对象。

第三，启发引导。由近而远，由浅而深，用其他事例或材料引起被访者谈话的兴趣，从而取得访谈的成功。如访问先进人物，往往不容易一下子让被访者畅谈自己的事迹，这时候访问者就可以把访谈前了解的一两件事情讲出来，引起对方联想、补充，畅谈体会。

第四，虚心请求。对于长者或学有专长的被访者，用请求法提问效果比较好。提问方法很多，访问者灵活运用才能取得好成效。

四、访谈注意事项

同学们访谈要注意几个问题。①要事先准备，事先了解被访者的有关情况，事先预备访谈提纲。②要善于观察，积极思考，有思想，有见地，满腔热诚，被访者才乐于交谈。③初学访谈，要会聆听，勤记录，会速记，不适合记录的场合，要学会默识强记，采访结束后，立即整理。④最重要的一点是讲究礼貌，不失小节，包括言谈举止衣饰，都要注意。下面是两个访谈片段，能给我们启示。

（一）法拉奇采访邓小平

奥琳埃娜·法拉奇是意大利著名的女记者，她在几十年的记者生涯中采访了许多著名政治家，并写出了有影响的专访。在西方，"法拉奇式的话"受到许多人的崇拜。她采访的特点是思路明晰，言辞锋利，善于寻根究底，富有活力。她对邓小平的访问，却一改往日风格，显得彬彬有礼。她是从祝贺邓小平的生日开始的。她从邓小平传记中知道他的生日是 8 月 22 日，而邓小平自己却忘记了——

邓：我的生日？我的生日是明天吗？

法：不错，邓小平先生，我从您的传记中知道的。

邓：既然你这样说，就算是吧！我从来不知道什么时候是我的生日。就算明天是我的生日，你也不应祝贺我啊！我已经76岁了，76岁是衰退的年龄啦！

法：邓小平先生，我父亲也是76岁了。如果我对他说那是一个衰退的年龄，他会给我一巴掌呢！

邓：他做得对。你不会这样对你父亲的，是吗？

十分融洽的访谈气氛就这样轻松地建立起来，接下去进入实质性的访问就有了良好的基础。

（二）李燕杰教授循循善诱

著名演讲家李燕杰教授在与青年的交往中十分重视问话。一天晚上，他从夜校回家，有个青年跟来，要和他谈心。李老师打量这个青年，身穿大红衬衣，肩上挂着西装背带，胸前挂着耶稣像的十字架，心里对这个青年就明白了八九分。青年诚恳地要拜李老师为师，表示要学好文学和外语。李老师和他真诚地谈心，于是，一连串的发问开始了——

李：你为什么要戴这个（十字架）呢？

青：你是搞中国古典文学的，还懂这玩儿？

李：你真把我看扁了，我要连这个问题都答不上来，今个儿我不就栽倒了吗？

青：（笑）……

李：你不是在学外语吗？我问你，"圣经"这个词英语怎么说？

青：……

李：Bible。

李：你挂十字架，会念祈祷词吗？

青：不就是"阿门"吗？

李：不对。（从头到尾把祈祷词背了一遍）你读过《圣经》吗？《圣经》都讲了些什么？

青：不知道，没读过。

李：（接着把《旧约全书》和《新约全书》的主要内容对青年说了一遍，转而又谈到美的含义。）比如，有个姑娘长着一双水汪汪的大眼睛，笑起来还有两个小酒窝，表面看，还很美。可是有人告诉你，她就是爱在电车上干这个（做一个扒手的动作），你还认为她美吗？

青：内外不一致，不美。

李：有这么一幅油画，一个修女，外表穿得肃穆胸前挂着一个十字架，你觉得美吗？

青：内外和谐，对基督徒来说，还是美的，内心对耶稣很虔诚。

李：那么，阁下既不懂得基督教，又不信基督教，胸前挂着十字架，你是美在哪儿呢？

青：李老师，我以后保证不戴了，要再戴就是孙子！

李：你以前为什么要戴呢？

青：我看外国人戴。外国人能戴，我干嘛不能戴？

李：你的领导没有批评过你吗？

青：他们不让戴，我偏要戴，要是像你这样给我讲清道理我就不戴它了。

在这个对话片段中，李老师提问十几次，开始发问是了解情况，他知道了青年不懂耶稣，摸清了青年的思想脉搏。接下去的发问是有意识地引导青年往深处思考"美"的问题，挖出盲目追求外表美的根源。最后的发问是水到渠成，青年自己解决了思想上的问题，纠正了行为上的偏差。

实练题：

一、分析下面每组提问有何差异以及可能产生的不同效果。

1. 一个西方记者采访一位退休税务官员。他问："你在国内税收局任职时经历过什么有意思的事情吗？"他或者问："在你检查人们的纳税申报书期间，有人向你行过贿吗？"

2. 一个见习记者采访一位养花的退休老人。他问："你种了些什么花？怎么种的？为什么长得这样好？"他或者问："老人家，您的花种得真好，能不能请您向我们介绍一下养花的经验？"

3. 一个学生记者采访儿童的爱好和特长。他问："小朋友，你的癖好是什么？"他或者问："你放学以后做些什么有趣的活动？"

二、下列问题有什么特点？试作简要分析。

1. 一座教堂里，有一天，一位教士正在做礼拜的时候突然烟瘾发作，便问他的上司："我祈祷时可以抽烟吗？"结果他的这一请求遭到了他的上司的拒绝和责备。后来另一位教士也熬不住烟瘾，但他却用另外一种口气问他的上司："我吸烟时可以祈祷吗？"上司听后竟微笑并表示赞许。

2. 在某地，茶室里的客人在喝可可时都喜欢放个鸡蛋，所以，侍者在问客人时都要问一句："要不要放鸡蛋？"在另一个茶室里，侍者却问："是放一个还是放两个？"结果，后一个茶室卖出的鸡蛋比前一个茶室卖出的多许多。

3. 一群记者在广州访问电影明星。一个问道："你是第一次来广州吗？广州天气好吗？"明星回答："是。天气好。"

第七节　方　　案

知识链接

秦代开始的公文——"议"

《尚书》说："议事以制政乃不迷。"决定处理事情的适宜方案称为议，议者宜也。最早见于文献的是李斯《上秦皇罢封建议》。到了汉代开始称为驳议。国有大事，必召集群臣进行廷议，如桓宽编著的《盐铁论》记录了汉昭帝召集贤良、文学六十多人为盐铁官营问题展开国策大辩论，即属此类。

一、方案的定义

方案是各种商贸应用文种中内容最为复杂的一种。在方案中，某项工作从目的要求、方式方法到具体进度，均须做出详尽说明。它适用于短期的、立即要着手进行的专项工作。

二、方案的特点

1. 鲜明的目的性

方案是工作计划，是将计划变为现实的桥梁，所以方案必须鲜明地表现作者的主观意图。一般要说明"为什么要干这些"或"干这些的意义"、"怎么干"、"谁来干"、"什么时候干完"。方案必须主题鲜明、目的明确。

2. 明显的综合性

方案几乎包含了经济生活的各个领域，其知识体系的运用，除了涉及与方案相关的专业理论，还可能触及自然科学、社会科学等方面的内容。方案的写作实际上是多种知识体系的综合运用过程。

3. 严谨的逻辑性

与其他文体相比，方案的写作具有很强的逻辑性。在具体写作过程中，同一律使方案的表达周延、准确；矛盾律使方案的内容贯通一致；排中律使方案的工作目标不模棱两可；充足理由律使方案的阐述有正确的依据。

4. 突出的实践性

方案是商务工作的依据，也是具体工作实施的工具，所以其实践性体现在方案的使用价值上。

三、方案的格式与内容

方案种类众多，因为工作特点不同，各种方案的写作要求具有其特殊性，很难用一种写作模式进行统一。由于一些具有某种职能的具体工作比较复杂，不做全面部署不足以说明问题，因而方案内容构成势必要繁琐一些。

一般而言，方案的格式与计划相同，包括以下三个方面：

（一）标题

方案的标题写明方案的性质。一般有时间标志。如："××公司××年花生出口经营方案"。

（二）正文

正文内容可以由三个部分构成：

1. 制订方案的背景与依据

背景与依据是指与制定方案有关的基本情况，社会环境，利弊条件，指导思想，政策要求，任务要求，上阶段的工作情况，要达到的目的等方面的内容。具体到一份方案，不必将上述诸方面——写到，而是根据具体情况进行写作。

2. 方案要完成的任务和要求

任务和要求是指要做什么具体事，做到什么程度，达到什么指标，预期的效果，完成的时限、指导方针和原则等。这部分内容在写作时应具体、明确。

3. 完成任务达到要求的具体安排、措施和方法

安排、措施、方法是指完成任务达到要求的具体进程、步骤、时间分配、采取行动的方式、方法、做法。写这一部分应细致、周详、切实。

（三）结尾

方案可有简单的结束语，如"请审查批准"等字样。正文右下方署上单位或个人名称，以及具体时间。

四、方案的写作要求

1. 方案的写作一定要符合国家的路线、方针、政策和法令，符合上级的规定和指示精神。某些方案属于对外贸易业务，更要注意政策性和策略性。

2. 在制订方案前要做好深入调查研究，以实际情况和可靠的数据为依据。

3. 方案中所提出的要完成的任务、达到的指标，必须明确、具体。为完成任务而定出的具体措施和办法必须切实可行。

4. 写作方案的语言需简明扼要。文章要条理清楚，格式规范。

五、方案的种类

对外贸易工作中，要根据不同的工作情况制订各种方案。常见的有以下几种：

1. 接待方案。在一定时期内做出的，接待来宾从目的、原则、态度到具体日程和方法的安排。

2. 商品推销方案。在某一时期内，为了扩大商品的销售所做出的推销措施安排。

3. 商品经营方案。在某一时期内，对某项商品的管理筹划、生产、销售所做出的具体安排。

4. 谈判方案。买卖中的一方为了与对方达成某种交易，事先对洽谈的项目、交易的条件、谈判的方式、方法、步骤，可能出现的问题，应变的措施做出具体安排的书面材料。

例文及简析

【例一】

天津纺织品进出口公司接待日本
××会社董事长来访方案

应我公司邀请，日本××株式会社董事长××××等一行五人将于今年 8 月中旬来津进行友好访问。时间暂定一周。

该株式会社与我公司有多年的贸易关系，对中日贸易比较积极。董事长等初次来访，主要是为了答谢我公司在业务上对该会社的支持，并进一步发展双方的贸易关系。

我公司本着促进友好，发展业务的精神给予接待。集体安排如下：

（一）外宾抵津及离津时，均由有关业务处处级干部及有关业务人员迎送。

（二）由公司经理会见并宴请一次。

（三）由有关业务处初级干部负责洽谈。

（四）对方来函要求参观仁利毛纺厂等四个单位。我公司同意并拟请有关单位安排接待时间及地点。

（五）外宾在津期间可适当安排参观游览及文娱活动。

（六）外宾在津费用自理。

附：外宾名单（略）

天津纺织品进出口公司

××××年××月××日

【例二】

"瘦身男女"促销活动方案

近年来，中国美体市场竞争激烈，在市场销售量居前列的产品促销经费投入巨大，各种品牌纷纷采取相应的促销措施。为了扩大市场占有率，提高产品知名度，广州天龙美健美容公司生产的"瘦身男女"减肥产品计划开展促销活动，活动方案如下：

一、活动主题：春之恋。

二、活动时间：3月1日—5月31日。

三、活动目的：利用春天气候回暖的有利时机，开发新的消费群体并稳固老顾客。

四、活动口号：春光明媚无限美，"瘦身男女"——挡不住的诱惑。

五、活动地点：各终端俱乐部。

六、活动步骤：

1. 代理商准备……

2. 俱乐部准备……

3. 活动实施……

七、活动经费。

广州天龙美健美容公司

××××年××月××日

【简析】

1. 例一中的这个方案简要介绍来访对象、来访目的及接待原则，具体阐述了接待的活动安排。体现了接待方案的一般写法。

2. 例二中的方案标题由"商务活动名称"＋"文种"组成。前言部分概括介绍商务活动的背景、目的和预期效果。主体部分则体现了商务活动的主题、执行时间、实施场所、参与活动的相关人员、措施、操作步骤以及经费预算等内容。

实练题：

一、改错题

1. 你认为以下这份接待方案内容是否完整？请你指出缺少的部分并改正。

【背景】

重庆市某大学团委接到市团委的一项通知，为纪念中日邦交正常化 30 周年，以日本青年团协议会会长东和文为团长，由日本各界青年组成的日本青年代表团于 2002 年 9 月 21 日至 9 月 25 日来渝访问。要求该校团委负责代表团在渝期间的有关接待工作。校团委委员施席按通知要求草拟了一份接待方案。

【方案】

日本青年代表团在渝接待方案

一、时间

2002 年 9 月 21 日—9 月 25 日。

二、活动内容

参观合川"小渊基金"项目、举办西部大开发座谈会、民俗活动、与本地大学生联欢会、参观大足石刻等。

三、接待日程

日期	时间	活动安排
9 月 21 日 （星期六）	17：55 19：45—20：10 20：30—21：30	CA1409 抵达重庆 晚餐 观赏重庆夜景
9 月 22 日 （星期日）	09：00—10：00 11：00	早餐 全天民俗活动
9 月 23 日 （星期一）	08：45—10：45 10：45—12：45 13：00—13：45 14：00—18：00 18：00—19：00 19：15—20：45 20：45—21：30	乘车赴大足 参观大足石刻 从大足返回市区 参观四川外语学院校园 晚餐 与大学生联欢 返回酒店

日期	时间	活动安排
9月24日 （星期二）	08：00—08：30 09：00—10：00 10：00—11：00 11：00—11：30 12：00—13：00 13：00—14：00 14：00—17：30 18：00—19：00	早餐 拜会重庆市政府 乘车由市区抵达合川参观"小渊基金"项目 参观合川钓鱼古城 午餐 西部大开发讲座 返回市区 晚餐
9月25日 （星期三）	08：30—09：00 09：30—11：00 11：30—12：10	早餐 参观市容 乘车前往机场，乘 F65980 飞杭州

二、下面这份营销方案语言毛病很多，请指出并改正。

××产品营销方案

很长时间以来，在重庆市场××产品的销售情况不好。经调查发现主要原因是该产品知名度不高，而价位却与知名品牌不相上下，导致销售网点走货很慢，销售额一直维持在较低的水平。为了改变这一状况，公司决定花费大量重金邀请"世策联"专家为××产品会诊，制度如下营销方案。

（一）营销目标

提高产品知名度，改进包装设计，运用价格策略，力争下一年度销售额比上年的200万元增加2倍，达到400万。

（二）实施方案

1. 包装设计

为了提高产品形象，在保留现有包装高贵、典雅、质朴、大方、新颖别致、小巧玲珑特点的基础上，更要在美观实用的形状的选择、赏心悦目的图案的创意、和谐愉悦的色彩运用、错落有致的文字美化、大小适中的体积的设计方面，体现出崭新额时代气息、超前的时尚潮流、动人的商家热忱、精致的工艺品乐趣，吸引消费者往返，爱不释手，必欲一买为快。

2. 价格制定

经过周密调查，产品销售业绩不佳的主要原因是价格偏高。在努力提高产品知名度的同时，可以在产品推广期间阶段适当调低价格，零售价从180元降到90元，降低一倍。待产品达到销售速度较快增长的成长期再恢复原价。

三、为了积极推销地毯现货，扩大出口，多收外汇，经公司领导决定，于×月×日邀请外商来汕头访问并洽谈业务。请以汕头地毯进出口公司的名义制定一份接待外商洽谈地毯业务的方案。

四、十一黄金周"即将到来，请为某品牌服装制订一份黄金周促销活动方案。

第八节　调研报告

知识链接

从《山公启事》看古代的人才调研

山涛是有名的"竹林七贤"之一，字巨源，河内人。《晋书》中说，山涛早孤，居贫，性好《庄》、《老》，每每低调做人，注重修砥德行，官至吏部尚书，司徒。《资治通鉴》中提到："涛甄拔人物，各为题目而奏之，时称《山公启事》"，意思即是说，山涛在举荐人才时，根据所选人才的不同特点，分别题奏，时称《山公启事》。从史书的这一段记载来看，山涛在担任皇帝参谋助手，向皇帝举荐人才时，注意甄别所选人才的特点，而加以评价。"甄"在古汉语中是由制陶器的转轮而引申为培育、选拔人才。这一点很重要，因为对人的特点、品德加以定性、定位、定型的概括，又要写在奏折上，接受上级、下级、时间的检验，这既需要扎实的考察功底，又需要评价人的准确性，更需要有忠直、胆识、责任心。

一、调研报告的定义

调研报告是对商务工作中的某种现象进行调查，在掌握充足资料的基础上，将调查收集到的材料加以系统整理，分析研究，以书面形式向组织和领导汇报调查情况的一种文书。

二、调研报告的作用

1. 调研报告是企业经营决策的重要依据

调研报告能够集中地、全面地反映商务工作的现状及发展趋势，是商务信息的重要载体。通过调研报告，企业经营决策者可以把握准确的商务信息，提高企业竞争力，为企业创造良好的经济效益提供有力的保证。

2. 调研报告是进行商务活动的重要情报

调研报告不仅有调查结果的客观反映，往往还有对调研结果的科学分析，因此在帮助经济管理部门了解商务工作情况，掌握商务活动变化动态方面能够起到决策参谋作用。撰写和提供调研报告，目的是为商务活动制定经济发展计划和宏观管理提供重要的资料。

三、调研报告的特点

1. 客观性

调研报告是在占有大量现实和历史资料的基础上，用叙述性的语言实事求是地反映某一客观事物，写作时必须尊重客观规律，符合实际情况，充分了解实情，全面掌握真实可靠的素材是写好调研报告的基础。

2. 针对性

调研报告一般有比较明确的意向，相关的调查取证都是针对和围绕某一综合性或是专题性问题展开的，具有一定的典型意义。所以，调研报告反映的问题集中而有深度，能够解决商务活动中带有一定普遍性的问题。

3. 逻辑性

调研报告离不开确凿的事实，但又不是材料的机械堆砌，而是对核实无误的数据和实施进行严密的逻辑论证，探明事物发展变化的原因，预测事物发展变化的趋势，提示本质性和规律性的东西，得出科学的结论。

4. 时效性

调研报告是反映市场变化状况的重要信息载体，市场状况瞬息万变，调研报告必须快速准确地反映市场变化，为经济工作提供有价值的决策依据。

四、调研报告的结构内容

调研报告一般由标题和正文两部分组成。

（一）标题

标题可以有两种写法。

一种是规范化的标题格式，即"发文主题"加"文种"，基本格式为"××关于××××的调研报告"、"关于××××的调研报告"、"××××调查"等。

另一种是自由式标题，包括陈述式、提问式和正副题结合使用的三种。陈述式如《关于西安居民个人投资意愿及现状的调研报告》；提问式如《开放 B 股会引发居民外汇储蓄下降吗》；正副标题结合式，正题陈述调研报告的主要结论或提出中心问题，副题标明调查的对象、范围、问题，这实际上类似于"发文主题"加"文种"的规范格式，如《绿色消费逐渐受青睐——城市居民绿色消费观念及消费行为的专题调查》等。

（二）正文

正文一般分前言、主体、结尾三部分。

1. 前言。有几种写法：

（1）写明调查的起因或目的、时间和地点、对象或范围、经过与方法，以及人员组成等调查本身的情况，从中引出中心问题或基本结论来；

（2）写明调查对象的历史背景、大致发展经过、现实状况、主要成绩、突出问题等基本情况，进而提出中心问题或主要观点；

（3）开门见山，直接概括出调查的结果，如肯定做法、指出问题、提示影响、说明中心内容等。前言起到画龙点睛的作用，要精炼概括，直切主题。

2. 主体。这是调研报告最主要的部分，这部分详述调查研究的基本情况、做法、经验，以及分析调查研究所得材料中出现的各种具体认识、观点和基本理论。

3. 结尾。结尾的写法也比较多，可以提出解决问题的方法、对策或下一步改进工作的建议；或总结全文的主要观点，进一步深化主题；或提出问题，引发人们的进一步思考；或展望前景，发出鼓舞和号召。

五、调研报告的写作要求

（一）做好调查研究工作

调查研究工作，是写调查报告关键的一环。为了做好调查研究工作，事前应有充足的准备。为了保证调查有条不紊地进行，达到预期的目的，要拟定一个调查提纲。提纲写明调查的目的要求、调查的对象和项目、调查的方法和进度安排等。

（二）充分占有材料

要详尽地、系统地、全面地占有一切有关的材料。使用材料要经过精心的鉴别、严格的筛选。要善于运用典型材料，有力地证明观点，使人感到具体实在，有较强的说服力。

（三）夹叙夹议，不空发议论

调研报告是一种陈述性与说理性相结合的文体。调研报告往往夹叙夹议，以事实证明观点、以材料统摄材料，做到观点与材料的高度统一。

（四）观点和材料要统一

调研报告要有鲜明的观点，要有真实充足的材料。调研报告只有做到观点和材料的统一，才具有较强的说服力。要做到二者的有机统一首先须摆出观点，然后安排材料，也可以先叙述事实发表议论，表明观点。

（五）用好数字材料

调研报告中，精确的统计数字就是具有强烈说服力的事实，它可以简明扼要地说明问题。要善于用数字说明事物的发展变化，以及一事物与另一事物的内在联系，不要用孤立的数字作为灵丹妙药去"联系"所有问题。

（六）结论要鲜明突出

报告的结论要鲜明突出，置于篇首、篇末关键处，使其醒目，引人注意。

（七）语言力求生动活泼

像机关公文那样，调研报告的语言也求准确、通顺、精炼，除此之外，它还要求尽可能使用有生气的通俗语言，使用必要的修辞手法，使语言生动活泼，为大家喜闻乐见。

（八）可以图文并茂

在调研报告中，较多使用数字材料来说明问题。但如果简单罗列数字，会使调研报告枯燥乏味，而适当使用统计图表，则可以使数字说明达到简明、直观、醒目的效果。

例文及简析

【例一】

2001 年北京奶制品消费状况调研报告

为准确、客观了解消费者对奶粉品牌、奶粉类别、奶粉功能、奶粉质量等方面的评价及需求，给现有奶粉厂商和准备进入这一市场的奶粉厂商指定营销策略提供参考依据，北京英昊亚太咨询有限公司于 2001 年 10 月 13 日至 10 月 22 日，采用随机抽样方法（在北京市八城区→随机抽出 16 个街道→随机抽出 32 个居委会→随机抽出 1500 个家庭）对 1500 个家庭进行了电话调查，其中现在在喝奶粉的家庭为 309 个。

一、奶粉市场仍占据乳品市场的半壁江山

目前，我国居民的乳品消费量只相当于世界平均水平的 1/5 左右，消费主要集中在城镇。近几年来，液态保鲜奶进入市场，有相当一部分消费者从喝奶粉转向喝鲜奶，于是奶粉的占有率相对缩小。由于乳品的整体市场容量成明显上升趋势，因此，奶粉虽然在乳品市场的占有率缩小了，但总体的市场容量仍会明显增加。……

二、雀巢、伊利市场占有率排名领先

调查数据显示：雀巢、伊利占领第一梯队。本次调查显示，在消费者现在喝的奶粉品牌中，雀巢排在首位，占 21.4%。紧随其后的是伊利，以 19.4% 的产品使用率进入了奶粉市场的第一梯队。……

三、消费比率最高是学生奶粉

在奶粉市场，学生奶粉消费比率最高，占整个奶粉市场的 1/3，达到 34.0%。也可以说学生奶粉较其他几种奶粉类别市场容量大。……

四、制品消费数量

从总体上看，奶粉市场每月喝 1～2 袋的消费者最多，每月喝 1 袋的比率占 38.8%；每月喝两袋奶粉的比率占 32.1%，两项合计为 79.9%。每月喝 3 袋以上奶粉的消费者合计为 29.1%，这部分消费群体主要是婴儿和学生……

五、奶粉市场品牌忠诚度高

调查结果显示，奶粉市场品牌忠诚度较高。……

六、消费者购买的心理价位

调查显示，消费者对奶粉产品每袋最能接受的价格是 15 元左右。

七、了解品牌渠道

电视广告，超市和商场是消费者了解奶粉品牌的主要渠道。……

八、给奶粉新品牌的营销建议

如果你是一个新进入奶粉市场的品牌，想扩大自己的营销区域，提高市场占有率。我们建议你按以下营销思路运作市场。

1. 目标市场：可同时进入不同的细分市场或选择进入几个容量较大的目标市场。产品卖点：奶味香浓，纯度高；随时随地有喝鲜奶的感觉；见水即溶，无颗粒，不沉淀；含多种微量元素，营养价值高；易保存，不变质。产品包装：分两种，即 500 克和 300 克的，均为分袋包装。这样，整个包装要比一般奶粉品牌的包装大 1.5 倍左右。同时，要针对不同的细分市场，设计出各类消费者感兴趣的包装画面。价格定位：500克包装，15 元左右；300 克包装，10 元左右。销售渠道：超市，直供；商场，直供；视频批发市场，分级代理。

2. 广告与促销：广告，做电视广告；促销，不间断地在各类卖场做各种形式的促销活动。

3. 软性新闻宣传：在几类主要的大众媒体上以软文形式宣传品牌、产品的特色，以便在消费者心目中树立专业品牌的形象。

4. 定期做各类市场调查：定期对产品的概念、口味、包装、价格、广告、促销活动、品牌形象等进行市场调研，了解不同年龄段消费者的个性需求，以便制定出符合消费者需求的销售策略。

【简析】

以上这篇文章很好地体现了一般调研报告的结构内容。标题采用规范化的标题格式，准确说明调研对象、范围及主题思想。前言简要说明调研的基本情况，包括调研目的、时间、地点、对象、范围、方法和调查样本的情况。主体部分描述了调研对象的现状、指出存在的问题，并进行分析论述。结尾根据调研结果得出结论，提出了工作建议。

【例二】

日用消费品市场竞争探秘

——洗衣粉购买动机的调研报告

在社会主义市场经济条件下，一个企业要生存、要发展，首先要解决的是产品销售问题。怎样在激烈的市场竞争中打开销路，占领市场，是每个生产厂家所面临的现实问题。

2010年暑假期间，襄樊财税贸易学校的学生参加了中国统计教育学会组织的调研活动。在这次活动中，对襄樊4县4市4区进行调查，选择了日用消费品中销量大、销售面广的洗衣粉进行问卷调查。选取了"活力28"、"七巧板"、"活力28新一代"、"一枝花"等几种品牌。调查中发出问卷400份，回收352份。其中城镇家庭238户，农村家庭114户，回收率为88%。在这次调查中得到如下启示。

启示之一：同类产品看质量

通过对调查资料的分析，我们发现在各种洗涤用品中，城镇与乡村对不同品牌的需求首先注重的就是质量。在我们调查的352户中，近期购买"活力28"的有132户，占总调查数的37.5%。购买"活力28新一代"的有81户，占23.01%；购买"一枝花"的有25户，占7.10%。"活力28"和"七巧板"需求水平相近，但前者高出后者5.11个百分点。在激烈的市场竞争中，企业产品市场占有率多出其他品牌5%，这就足以证明该产品所具有的竞争优势。

"活力28"的竞争优势在哪里呢？从表1可以看出，"活力28"在质量的评价上明显优于其他品牌。

在城市，人们对"活力28"内在质量非常满意的有90户，占37.82%；而对"七巧板"质量非常满意的有35户，占14.71%。城镇居民在对洗衣粉内在质量要求上，不仅是考虑洗衣效果，而且还从无副作用、清香程度等方面进行评价。在农村，人们对"活力28"质量非常满意的有45户，占39.47%；而对"七巧板"非常满意的则有

22 户，占 19.30%。调查显示，城镇和农村对"活力 28"的质量都很满意。

表 1　襄樊城乡居民对洗衣粉质量满意程度对比表

品牌	非常满意（%）		比较满意（%）		一般（%）		不满意（%）	
	城镇	农村	城镇	农村	城镇	农村	城镇	农村
活力 28	37.82	39.74	43.69	35.09	5.97	21.93	2.52	3.51
活力 28 新一代	44.12	49.12	31.94	25.44	22.27	21.05	1.67	4.39
七巧板	14.71	19.30	32.77	35.96	40.76	32.46	11.76	12.28
一枝花	14.71	18.42	34.87	33.33	38.24	38.60	12.18	9.65

对同一企业生产的产品，"活力 28"和"活力 28 新一代"的质量高。城镇居民对前者非常满意的占 44.12%，超出后者 6.3 个百分点。"新一代"具有用量少、去污力强、洗涤时间短等优势。

启示之二：同等质量看宣传

在调查中，针对企业宣传产品，采访了部分居民。相信电视广告的为 78.9%。调查资料表明，在农村 114 户中，比较满意"七巧板"的广告效果的有 47 户，占 41.23%；"一枝花"的满意户数有 42 户，，占 36.84%。这表明"七巧板"虽然在质量上同"一枝花"差不多，非常满意的都在 19% 左右，但对于广告效果，前者高出后者 4.39 个百分点。人们依然记得，在"七巧板"的广告中两个活泼可爱的小孩争吵高泡或低泡质量好的情景，这足以影响产品的销售量。企业产品不仅仅靠质量，宣传也同样具有举足轻重的作用。

启示之三：同样宣传看价格

调查中，城镇满意广告宣传的，"活力 28"占 68.49%，"新一代"占 72.27%。就宣传而言，两者差别不大。但销售量却有差别，在 352 户中，购买"新一代"有 81 户，"活力 28"为 132 户。这其中价格因素是不容忽视的。

由表 2 看出，城镇居民对价格非常满意和比较满意"活力 28"的，户数共为 106 户，占 44.53%；"新一代"共有 96 户，占 40.33%。他们之间相差 4.2 个百分点，对其销售量有较大影响。"活力 28"销售价格为 3.40 元，"新一代"为 4.46 元。由此看出，收入水平的差异导致对价格承受力也不同，从而对其销售量也有很大程度的影响。这就启发企业应针对不同的消费对象制定合理价格。

表2　襄樊城乡居民对洗衣粉价格满意程度对比表

品牌	非常满意（％）		比较满意（％）		一般（％）		不满意（％）	
	城镇	乡村	城镇	乡村	城镇	乡村	城镇	乡村
活力28	10.50	12.28	34.03	18.42	36.55	41.23	18.92	28.07
活力28新一代	8.82	12.81	31.51	30.18	35.29	34.21	24.38	22.80
七巧板	13.87	15.79	32.35	41.23	41.60	31.58	12.13	11.40
一枝花	8.40	13.16	38.66	29.92	40.34	47.37	12.60	9.55

启示之四：同样价格看包装

价格的制定是依据产品的成本、本身质量以及随供求关系的变化而制定的。在市场上出售的洗衣粉中，"活力28"和"一枝花"价格相近，但从市场占有率查看，"活力28"占37.5％，而"一枝花"只占7.10％。这种差异与商品的包装也有紧密的联系。

城镇居民对包装的满意度，"活力28"占65.55％，"一枝花"占47.90％。调查中一些居民告诉我们，他们对"活力28"的包装很欣赏，不仅包装上采用了袋装，而且还有适合消费心理的大小桶装，更加出色的是它具有里外两层防潮的特点。

结合以上启示，我们对日用消费品生产厂家提出如下建议：

1. 以质量为中心狠抓广告宣传。在抓好质量的前提下，运用多种媒体广泛宣传，提高产品知名度。这里必须指出的是，产品的载体是企业，在提高产品知名度的同时，企业也应当利用多种形式、多种场合，如举办新闻发布会、赞助公益事业，来提高企业知名度，树立良好形象。

2. 针对不同对象同一产品实行两种包装。由于城乡间的收入水平有差异，城镇居民有能力购买质量好且包装精的产品，农民则重视内在质量不太关心包装。为此，生产厂家可采取多种形式，即精装适用于城镇，简单包装是用于农村。

3. 根据不同地区的消费水平制定不同价格。产品价格是影响产品销售的重要因素，价格的高低关系到企业销售收入的多少。商品的市场价格往往受到供求关系及消费水平的影响。其中，消费水平是由消费者对不同价格的承受能力来决定的。如，同一产品在沿海地区价格高一些，居民可以接受；而在内地价格偏高，居民就难以接受。因此，在销售过程中，可以根据当地消费水平，在确保盈利的前提下，适当浮动价格。

【简析】

这篇调研报告的核心是消费者购买洗衣粉的动机。作者根据调研所获取的资料将消费者购买洗衣粉的动机分为质量、广告、价格和包装四个因素。调研报告主体部分的层次结构就是按照这四个因素来安排的。写作方法采取夹叙夹议的方式，以调研资料为依据进行议论，即用事实说话。

这篇调研报告的特点是作者根据调研材料的内在联系来安排文章主体部分的结构层次。文章层次分明、结构井然有序、观点鲜明突出，并且用层层递进的方式剥茧抽丝最终得出结论，回答了文章标题——日用消费品市场竞争的秘密所在。

实练题：

一、阅读下面的调查报告，回答文后问题。

缺乏金融常识　花钱大手大脚

沪上逾九成青少年不会理财

一家调查公司近日进行的一项"中国沿海地区中学生社会文化特征研究"调查显示：每个中学生每年得到的零用钱约为 887.86 元人民币，零食和文化类用品（包括文具、课外书报、参考书、磁带和 VCD）是他们的主要消费方向，37.1% 的中学生在零食上花钱最多，但很少考虑参与储蓄和家庭投资。

孩子们究竟怎么花这笔钱？我们对此进行的调查发现，上海 92.8% 的青少年存在乱消费、高消费、理财能力差的问题，具体表现为花钱大手大脚、盲目攀比，消费呈成人化趋势；93% 的学生缺乏现代城市生活经常触及的基本的经济、金融常识，不清楚自动取款机、银行信用卡的服务功能。另外，虽然不少孩子都在银行有着独立的户头，但大多由父母直接管理，孩子们对存钱取钱、银行利息计算等没有感性认识。

据了解，上海的中小学已经开始注意到了青少年理财教育的重要性。现在小学思想品德课和社会课的教材中已经设置了《不乱花钱》、《商店购物》、《储蓄和保险》等内容；中学高二年级则集中对学生进行有关社会主义市场经济常识的教育，其内容涉及"生活消费与消费文明"、"国民财富和纳税意识"等，另外还介绍了一些关于银行、债券、股票的知识。但是，根据学生年龄特点设置的系统的中小学理财教育还没有形成，受传统的"不言商"思想影响，大多数学校和家庭对青少年理财教育还很陌生。

建议：从小学三年级起开设理财知识课程，普及一些基本的消费知识以及证券、保险等金融知识，还可以建立中小学理财教育基地，组织学生到银行、证券机构参观，另外应该组织专家学者编写深入浅出的教材。

上海团市委学校部

2003 年 9 月 12 日

一、

（1）这个调查报告按照调查对象和反映的内容看，它属于哪种类型？

（2）这个调查报告的标题属于哪种类型？有什么作用？

（3）这个调查报告的前言写了什么？

（4）这个调查报告的主体运用了什么结构形式？请具体说明。

二、根据下面的材料，写一份调查报告。

调查单位：广东省妇联。

调查对象：广州地区5所中小学507名小学生、258名初中生。

调查内容：儿童参与家庭教育情况。

调查结果：41.4%的小学生、46.9%的中学生希望父母富有幽默感；23.5%的小学生、22.5%的中学生表示希望和父母一起玩游戏、上网、娱乐；还有16.2%的小学生、15.1%的中学生认为在家里最喜欢与爸爸妈妈做的事情是聊天、谈心。

有关说明：

（1）由于城市高楼的封闭，现代儿童在课堂外几乎处于与世隔绝的状态，他们缺少共同的游戏和集体性的娱乐。

（2）现代生活节奏的加快导致许多家长缺少与孩子的交流和沟通。

（3）不少现代儿童生活在内心的孤寂当中，其心灵健康容易受到损害，久而久之甚至会患上儿童抑郁症。

（4）儿童患抑郁症与孩子失去关爱、有强烈精神压力未能及时获得排解有密切关系。

（5）患上心理疾患的儿童长大后往往缺乏对他人的人情关照和对社会、家庭的责任感。

有关建议：最理想的预防抑郁症的方法是和谐的家庭氛围。调查中4成孩子"盼父母幽默"是孩子内心自我调节机制的表现，为保证儿童心灵健康，家长应增进与孩子的感情交流，努力培养孩子乐观宽容的性格。

单元综合训练

一、阅读下面一份条据，指出它属于哪一类

王月生：

　　上月你请鲍天同志带给我的叁佰元，现仍托他带回，请点收。

李　明

1999 年 5 月

二、下面是谢冰莹去拜访柳亚子，没见到人，留下的一张纸条。阅读并思考：便条与书信有什么异同

亚：

　　特来，你不在，失望之苦，写不出！

　　几天来，过的是非人的生活，我不知我会苦痛到这个地步的。天！我究竟是犯了什么罪呢？一个社会主义思想的女子，而受……苦痛，恐怕天下只有我一个人吧！

　　你们何时回来？我不能等了。明天早晨第一、二堂课是我的国文，有信可送至学校。

　　给小鹿一本书，请代我着人送去，明天一定要送去！

　　不写了。我昨晚不在霞飞坊，今晚仍旧不在。

　　祝

健康！

冰　莹

11 月 6 日下午四时二十五分（1932）年

我此刻去林语堂家，你回来时，请打一电话给我。

三、下列问题有什么特点？试作简要分析

　　1. 一座教堂里，有一天，一位教士正在做礼拜的时候突然烟瘾发作，便问他的上司："我祈祷时可以抽烟吗？"结果他的这一请求遭到了他的上司的拒绝和责备。后来另一位教士也熬不住烟瘾，但他却用另外一种口气问他的上司："我吸烟时可以祈祷吗？"上司听后竟微笑并表示赞许。

　　2. 在某地，茶室里的客人在喝可可时都喜欢放个鸡蛋，所以，侍者在问客人时都要问一句："要不要放鸡蛋？"在另一个茶室里，侍者却问："是放一个还是放两个？"结果，后一个茶室卖出的鸡蛋比前一个茶室卖出的多许多。

　　3. 一群记者在广州访问电影明星。一个问道："你是第一次来广州吗？广州天气好吗？"明星回答："是。天气好。"

四、写作题

　　1. 请根据学校的课程安排制订一份综合性的学习计划或某一学科的专题性学习计划。

　　要求：

　　（1）符合计划的撰写格式：标题、正文、署名和日期三个部分要完整；

　　（2）正文要写得明确具体，做什么，怎么做，做到什么程度，采取什么切实措施

等，要分条分项逐一排列。

2. 汕头市××对外贸易公司经营项目有粮油、纺织、五金、化工、机械、土畜产、工艺品等。试为该公司设计一份第八个五年计划出口总额表格。

3. 根据下列内容，为××省旅游局拟写 2002 年的工作总结。

（1）全省风景名胜区有 36 家，国家级景区 9 家，省级景区 9 家，市级景区 18 家，总面积 6950 平方公里，占全省面积的 5% 左右，省级以上景区门票总收入 20000 万元左右。

（2）医巫闾山、青山沟风景名胜区于今年 5 月晋升为国家级景区；锦州北普陀山景区已通过省政府常务会讨论，晋升为省级风景名胜区。

（3）7 月评议审批了本溪水洞风景名胜区详细规划方案。10 月，召开了桓仁万乐岛规划审批会议。

（4）6 月份制订并下发了风景名胜区行业创建"三优"活动方案，11 月初开始，对全省 36 家风景名胜区开展"创三优"活动检查评比。

（5）兴城海滨取消门票的问题，青山沟景区仍存在个人侵占风景区的问题，擅自开发、建设的问题，宣传力度不足、开发力度不够的问题等需要解决。

（6）进一步理顺景区的管理体制，实现经营权和管理权相分离，增强景区的发展后劲。做好世界自然遗产工作的申报事宜。加强省级以上风景名胜区的详细规划的编制工作。这些是明年的工作。

4. 为了积极推销地毯现货，扩大出口，多收外汇，经公司领导决定，于×月×日邀请外商来汕头访问并洽谈业务。请以汕头地毯进出口公司的名义制定一份接待外商洽谈地毯业务的方案。

5. "十一黄金周"即将到来，请为某品牌服装制订一份黄金周促销活动方案。

语文实践活动

学习目标：重点是准确把握应聘中的自我介绍、应聘过程中应注意的事项。难点在于引导学生克服胆怯、紧张心理，准确流畅地进行自我介绍，培养学生的灵活应变能力。

一、通过评析案例学习应聘的相关知识

案例一：

研究生毕业的小刘很健谈，口才甚佳，对自我介绍，他自认为不在话下，所以他从来不准备，看什么人说什么话。他的求职目标是地产策划，有一次，应聘本地一家大型房地产公司，在自我介绍时，他大谈起了房地产行业的走向，由于跑题太远，面试官不得不把话题收回来，自我介绍也只能"半途而止"。

要点：把握应聘时自我介绍的要点和把握时间。自我介绍的时间一般为 3 分钟，表述方式上尽量口语化，切中要害，条理清晰，层次分明。在时间的分配上，第一分钟可谈谈学历等个人基本情况，第二分钟可谈谈工作经历，对于应届毕业生而言可谈相关的社会实践，第三分钟可谈对本职位的理想和对于本行业的看法。如果自我介绍要求在 1 分钟内完成，自我介绍就要有所侧重，突出一点，不及其余。

案例二：

小王去应聘某电视节目制作机构的文案写作，面试时，对方首先让他谈谈相关的实践经历。小王所学的专业虽说是新闻传播类，但偏向于纸质媒体，对电视节目制作这一块实践不多，怎么办？小王只好将自己平时参加的一些校园活动说了一大通，听起来挺丰富，但几乎与电视沾不上边。

要点：只说与职位相关的优点。在面试中要告诉考官，你如何地适合这个工作岗位，那些与面试无关的内容，即使是你引以为荣的优点和长处，你也要忍痛舍弃。

案例三：

阿宏毕业于中部城市的职业中学，带着憧憬南下广东。由于自己是一位中职生，在人才成堆的市场里，阿宏的自信心有点不足，面对面试官常常表现出怯场的情绪，有时很紧张，谈吐不自然。他也明白这种情况不利于面试，但却找不到方法来调控自己。

要点：如何摆脱怯场。谈吐运用"3P 原则"，人力资源专家指出，自我介绍时的谈吐，应该记住"3P 原则"：自信（Positive）、个性（Personal）、中肯（Pertinent）。回答要沉着，突出个性，强调自己的专业与能力，语气中肯，不要言过其实。

二、模拟演练，训练表达能力、应变能力，掌握应聘的技巧和方法

（一）老师与学生一起查找各种应聘材料，根据学生专业特点筛选出几个典型的材料，将学生分成相应的几个小组，分别组建不同的模拟公司（如电脑公司、4S 店、财务公司、广告公司等），预设招聘岗位，进行演练，组内学生轮流担任招聘人员和应聘人员。

根据面试常设问题，结合学生专业，和学生一起讨论预设招聘人员的"问题"。

（二）学生分组模拟演练。

（三）各组推荐优秀应聘者在全班展示。

三、讨论、评价与点拨

主要针对应聘者的语言表达、精神面貌和应变能力等方面来评价，既要指出不足，又要发现、肯定优点。最后应让同学谈谈应聘的体会，找找自己离成功的应聘还有多大的差距。

附件：《应聘登记表》

应聘登记表

应聘职位：　　　　　　　　　　　　　　　　填表时间：　　年　　月　　日

姓　名		性别		出生年月		身高		贴
户口所在地		民族		婚姻状况		体重		照
政治面貌		最高学历						片
毕业学校						所学专业		处
身份证号				联系电话				
现在住址								

教育背景	何时至何时	学校（培训机构）名称	专业或培训内容	是否毕业

工作经历	何时至何时	在何单位工作	任何职务	离职（调动）原因

家庭成员及主要社会关系					
姓　名	性别	年龄	与本人关系	工作单位	住址及电话

个人专长和成果描述：

面试问题：

当前你与原工作单位的关系：□无关系　□辞职　□退休　□内退　□其他＿＿＿＿＿＿＿＿＿＿

你的档案在何处：□原单位　□人才服务机构　□其他＿＿＿＿＿＿＿＿＿＿＿＿＿＿＿＿＿＿＿

你的期望月薪：＿＿＿＿＿元，＿是否需要提供住宿：＿＿＿＿＿＿＿＿＿＿＿＿＿＿＿＿＿＿＿

其他要求：＿＿＿＿＿＿＿＿＿＿＿＿＿＿＿＿＿＿＿＿＿＿＿＿＿＿＿＿＿＿＿＿＿＿＿＿＿＿＿

初试意见	仪表言谈（　　）、进取精神（　　）、思维能力（　　）、教育背景（　　） 专业水平（　　）、观念意识（　　）、工作经验（　　）、薪酬要求（　　） 评语： 面试人：　　　　　　　　　　　　　　　　　　　年　　月　　日
复试意见	评语：

附录一

《中华人民共和国国家标准标点符号用法》

（中华人民共和国国家标准 GB/T 15834 – 1995）

国家技术监督局 1995 年 12 月 13 日发布，1996 年 6 月 1 日施行

1. 范围

本标准规定了标点符号的名称、形式和用法。本标准对汉语书写规范有重要的辅助作用。

本标准适用于汉语书面语。外语界和科技界也参考使用。

2. 定义

本标准采用下列定义。

句子（sentence）。前后都有停顿，并带有一定的语调，表示相对完整意义的语言单位。

陈述句（declarative sentence）。用来说明事实的句子。

祈使句（imperative sentence）。用来要求听话人做某件事情的句子。

疑问句（interrogative sentence）。用来提出问题的句子。

感叹句（exclamatory sentence）。用来抒发某种强烈感情的句子。

复句、分句（complex sentence，clause）。意思上有密切联系的小句子组织在一起构成一个大句子。这样的大句子叫复句，复句中的每个小句子叫分句。

（词语 expression）、词和短语（词组）。词，即最小的能独立运用的语言单位。短语，即由两个或两个以上的词按一定的语法规则组成的表达一定意义的语言单位，也叫词组。

3. 基本规则

3.1　标点符号是辅助文字记录语言的符号，是书面语的有机组成部分，用来表示停顿、语气以及词语的性质和作用。

3.2　常用的标点符号有 16 种，分点号和标号两大类。

点号的作用在于点断，主要表示说话时的停顿和语气。点号又分为句末点号和句内点号。句末点号用在句末，有句号、问号、叹号 3 种，表示句末的停顿，同时表示句子的语气。句内点号用在句内，有逗号、顿号、分号、冒号 4 种，表示句内的各种不同性质的停顿。

标号的作用在于标明，主要标明语句的性质和作用。常用的标号有 9 种，即：引号、括号、破折号、省略号、着重号、连接号、间隔号、书名号和专名号。

4. 用法说明

4.1　句号

4.1.1　句号的形式为"。"。句号还有一种形式，即一个小圆点"."，一般在科技文献中使用。

4.1.2　陈述句末尾的停顿，用句号。例如：

a）北京是中华人民共和国的首都。

b）虚心使人进步，骄傲使人落后。

c）亚洲地域广阔，跨寒、温、热三带，又因各地地形和距离海洋远近不同，气候复杂多样。

4.1.3　语气舒缓的祈使句末尾，也用句号。例如：请您稍等一下。

4.2　问号

4.2.1　问号的形式为"？"。

4.2.2　疑问句末尾的停顿，用问号。例如：

a）你见过金丝猴吗？

b）他叫什么名字？

c）去好呢，还是不去好？

4.2.3　反问句的末尾，也用问号。例如：

a）难道你还不了解我吗？

b）你怎么能这么说呢？

4.3　叹号

4.3.1　叹号的形式为"！"。

4.3.2　感叹句末尾的停顿，用叹号。例如：

a）为祖国的繁荣昌盛而奋斗！

b）我多么想看看他老人家呀！

4.3.3　语气强烈的祈使句末尾，也用叹号。例如：

a）你给我出去！

b）停止射击！

4.3.4 语气强烈的反问句末尾，也用叹号。例如：

我哪里比得上他呀！

4.4 逗号

4.4.1 逗号的形式为"，"。

4.4.2 句子内部主语与谓语之间如需停顿，用逗号。例如：

我们看得见的星星，绝大多数是恒星。

4.4.3 句子内部动词与宾语之间如需停顿，用逗号。例如：

应该看到，科学需要一个人贡献毕生的精力。

4.4.4 句子内部状语后边如需停顿，用逗号。例如：

对于这个城市，他并不陌生。

4.4.5 复句内各分句之间的停顿，除了有时要用分号外，都要用逗号。例如：据说苏州园林有一百多处，我到过的不过十多处。

4.5 顿号

4.5.1 顿号的形式为"、"。

4.5.2 句子内部并列词语之间的停顿，用顿号。例如：

a）亚马逊河、尼罗河、密西西比河和长江是世界四大河流。

b）正方形是四边相等、四角均为直角的四边形。

4.6 分号

4.6.1 分号的形式为"；"。

4.6.2 复句内部并列分句之间的停顿，用分号。例如：

a）语言，人们用来抒情达意；文字，人们用来记言记事。

b）在长江上，瞿塘峡像一道闸门，峡口险阻；巫峡像一条迂回曲折的画廊，每一曲，每一折，都像一幅绝好的风景画，神奇而秀美；西陵峡水势险恶，处处是急流，处处是险滩。

4.6.3 非并列关系（如转折关系、因果关系等）的多重复句，第一层的前后两部分之间，也用分号。例如：我国年满十八周岁的公民，不分民族、种族、性别、职业、家庭出身、宗教信仰、教育程度、财产状况、居住年限，都有选举权和被选举权；但是依照法律被剥夺政治权利的人除外。

4.6.4 分行列举的各项之间，也可以用分号。例如：

中华人民共和国行政区域划分如下：

（一）全国分为省、自治区、直辖市；

（二）省、自治区分自治州、县、自治县、市；

（三）县、自治县分乡、民族乡、镇。

4.7　冒号

4.7.1　冒号的形式为"："。

4.7.2　用在称呼语后边，表示提起下文。例如：

同志们，朋友们：现在开会了。

4.7.3　用在"说、想、是、证明、宣布、指出、透露、例如、如下"等词语后边，表示提起下文。例如：

他十分惊讶地说："啊，原来是你！"

4.7.4　用在总括性话语的后边，表示引起下文的分说。例如：

北京紫禁城有四座城门：午门、神武门、东华门和西华门。

4.7.5　用在需要解释的词语后边，表示引出解释或说明。例如：

外文图书展销会

日期：10 月 20 日至 11 月 10 日

时间：上午 8 时至下午 4 时

地点：北京朝阳区工体东路 16 号

主办单位：中国图书进出口总公司

4.7.6　总括性话语的前边，也可以用冒号，以总结上文。例如：

张华考上了北京大学，在化学系学习；李萍考进了中等技术学校，读机械制造专业；我在百货公司当售货员：我们都有光明的前途。

4.8　引号

4.8.1　引号的形式为双引号""""和单引号"''"。

4.8.2　行文中直接引用的话，用引号标示。例如：

a）爱因斯坦说："想象力比知识更重要，因为知识是有限的，而想象力概括着世界上的一切，推动着进步，并且是知识进步的源泉。"

b）"满招损，谦受益"这句格言，流传到今天至少有两千年了。

c）现代画家徐悲鸿笔下的马，正如有的评论家所说的那样，"神形兼备，充满生机"。

4.8.3　需要着重论述的对象，用引号标示。例如：

古人对于写文章有个基本要求，叫做"有物有序"。"有物"就是要有内容，"有序"就是要有条理。

4.8.4　具有特殊含意的词语，也用引号标示。例如：

a）从山脚向上望，只见火把排成许多"之"字形，一直连到天上，跟星光接起来，分不出是火把还是星星。

b）这样的"聪明人"还是少一点好。

4.8.5　引号里面还要用引号时，外面一层用双引号，里面一层用单引号。例如：

他站起来问："老师，'有条不紊'的'紊'是什么意思？"

4.9　括号

4.9.1　括号常用的形式是圆括号"（ ）"。此外还有方括号"〔 〕"、六角括号"〔 〕"和方头括号"【 】"。

4.9.2　行文中注释性的文字，用括号标明。注释句子里某种词语的，括注紧贴在被注释词语之后；注释整个句子的，括注放在句末标点之后。例如：

a）中国猿人（全名为"中国猿人北京种"，或简称"北京人"）在我国的发现，是对古人类学的一个重大贡献。

b）写研究性文章跟文学创作不同，不能摊开稿纸搞"即兴"。（其实文学创作也要有素养才能有"即兴"。）

4.10　破折号

4.10.1　破折号的形式为"——"。

4.10.2　行文中解释说明的语句，用破折号标明。例如：

a）迈进金黄色的大门，穿过宽阔的风门厅和衣帽厅，就到了大会堂建筑的枢纽部分——中央大厅。

b）为了全国人民——当然包括自己在内——的幸福，我们每个人都要兢兢业业，努力工作。

4.10.3　话题突然转变，用破折号标明。例如：

"今天好热啊！——你什么时候去上海？"张强对刚刚进门的小王说。

4.10.4　声音延长，象声词后用破折号。例如：

"呜——"火车开动了。

4.10.5　事项列举分承，各项之前用破折号。例如：

根据研究对象的不同，环境物理学分为以下五个分支学科：

——环境声学；

——环境光学；

——环境热学；

——环境电磁学；

——环境空气动力学。

4.11 省略号

4.11.1 省略号的形式为"……",六个小圆点,占两个字的位置。如果是整段文章或诗行的省略,可以使用十二个小圆点来表示。

4.11.2 引文的省略,用省略号标明。例如:

她轻轻地哼起了《摇篮曲》:"月儿明,风儿静,树叶儿遮窗棂啊……"

4.11.3 列举的省略,用省略号标明。例如:

在广州的花市上,牡丹、吊钟、水仙、梅花、菊花、山茶、墨兰……春秋冬三季的鲜花都挤在一起啦!

4.11.4 说话断断续续,可以用省略号标示。例如:

"我……对不起……大家,我……没有……完成……任务"。

4.12 着重号

4.12.1 着重号的形式为"﹒"。

4.12.2 要求读者特别注意的字、词、句,用着重号标明。例如:

4.13 连接号

4.13.1 连接号的形式为"—",占一个字的位置,连接号还有另外三种形式,即长横"——"(占两个字的位置)、半字线"‐"(占半个字的位置)和浪纹"~"(占一个字的位置)。

4.13.2 两个相关的名词构成一个意义单位,中间用连接号。例如:

a)我国秦岭—淮河以北地区属于温带季风气候区,夏季高温多雨,冬季寒冷干燥。

b)复方氯化钠注射液,也称任—洛二氏溶液(Ringer-Locke solution),用于医疗和哺乳动物生理学实验。

4.13.3 相关的时间、地点或数目之间用连接号表示起止。例如:

a)鲁迅(1881—1936)中国现代伟大的文学家、思想家和革命家。原名周树人,字豫才,浙江绍兴人。

b)"北京—广州"直达快车

c)梨园乡种植的巨峰葡萄今年已进入了丰产期,亩产1000公斤~1500公斤。

4.13.4 相关的字母、阿拉伯数字等之间,用连接号,表示产品型号。例如:

在太平洋地区,除了已建成投入使用的 HAW-4 和 TPC-3 海底光缆之外,又有TPC-4海底光缆投入运营。

4.13.5 几个相关的项目表示递进式发展,中间用连接号。例如:

人类的发展可以分为古猿—猿人—古人—新人这四个阶段。

4.14　间隔号

4.14.1　间隔号的形式为"·"。

4.14.2　外国人和某些少数民族人名内各部分的分界，用间隔号标示。例如：

列奥纳多·达·芬奇

爱新觉罗·努尔哈赤

4.14.3　书名与篇（章、卷）名之间的分界，用间隔号标示。例如：

《中国大百科全书·物理学》

《三国志·蜀志·诸葛亮传》

4.15　书名号

4.15.1　书名号的形式为双书名号"《》"和单书名号"〈〉"。

4.15.2　书名、篇号、报纸名、刊物名等，用书名号标志。例如：

a）《红楼梦》的作者是曹雪芹。

b）你读过鲁迅的《孔乙己》吗？

c）他的文章在《人民日报》上发表了。

d）桌上放着一本《中国语文》。

4.15.3　书名号里边还要用书名号时，外面一层用双书名号，里边一层用单书名号。例如：

《〈中国工人〉发刊词》发表于 1940 年 2 月 7 日。

4.16　专名号

4.16.1　专名号的形式为"＿＿"

4.16.2　人名、地名、朝代名等专名下面，用专名号标示。例如：

司马相如者，汉蜀郡成都人也，字长卿。

4.16.3　专名号只用在古籍或某些文史著作里面。为了跟专名号配合，这类著作里的书名号可以用浪线"＿＿＿"。例如：

5. 标点符号的位置

5.1　句号、问号、叹号、逗号、顿号、分号和冒号一般占一个字的位置，居左偏下，不出现在一行之首。

5.2　引号、括号、书名号的前一半不出现在一行之末，后一半不出现在一行之首。

5.3　破折号和省略号都占两个字的位置，中间不能断开。连接号和间隔号一般占一个字位置。这四种符号上下居中。

5.4　着重号、专名号和浪线式书名号标在字的下边，可以随字移行。

6. 直行文稿与横行文稿使用标点符号不同。

6.1　句号、问号、叹号、顿号、分号和冒号放在字下偏右。

6.2　破折号、省略号、连接号和间隔号放在字下居中。

6.3　引号改用双引号"『』"和单引号"「」"。

6.4　着重号标在字的右侧，专名号和浪线式书名号标在字的左侧。

附录二

国务院关于发布《国家行政机关公文处理办法》的通知

国发〔2000〕23 号

各省、自治区、直辖市人民政府，国务院各部委、各直属机构：

现发布《国家行政机关公文处理办法》，自 2001 年 1 月 1 日起施行。1993 年 11 月 21 日国务院办公厅发布，1994 年 1 月 1 日起施行的《国家行政机关公文处理办法》同时废止。

国务院
二〇〇〇年八月二十四日

国家行政机关公文处理办法

国务院国发〔2000〕23 号

第一章 总 则

第一条 为使国家行政机关（以下简称行政机关）的公文处理工作规范化、制度化、科学化，制定本办法。

第二条 行政机关的公文（包括电报，下同），是行政机关在行政管理过程中形成的具有法定效力和规范体式的文书，是依法行政和进行公务活动的重要工具。

第三条 公文处理指公文的办理、管理、整理（立卷）、归档等一系列相互关联、衔接有序的工作。

第四条 公文处理应当坚持实事求是、精简、高效的原则，做到及时、准确、安全。

第五条 公文处理严格执行国家保密法律、法规和其他有关规定，确保国家秘密的安全。

第六条 各级行政机关的负责人应当高度重视公文处理工作,模范遵守本办法并加强对本机关公文处理工作的领导和检查。

第七条 各级行政机关的办公厅(室)是公文处理的管理机构,主管本机关的公文处理工作并指导下级机关的公文处理工作。

第八条 各级行政机关的办公厅(室)应当设立文秘部门或者配备专职人员负责公文处理工作。

第二章 公文种类

第九条 行政机关的公文种类主要有:

(一)命令(令)

适用于依照有关法律公布行政法规和规章;宣布施行重大强制性行政措施;嘉奖有关单位及人员。

(二)决定

适用于对重要事项或者重大行动做出安排,奖惩有关单位及人员,变更或者撤销下级机关不适当的决策。

(三)公告

适用于向国内外宣布重要事项或者法定事项。

(四)通告

适用于公布社会各有关方面应当遵守或者周知的事项。

(五)通知

适用于批转下级机关的公文,转发上级机关和不相隶属机关的公文,传达要求下级机关办理和需要有关单位周知或者执行的事项,任免人员。

(六)通报

适用于表彰先进,批评错误,传达重要精神或者情况。

(七)议案

适用于各级人民政府按照法律程序向同级人民代表大会或人民代表大会常务委员会提请审议事项。

(八)报告

适用于向上级机关汇报工作,反映情况,答复上级机关的询问。

(九)请示

适用于向上级机关请求指示、批准。

（十）批复

适用于答复下级机关的请示事项。

（十一）意见

适用于对重要问题提出见解和处理办法。

（十二）函

适用于不相隶属机关之间商洽工作，询问和答复问题，请求批准和答复审批事项。

（十三）会议纪要

适用于记载、传达会议情况和议定事项。

第三章　公文格式

第十条　公文一般由秘密等级和保密期限、紧急程度、发文机关标识、发文字号、签发人、标题、主送机关、正文、附件说明、成文日期、印章、附注、主题词、抄送机关、印发机关和印发日期等部门组成。

（一）涉及国家秘密的公文应当标明密级和保密期限，其中，"绝密"、"机密"级公文还应当标明份数序号。

（二）紧急公文应当根据紧急程度分别标明"特急"、"急件"。其中电报应当分别标明"特提"、"特急"、"加急"、"平急"。

（三）发文机关标识应当使用发文机关全称或者规范化简称；联合行文，主办机关排列在前。

（四）发文字号应当包括机关代字、年份、序号。联合行文，只标明主办机关发文字号。

（五）上行文应当注明签发人、会签人姓名。其中，"请示"应当在附注处注明联系人的姓名和电话。

（六）公文标题应当准确简要地概括公文主要内容并标明公文种类，一般应当标明发文机关。公文标题中除法规、规章名称加书名号外，一般不用标点符号。

（七）主送机关指公文的主要受理机关，应当使用全称或者规范化简称、统称。

（八）公文如有附件，应当注明附件顺序和名称。

（九）公文除"会议纪要"和以电报形式发出的以外，应当加盖印章，联合上报的公文，由主办机关加盖印章；联合下发的公文，发文机关都应当加盖印章。

（十）成文日期以负责人签发的日期为准，联合行文以最后签发机关负责人的签发日期为准。电报以发出日期为准。

（十一）公文如有附注（需要说明的其他事项），应当加括号标注。

（十二）公文应当标注主题词。上行文按照上级机关的要求标注主题词。

（十三）抄送机关指除主送机关外需要执行或知晓公文的其他机关，应当使用全称或者规范化简称、统称。

（十四）文字从左至右横写、横排。在民族自治地方，可以并用汉字和通用的少数民族文字（按其习惯书写、排版）。

第十一条 公文中各组成部分的标识规则，参照《国家行政机关公文格式》国家标准执行。

第十二条 公文用纸一般采用国际标准 A4 型（210mm×297mm），左侧装订。张贴的公文用纸大小，根据实际需要确定。

第四章 行文规则

第十三条 行文应当确有必要，注重效用。

第十四条 行文关系根据隶属关系和职权范围确定，一般不得越级请示和报告。

第十五条 政府各部门依据部门职权可以相互行文和向下一级政府的相关业务部门行文；除以函的形式商洽工作、询问和答复问题、审批事项外，一般不得向下一级政府正式行文。部门内设机构除办公厅（室）外不得对外正式行文。

第十六条 同级政府、同级政府各部门、上级政府部门与下一级政府可以联合行文；政府与同级党委和军队机关可以联合行文；政府部门与相应的党组织和军队机关可以联合行文；政府部门与同级人民团体和具有行政职能的事业单位也可以联合行文。

第十七条 属于部门职权范围内的事务，应当由部门自行行文或联合行文。联合行文应当明确主办部门。须经政府审批的事项，经政府同意也可以由部门行文，文中应当注明经政府同意。

第十八条 属于主管部门职权范围内的具体问题应当直接报送主管部门处理。

第十九条 部门之间对有关问题未经协商一致，不得各自向下行文。如擅自行文，上级机关应当责令纠正或撤销。

第二十条 向下级机关或者本系统的重要行文，应当同时抄送直接上级机关。

第二十一条 "请示"应当一文一事；一般只写一个主送机关，需要同时送其他机关的，应当用抄送形式，但不得抄送其下级机关。"报告"不得夹带请示事项。

第二十二条 除上级机关负责人直接交办的事项外，不得以机关名义向上级机关负责人报送"请示"、"意见"和"报告"。

第二十三条 受双重领导的机关向上级机关行文，应当写明主送机关和抄送机关。上级机关向受双重领导的下级机关行文，必要时应当抄送其另一上级机关。

第五章　发文办理

第二十四条　发文办理指以本机关名义制发公文的过程，包括草拟、审核、签发、复核、缮印、用印、登记、分发等程序。

第二十五条　草拟公文应当做到：

（一）符合国家的法律、法规及其他有关规定。如提出新的政策、规定等，要切实可行并加以说明。

（二）情况确实，观点明确，表述准确，结构严谨，条理清楚，直述不曲，字词规范，标点正确，篇幅力求简短。

（三）公文的文种应当根据行文目的、发文机关的职权和与主送机关的行文关系确定。

（四）拟制紧急公文，应当体现紧急的原因，并根据实际需要确定紧急程度。

（五）人名、地名、数字、引文准确。引用公文应当先引标题，后引发文字号。引用外文应当注明中文含义。日期应当写明具体的年、月、日。

（六）结构层次序号，第一层为"一、"，第二层为"（一）"，第三层为"1."，第四层为"（1）"。

（七）应当使用国家法定计量单位。

（八）文内使用非规范化简称，应当先用全称并注明简称。使用国际组织外文名称或其缩写形式，应当在第一次出现时注明准确的中文译名。

（九）公文中的数字，除成文日期、部分结构层次序数和在词、词组、惯用语、缩略语、具有修辞色彩语句中作为词素的数字必须使用汉字外，应当使用阿拉伯数字。

第二十六条　拟制公文，对涉及其他部门职权范围内的事项，主办部门应当主动与有关部门协商，取得一致意见后方可行文；如有分歧，主办部门的主要负责人应当出面协调，仍不能取得一致时，主办部门可以列明各方理据，提出建设性意见，并与有关部门会签后报请上级机关协调或裁定。

第二十七条　公文送负责人签发前，应当由办公厅（室）进行审核。审核的重点是：是否确需行文，行文方式是否妥当，是否符合行文规则和拟制公文的有关要求，公文格式是否符合本办法的规定等。

第二十八条　以本机关名义制发的上行文，由主要负责人或者主持工作的负责人签发；以本机关名义制发的下行文或平行文，由主要负责人或者由主要负责人授权的其他负责人签发。

第二十九条　公文正式印制前，文秘部门应当进行复核，重点是：审批、签发手续是否完备，附件材料是否齐全，格式是否统一、规范等。经复核需要对文稿进行实质性修改的，应按程序复审。

第六章 收文办理

第三十条 收文办理指对收到公文的办理过程，包括签收、登记、审核、拟办、批办、承办、催办等程序。

第三十一条 收到下级机关上报的需要办理的公文，文秘部门应当进行审核。审核的重点是：是否应由本机关办理；是否符合行文规则；内容是否符合国家法律、法规及其他有关规定；涉及其他部门或地区职权的事项是否已协商、会签；文种使用、公文格式是否规范。

第三十二条 经审核，对符合本办法规定的公文，文秘部门应当及时提出拟办意见送负责人批示或者交有关部门办理，需要两个以上部门办理的应当明确主办部门。紧急公文，应当明确办理时限。对不符合本办法规定的公文，经办公厅（室）负责人批准后，可以退回呈报单位并说明理由。

第三十三条 承办部门收到交办的公文后应当及时办理，不得延误、推诿。紧急公文应当按时限要求办理，确有困难的，应当及时予以说明。对不属于本单位职权范围或者不宜由本单位办理的，应当及时退回交办的文秘部门并说明理由。

第三十四条 收到上级机关下发或交办的公文，由文秘部门提出拟办意见，送负责人批示后办理。

第三十五条 公文办理中遇有涉及其他部门职权的事项，主办部门应当主动与有关部门协商；如有分歧，主办部门主要负责人要出面协调，如仍不能取得一致，可以报请上级机关协调或裁定。

第三十六条 审批公文时，对有具体请示事项的，主批人应当明确签署意见、姓名和审批日期，其他审批人圈阅视为同意。

第三十七条 送负责人批示或者交有关部门办理的公文，文秘部门要负责催办，做到紧急公文跟踪催办，重要公文重点催办，一般公文定期催办。

第七章 公文归档

第三十八条 公文办理完毕后，应当根据《中华人民共和国档案法》和其他有关规定，及时整理（立卷）、归档。个人不得保存应当归档的公文。

第三十九条 归档范围内的公文，应当根据其相互联系、特征和保存价值等整理（立卷），要保证归档公文的齐全、完整，能正确反映本机关的主要工作情况，便于保管和利用。

第四十条 联合办理的公文，原件由主办机关整理（立卷）、归档，其他机关保存复制件或其他形式的公文副本。

第四十一条 本机关负责人兼任其他机关职务，在履行所兼职务职责过程中形成的公文，由其兼职机关整理（立卷）、归档。

第四十二条 归档范围内的公文应当确定保管期限，按照有关规定定期向档案部门移交。

第四十三条 拟制、修改和签批公文，书写及所用纸张和字迹材料必须符合存档要求。

第八章　公文管理

第四十四条 公文由文秘部门或专职人员统一收发、审核、用印、归档和销毁。

第四十五条 文秘部门应当建立健全本机关公文处理的有关制度。

第四十六条 上级机关的公文，除绝密级和注明不准翻印的以外，下一级机关经负责人或者办公厅（室）主任批准，可以翻印。翻印时，应当注明翻印的机关、日期、份数和印发范围。

第四十七条 公开发布行政机关公文，必须经发文机关批准。经批准公开发布的公文，同发文机关正式印发的公文具有同等效力。

第四十八条 公文复印件作为正式公文使用时，应当加盖复印机关证明章。

第四十九条 公文被撤销，视作自始不产生效力；公文被废止，视作自废止之日起不产生效力。

第五十条 不具备归档和存查价值的公文，经过鉴别并经办公厅（室）负责人批准，可以销毁。

第五十一条 销毁秘密公文应当到指定场所由二人以上监销，保证不丢失、不漏销。其中，销毁绝密公文（含密码电报）应当进行登记。

第五十二条 机关合并时，全部公文应当随之合并管理。机关撤销时，需要归档的公文整理（立卷）后按有关规定移交档案部门。工作人员调离工作岗位时，应当将本人暂存、借用的公文按照有关规定移交、清退。

第五十三条 密码电报的使用和管理，按照有关规定执行。

第九章　附　　则

第五十四条 行政法规、规章方面的公文，依照有关规定处理。外事方面的公文，按照外交部的有关规定处理。

　　第五十五条　公文处理中涉及电子文件的有关规定另行制定。统一规定发布之前，各级行政机关可以制定本机关或者本地区、本系统的试行规定。

　　第五十六条　各级行政机关的办公厅（室）对上级机关和本机关下发公文的贯彻落实情况应当进行督促检查并建立督查制度。有关规定另行制定。

　　第五十七条　本办法自 2001 年 1 月 1 日起施行。1993 年 11 月 21 日国务院办公厅发布，1994 年 1 月 1 日起施行的《国家行政机关公文处理办法》同时废止。

附录三

党政机关公文格式国家标准（2012 年最新版）
GB/T 9704—2012

党政机关公文格式

1. 范围

本标准规定了党政机关公文通用的纸张要求、排版和印制装订要求、公文格式各要素的编排规则，并给出了公文的式样。

本标准适用于各级党政机关制发的公文。其他机关和单位的公文可以参照执行。

使用少数民族文字印制的公文，其用纸、幅面尺寸及版面、印制等要求按照本标准执行，其余可以参照本标准并按照有关规定执行。

2. 规范性引用文件

下列文件对于本标准的应用是必不可少的。凡是注日期的引用文件，仅所注日期的版本适用于本标准。凡是不注日期的引用文件，其最新版本（包括所有的修改单）适用于本标准。

GB/T 148 印刷、书写和绘图纸幅面尺寸

GB 3100 国际单位制及其应用

GB 3101 有关量、单位和符号的一般原则

GB 3102（所有部分）量和单位

GB/T 15834 标点符号用法

GB/T 15835 出版物上数字用法

3. 术语和定义

下列术语和定义适用于本标准。

3.1

字 word

标示公文中横向距离的长度单位。在本标准中，一字指一个汉字宽度的距离。

3.2

行 line

标示公文中纵向距离的长度单位。在本标准中，一行指一个汉字的高度加 3 号汉字高度的 7/8 的距离。

4. 公文用纸主要技术指标

公文用纸一般使用纸张定量为 $60\text{g/m}^2 \sim 80\text{g/m}^2$ 的胶版印刷纸或复印纸。纸张白度 $80\% \sim 90\%$ ，横向耐折度 $\geqslant 15$ 次，不透明度 $\geqslant 85\%$ ，pH 值为 $7.5 \sim 9.5$ 。

5. 公文用纸幅面尺寸及版面要求

5.1　幅面尺寸

公文用纸采用 GB/T 148 中规定的 A4 型纸，其成品幅面尺寸为：$210\text{mm} \times 297\text{mm}$ 。

5.2　版面

5.2.1　页边与版心尺寸

公文用纸天头（上白边）为 $37\text{mm} \pm 1\text{mm}$ ，公文用纸订口（左白边）为 $28\text{mm} \pm 1\text{mm}$ ，版心尺寸为 $156\text{mm} \times 225\text{mm}$ 。

5.2.2　字体和字号

如无特殊说明，公文格式各要素一般用 3 号仿宋体字。特定情况可以作适当调整。

5.2.3　行数和字数

一般每面排 22 行，每行排 28 个字，并撑满版心。特定情况可以作适当调整。

5.2.4　文字的颜色

如无特殊说明，公文中文字的颜色均为黑色。

6. 印制装订要求

6.1　制版要求

版面干净无底灰，字迹清楚无断划，尺寸标准，版心不斜，误差不超过 1mm。

6.2　印刷要求

双面印刷；页码套正，两面误差不超过 2mm。黑色油墨应当达到色谱所标 BL100% ，红色油墨应当达到色谱所标 Y80% 、M80% 。印品着墨实、均匀；字面不花、不白、无断划。

6.3　装订要求

公文应当左侧装订，不掉页，两页页码之间误差不超过 4mm，裁切后的成品尺寸允许误差 $\pm 2\text{mm}$ ，四角成 $90°$ ，无毛茬或缺损。

骑马订或平订的公文应当：

a）订位为两钉外订眼距版面上下边缘各 70mm 处，允许误差 ±4mm；

b）无坏钉、漏钉、重钉，钉脚平伏牢固；

c）骑马订钉锯均订在折缝线上，平订钉锯与书脊间的距离为 3mm～5mm。

包本装订公文的封皮（封面、书脊、封底）与书芯应吻合、包紧、包平、不脱落。

7. 公文格式各要素编排规则

7.1　公文格式各要素的划分

本标准将版心内的公文格式各要素划分为版头、主体、版记三部分。公文首页红色分隔线以上的部分称为版头；公文首页红色分隔线（不含）以下、公文末页首条分隔线（不含）以上的部分称为主体；公文末页首条分隔线以下、末条分隔线以上的部分称为版记。

页码位于版心外。

7.2　版头

7.2.1　份号

如需标注份号，一般用 6 位 3 号阿拉伯数字，顶格编排在版心左上角第一行。

7.2.2　密级和保密期限

如需标注密级和保密期限，一般用 3 号黑体字，顶格编排在版心左上角第二行；保密期限中的数字用阿拉伯数字标注。

7.2.3　紧急程度

如需标注紧急程度，一般用 3 号黑体字，顶格编排在版心左上角；如需同时标注份号、密级和保密期限、紧急程度，按照份号、密级和保密期限、紧急程度的顺序自上而下分行排列。

7.2.4　发文机关标志

由发文机关全称或者规范化简称加"文件"二字组成，也可以使用发文机关全称或者规范化简称。

发文机关标志居中排布，上边缘至版心上边缘为 35mm，推荐使用小标宋体字，颜色为红色，以醒目、美观、庄重为原则。

联合行文时，如需同时标注联署发文机关名称，一般应当将主办机关名称排列在前；如有"文件"二字，应当置于发文机关名称右侧，以联署发文机关名称为准上下居中排布。

7.2.5　发文字号

编排在发文机关标志下空二行位置，居中排布。年份、发文顺序号用阿拉伯数字标注；年份应标全称，用六角括号"〔〕"括入；发文顺序号不加"第"字，不编虚位（即 1 不编为 01），在阿拉伯数字后加"号"字。

上行文的发文字号居左空一字编排，与最后一个签发人姓名处在同一行。

7.2.6　签发人

由"签发人"三字加全角冒号和签发人姓名组成，居右空一字，编排在发文机关标志下空二行位置。"签发人"三字用3号仿宋体字，签发人姓名用3号楷体字。

如有多个签发人，签发人姓名按照发文机关的排列顺序从左到右、自上而下依次均匀编排，一般每行排两个姓名，回行时与上一行第一个签发人姓名对齐。

7.2.7　版头中的分隔线

发文字号之下4mm处居中印一条与版心等宽的红色分隔线。

7.3　主体

7.3.1　标题

一般用2号小标宋体字，编排于红色分隔线下空二行位置，分一行或多行居中排布；回行时，要做到词意完整，排列对称，长短适宜，间距恰当，标题排列应当使用梯形或菱形。

7.3.2　主送机关

编排于标题下空一行位置，居左顶格，回行时仍顶格，最后一个机关名称后标全角冒号。如主送机关名称过多导致公文首页不能显示正文时，应当将主送机关名称移至版记，标注方法见7.4.2。

7.3.3　正文

公文首页必须显示正文。一般用3号仿宋体字，编排于主送机关名称下一行，每个自然段左空二字，回行顶格。文中结构层次序数依次可以用"一、""（一）""1.""（1）"标注；一般第一层用黑体字、第二层用楷体字、第三层和第四层用仿宋体字标注。

7.3.4　附件说明

如有附件，在正文下空一行左空二字编排"附件"二字，后标全角冒号和附件名称。如有多个附件，使用阿拉伯数字标注附件顺序号（如"附件：1.×××××"）；附件名称后不加标点符号。附件名称较长需回行时，应当与上一行附件名称的首字对齐。

7.3.5　发文机关署名、成文日期和印章

7.3.5.1　加盖印章的公文

成文日期一般右空四字编排，印章用红色，不得出现空白印章。

单一机关行文时，一般在成文日期之上、以成文日期为准居中编排发文机关署名，印章端正、居中下压发文机关署名和成文日期，使发文机关署名和成文日期居印章中心偏下位置，印章顶端应当上距正文（或附件说明）一行之内。

联合行文时，一般将各发文机关署名按照发文机关顺序整齐排列在相应位置，并将印章一一对应、端正、居中下压发文机关署名，最后一个印章端正、居中下压发文机关署名和成文日期，印章之间排列整齐、互不相交或相切，每排印章两端不得超出版心，首排印章顶端应当上距正文（或附件说明）一行之内。

7.3.5.2　不加盖印章的公文

单一机关行文时，在正文（或附件说明）下空一行右空二字编排发文机关署名，在发文机关署名下一行编排成文日期，首字比发文机关署名首字右移二字，如成文日期长于发文机关署名，应当使成文日期右空二字编排，并相应增加发文机关署名右空字数。

联合行文时，应当先编排主办机关署名，其余发文机关署名依次向下编排。

7.3.5.3　加盖签发人签名章的公文

单一机关制发的公文加盖签发人签名章时，在正文（或附件说明）下空二行右空四字加盖签发人签名章，签名章左空二字标注签发人职务，以签名章为准上下居中排布。在签发人签名章下空一行右空四字编排成文日期。

联合行文时，应当先编排主办机关签发人职务、签名章，其余机关签发人职务、签名章依次向下编排，与主办机关签发人职务、签名章上下对齐；每行只编排一个机关的签发人职务、签名章；签发人职务应当标注全称。

签名章一般用红色。

7.3.5.4　成文日期中的数字

用阿拉伯数字将年、月、日标全，年份应标全称，月、日不编虚位（即 1 不编为 01）。

7.3.5.5　特殊情况说明

当公文排版后所剩空白处不能容下印章或签发人签名章、成文日期时，可以采取调整行距、字距的措施解决。

7.3.6　附注

如有附注，居左空二字加圆括号编排在成文日期下一行。

7.3.7　附件

附件应当另面编排，并在版记之前，与公文正文一起装订。"附件"二字及附件顺序号用 3 号黑体字顶格编排在版心左上角第一行。附件标题居中编排在版心第三行。附件顺序号和附件标题应当与附件说明的表述一致。附件格式要求同正文。

如附件与正文不能一起装订，应当在附件左上角第一行顶格编排公文的发文字号并在其后标注"附件"二字及附件顺序号。

7.4 版记

7.4.1 版记中的分隔线

版记中的分隔线与版心等宽，首条分隔线和末条分隔线用粗线（推荐高度为0.35mm），中间的分隔线用细线（推荐高度为0.25mm）。首条分隔线位于版记中第一个要素之上，末条分隔线与公文最后一面的版心下边缘重合。

7.4.2 抄送机关

如有抄送机关，一般用4号仿宋体字，在印发机关和印发日期之上一行、左右各空一字编排。"抄送"二字后加全角冒号和抄送机关名称，回行时与冒号后的首字对齐，最后一个抄送机关名称后标句号。

如需把主送机关移至版记，除将"抄送"二字改为"主送"外，编排方法同抄送机关。既有主送机关又有抄送机关时，应当将主送机关置于抄送机关之上一行，之间不加分隔线。

7.4.3 印发机关和印发日期

印发机关和印发日期一般用4号仿宋体字，编排在末条分隔线之上，印发机关左空一字，印发日期右空一字，用阿拉伯数字将年、月、日标全，年份应标全称，月、日不编虚位（即1不编为01），后加"印发"二字。

版记中如有其他要素，应当将其与印发机关和印发日期用一条细分隔线隔开。

7.5 页码

一般用4号半角宋体阿拉伯数字，编排在公文版心下边缘之下，数字左右各放一条一字线；一字线上距版心下边缘7mm。单页码居右空一字，双页码居左空一字。公文的版记页前有空白页的，空白页和版记页均不编排页码。公文的附件与正文一起装订时，页码应当连续编排。

8. 公文中的横排表格

A4纸型的表格横排时，页码位置与公文其他页码保持一致，单页码表头在订口一边，双页码表头在切口一边。

9. 公文中计量单位、标点符号和数字的用法

公文中计量单位的用法应当符合GB 3100、GB 3101和GB 3102（所有部分），标点符号的用法应当符合GB/T 15834，数字用法应当符合GB/T 15835。

10. 公文的特定格式

10.1 信函格式

发文机关标志使用发文机关全称或者规范化简称，居中排布，上边缘至上页边为30mm，推荐使用红色小标宋体字。联合行文时，使用主办机关标志。

发文机关标志下 4mm 处印一条红色双线（上粗下细），距下页边 20mm 处印一条红色双线（上细下粗），线长均为 170mm，居中排布。

如需标注份号、密级和保密期限、紧急程度，应当顶格居版心左边缘编排在第一条红色双线下，按照份号、密级和保密期限、紧急程度的顺序自上而下分行排列，第一个要素与该线的距离为 3 号汉字高度的 7/8。

发文字号顶格居版心右边缘编排在第一条红色双线下，与该线的距离为 3 号汉字高度的 7/8。

标题居中编排，与其上最后一个要素相距二行。

第二条红色双线上一行如有文字，与该线的距离为 3 号汉字高度的 7/8。

首页不显示页码。

版记不加印发机关和印发日期、分隔线，位于公文最后一面版心内最下方。

10.2 命令（令）格式

发文机关标志由发文机关全称加"命令"或"令"字组成，居中排布，上边缘至版心上边缘为 20mm，推荐使用红色小标宋体字。

发文机关标志下空二行居中编排令号，令号下空二行编排正文。

签发人职务、签名章和成文日期的编排见 7.3.5.3。

10.3 纪要格式

纪要标志由"×××××纪要"组成，居中排布，上边缘至版心上边缘为 35mm，推荐使用红色小标宋体字。

标注出席人员名单，一般用 3 号黑体字，在正文或附件说明下空一行左空二字编排"出席"二字，后标全角冒号，冒号后用 3 号仿宋体字标注出席人单位、姓名，回行时与冒号后的首字对齐。

标注请假和列席人员名单，除依次另起一行并将"出席"二字改为"请假"或"列席"外，编排方法同出席人员名单。

纪要格式可以根据实际制定。

11. 式样

A4 型公文用纸页边及版心尺寸见图 1；公文首页版式见图 2；联合行文公文首页版式 1 见图 3；联合行文公文首页版式 2 见图 4；公文末页版式 1 见图 5；公文末页版式 2 见图 6；联合行文公文末页版式 1 见图 7；联合行文公文末页版式 2 见图 8；附件说明页版式见图 9；带附件公文末页版式见图 10；信函格式首页版式见图 11；命令（令）格式首页版式见图 12。

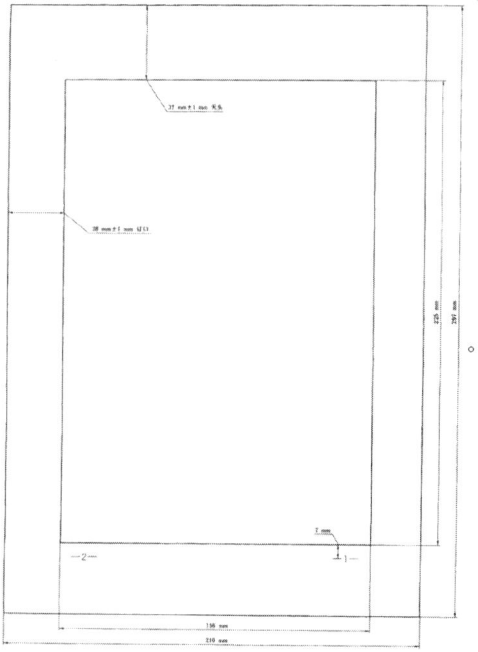

图 1　A4 型公文用纸页边及版心尺寸

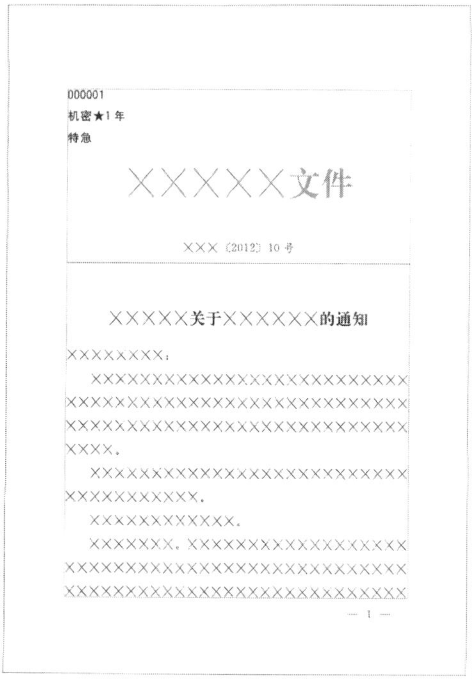

图 2　公文首页版式

注：版心界线框仅为示意，打印制公文时并不印出。

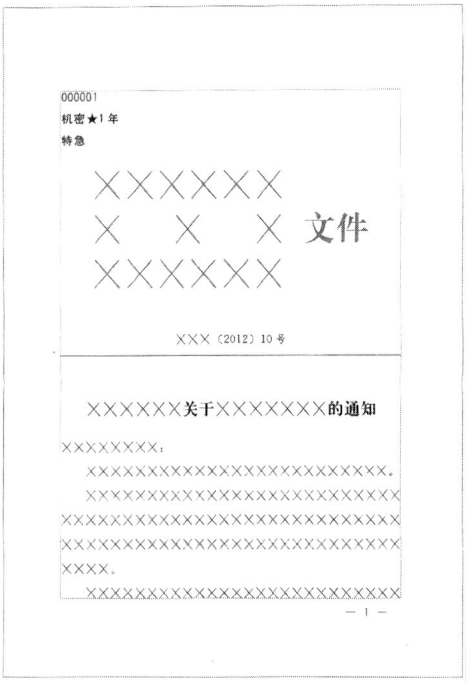

图 3　联合行文公文首页版式 1

注：版心界线框仅为示意，有印制公文时并不印出。

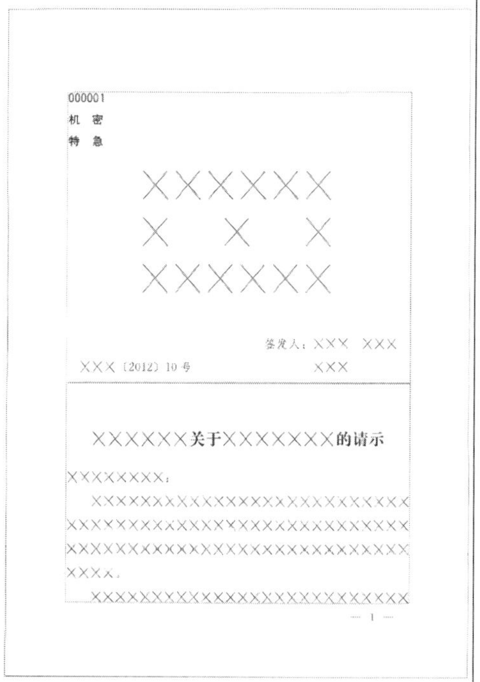

图 4　联合行文公文首页版式 2

注：版心界线框仅为示意，有印制公文时并不印出。

图 5 公文末页版式 1

注：版心实线框仅为示意，在印制公文时并非实际印出。

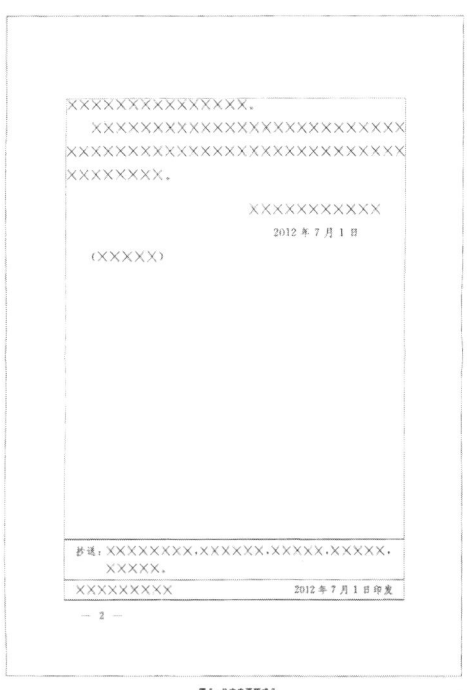

图 5 公文末页版式 2

注：版心实线框仅为示意，在印制公文时并非实际印出。

图 7 联合行文公文末页版式 1

注：版心实线框仅为示意，在印制公文时并非实际印出。

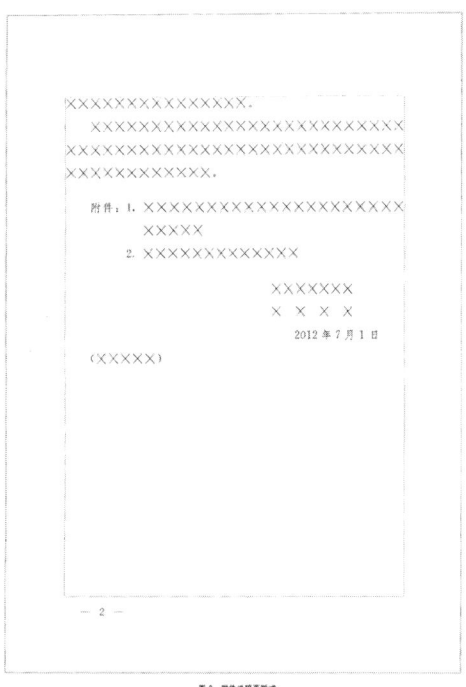

图 9 附件说明页版式

注：版心实线框仅为示意，在印制公文时并非实际印出。

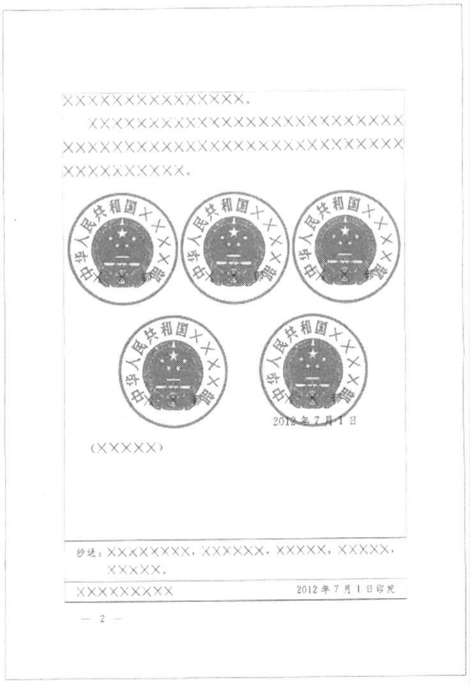
××××××××××××××。

××。

2012年7月1日

（×××××）

抄送：××××××××，××××××，×××××，×××××，×××××。

××××××××× 2012年7月1日印发

— 2 —

图8 联合行文公文末页版式2

注：版心实线框仅为示意，在印制公文时并不印出。

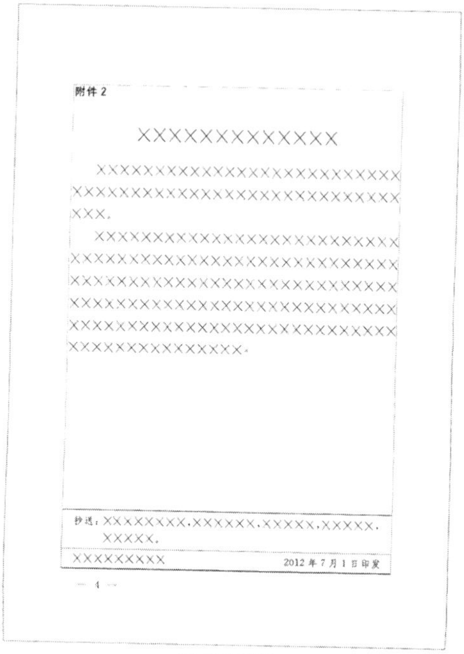
附件2

×××××××××××××

××。

××。

抄送：××××××××，××××××，×××××，×××××，×××××。

××××××××× 2012年7月1日印发

— 4 —

图10 带附件公文末页版式

注：版心实线框仅为示意，在印制公文时并不印出。

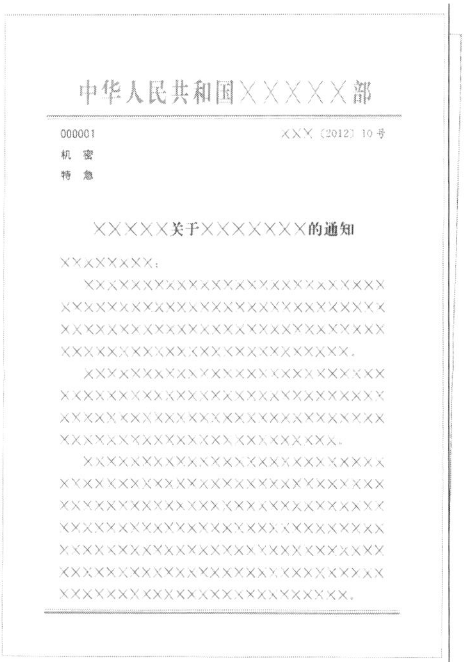
中华人民共和国×××××部

000001 ×××〔2012〕10号

机 密

特 急

×××××关于×××××××的通知

××××××××：

××。

图11 信函格式首页版式

注：版心实线框仅为示意，在印制公文时并不印出。

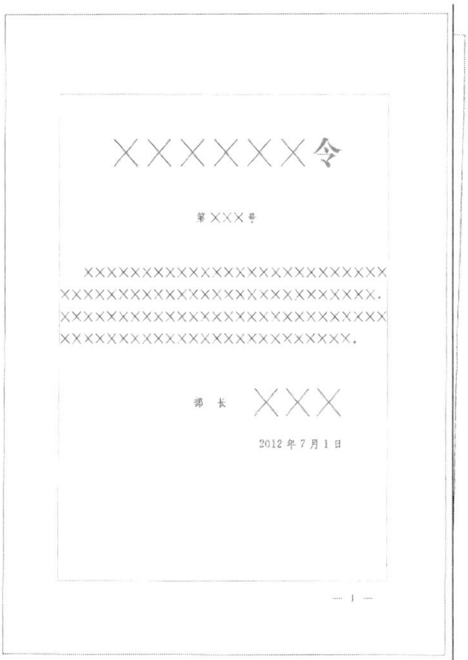
××××××令

第×××号

××。××。

部 长 ×××

2012年7月1日

— 1 —

图12 命令（令）格式首页版式

注：版心实线框仅为示意，在印制公文时并不印出。

附录四

☆ 历年考试真题
桐庐县中等职业学校首届应用文写作竞赛试题

一、改错题部分（每处 2 分，共 44 分）

1. 以下公文有多处错误，请指出并加以修改，写到横线处。（10 分）

关于＊＊市＊＊区教育局召开勤工俭学工作会议的通知

为了深入贯彻教育部教发［＊＊＊＊］＊＊号及＊＊市人民政府＊政［＊＊＊＊］＊＊号文件精神，全面推进素质教育，不断提高勤工俭学服务于教育的水平和质量，区教育局决定召开＊＊区勤工俭学工作会议。

一、会议时间

200＊年 3 月 17 日。

二、会议地点

区教育局七楼会议室。

三、参加对象

各乡镇中心学校、直属高中、民办学校有关领导，校办企业负责人。

四、会议内容

1. 总结＊＊区 200＊年勤工俭学工作，部署 200＊年工作任务。

2. 签订 200＊年校办企业安全生产综合目标管理责任书。

3. 表彰先进。

五、差旅费自备，回单位报销。

请各与会人员安排好工作，按时参加会议。

二○○＊年三月十四日

----

2. 阅读下面这份应用文，请找出存在的错误，并加以改正。(10分)

今天我们能在这里欢迎我们尊贵的客人米勒先生和夫人，感到非常高兴。我心潮起伏，热情彭湃。米勒先生和夫人是我们的老朋友，对我国人民怀有深厚的感情，对我国的建设事业做出了巨大贡献。他们的到来，意味着我们的合作事业进入了一个新的阶段。

我们过去有过良好的合作基础，我相信，我们将愉快地进行新的合作。

3. 下边是一份按书信格式写的申请书，其中行款格式有三处错误，文字表达有四处毛病，请指出或改正。(14分)

申请书

敬爱的学校团委：

我通过团章的学习，团组织和团员同学的教育和帮助，认识到作为九十年代的青年，①必须争取积极加入到青年人自己的组织——中国共产主义青年团。共青团是党领导下的先进青年的群众性组织，是党的可靠助手和后备军，②是培养青年学习共产主义理论，具有"四有"、"五爱"品质。正是如此，我应该争取加入共青团。

我向你们申请，我要用实际行动争取及早加入共青团，③请一定批准。如果我被批准了，我决心遵守团章，④执行团员义务，参加团的工作，做名副其实的共青团员，处处起模范作用，为"四化"贡献力量；如果我一时未被批准，决不灰心，要接受考验，继续创造条件努力争取。

我写了一份自传，包括我的家庭成员情况，请审查。

此致

敬礼！

育英中学初三（2）班　杨澜

（1）指出行款格式的三处错误：①＿＿＿＿；②＿＿＿＿；③＿＿＿＿。

（2）改正文字表达的四处毛病（文中已用①②③④标示）：①_____；②_____；③_____；④_____。

4. 修改下面的"寻物启事"（10分）

寻物启事

本人是供销社会计，于5月15日骑车经过农科大学教援楼附近时，不小心丢失皮包一只。有拾到者请交给本人，我愿意负出重金表示感谢。

此致

敬礼！

春风供销社全体职工
5月16日

（1）它在格式上有两个毛病：①_____　　②_____

（2）它在内容上有两个问题：①_____　　②_____

（3）文中有两个错别字，找出并改正。

二、写作题部分（62分）

1. 根据下述材料完成下列两题。（（1）问6分，（2）问16分，共22分）

2007年03月22日　05：20：26　杭州网（略有改动）

西湖边的新新饭店，坐落在安静古朴的北山路上。这幢有着近百年历史的古建筑，前身是新新旅馆，是西湖边最早的三家旅馆之一，在杭州人心目中的地位非同一般。

昨天早晨，新新饭店着火了。这事还得了，消防部门急坏了，派出了双倍警力来灭火；文保专家也急坏了，急匆匆地来到现场查找原因。

店内一幢三层楼的古建筑，因为正在装修，早上8：45左右，饭店内负责停车的保安突然听到大楼里传来呼喊声，回头一看，5号楼楼顶升起了浓烟，还蹿出了火苗。"因为正在装修，楼顶上铺了油毛毡，不知道怎么回事，油毛毡突然烧了起来。"一位知情人士说。都是年代久远的老房子，如果火势蔓延，后果不堪设想。施工人员一边报警，一边七手八脚地找来灭火器，冲到楼顶对着起火点一阵猛喷。

大家如此紧张是有原因的，新新饭店是省级文保单位，据最新史料考证，它的历史可上溯到1913年。

据杭州老房子专家仲向平考证，新新饭店前身是何家庄园，由上海最早的连锁企业——何锦丰洋广杂货号老板、宁波鄞县人何宝林所建，有中式、西式楼屋共三幢。1913年，何宝林之子何积藩继承何庄后，将该房作为股本金与朋友董锡赓开办"新新旅馆"，后何积藩退出经营，将房子租与董锡赓独自经营，1922年，董锡赓于何庄边建起五屋高楼，冠名"新新旅馆"。

中楼 403 套房曾是胡适的下榻处，光顾过这一知名饭店的远不止这一位名人，鲁迅、李叔同、徐志摩、胡适、史量才、启功等众多政要和社会名流都曾下榻于此。

早上接到新新饭店起火的报警电话，消防部门同样不敢怠慢，立即出动湖滨、西湖两个中队四辆消防车前往扑救。而平时，一般的小火警出动一个中队的力量就足够了。所幸火势不大，施工人员用了几个灭火器就控制住了现场。等消防部门赶到时，大火已经被扑灭了。"听说是工作人员没有注意施工安全，乱扔烟蒂点燃了油毛毡，才引发了火险。"现场一位不愿透露姓名的人士说。

消防部门表示，火灾原因还在调查中，但值得提醒的是，春天天气特别干燥，火险等级高，单位、住户都应提高警惕。

文保专家急坏了，得知新新饭店失火，杭州市岳庙管理处文保所的工作人员也是捏了一把汗。早上 9 点多，工作人员急匆匆往现场赶，等到了失火点，看到古建筑基本毫发无损，工作人员一颗悬着的心才落了下来。"每个月我们都会对省级文保单位进行定期检查，但最终责任还是要落实到单位自身，希望各单位引起重视，注意安全，古建筑失火，那可是大事。"工作人员说。（本文线索由黄先生提供）

（1）根据所给材料，请你拟这一消息标题。要求主题鲜明，构思新颖，语言简明。（字数：10～20 之内）

（2）请以杭州市商业局的名义，向浙江省商业厅拟写一份报告。（字数 250 左右）

（1）

（2）

----

2. 根据所提供信息写一篇祝词。（20 分）

刘先生是你的好朋友，他的母亲在 2007 年 5 月 16 日将过八十岁生日，请你以生日宴会主持人的身份写一篇寿诞祝词。（字数 450 左右）

----

3. 假如你是红叶公司的秘书，你们公司今年招聘了很多新的外地职工，公司定于 10 月 5 日晚 6 点召开一个联欢会来欢迎外来民工。请你以大会策划人的身份写一份策划书。要求：结构完整，内容新颖，有很强的操作性。（字数：1000 左右）（20 分）

三、应用文实践操作题

下列是一则经济合同，在内容和结构上有一些错误和不足之处，请予以改正和补充。

经济合同

需方：＊＊百货公司

供方：＊＊服装厂

经双方协商，遵照《合同法》的有关规定，签订本合同，共同遵守执行。货物基本情况及购销总额：

品名	牌号	规格	数量	单位	单价（元）	金额（元）
羽绒背心	梅花	90 厘米	5000	件	8.5 元	17100

交货期限和地点：2007 年度，供方仓库。

交货方式：需方自提，运费需要自理。

产品质量和验收方法：经双方共同封存样品为准，提货时抽样检查。

结算方式：付现金提货，货款当面结清。

需方：＊＊百货公司（盖章）

地址：＊＊＊＊＊＊＊＊＊＊＊＊

电话：＊＊＊＊＊＊＊＊＊＊＊＊＊

开户银行和账号：＊＊＊＊＊＊＊＊＊＊＊＊＊＊＊＊＊

供方：＊＊服装厂（盖章）

地址：＊＊＊＊＊＊＊＊＊＊＊＊＊＊＊

电话：＊＊＊＊＊＊＊＊＊＊＊＊＊＊

开户银行核账号：＊＊＊＊＊＊＊＊＊＊＊＊＊＊＊＊＊＊

2009 年度上海市"星光计划"第三届中等职业学校职业技能大赛
应用文写作项目比赛卷

（满分 100 分，考试时间 120 分钟）

阅读下面材料，根据要求撰写相应的应用文：

世界博览会是由一个国家的政府主办，有多个国家或国际组织参加，以展现人类在社会、经济、文化和科技领域取得成就的国际性大型展示会。爱迪生发明的电报机，贝尔的电话，爱迪生的留声机、冷冻船和用钨丝制作的白炽电灯等，都因具有人类文明的划时代的创造意义，曾被作为世博会的展品。世博会享有"经济、科技、文化领域内的奥林匹克盛会"的美誉。

1851 年 5 月 1 日，英国在伦敦海德公园特意设计建造的水晶宫里，举办了现代意义的第一届世博会（当时叫"伦敦万国工业大博览会"）。中国买办商人徐荣村精选"荣记湖丝"参展，最后获得金、银大奖，徐荣村成为第一个参展世博会的中国人。

能主办世博会，既是综合国力不断增强的象征，又是城市面貌日新月异的体现。自 1851 年伦敦世博会以来，世博会主办国基本由发达国家掌控着主办"专利"，直到 1999 年发展中国家的代表中国才首次举办专业性世博会（昆明世界园艺博览会）。

作为发展中国家的代表举办综合性世博会——中国 2010 年上海世界博览会将于 2010 年 5 月 1 日至 10 月 31 日在上海城区黄浦江两岸的滨水区域举行。期间包括了许多纪念日，其分别是：

5 月：国际劳动节（1 日）、中国青年节（4 日）、世界红十字日（8 日）、世界家庭日（15 日）、中国助残日（16 日）、国际电信日（17 日）、国际博物馆日（18 日）、世界无烟日（31 日）。

6 月：国际儿童节（1 日）、世界环境日（5 日）、中国人口日（11 日）、中国端午节（16 日）、中国儿童慈善活动（22 日）、国际奥林匹克日（23 日）、联合国宪章日（26 日）、国际禁毒日（26 日）。

7 月：国际合作日（3 日）、世界人口日（11 日）。

8 月：国际青年日（12 日）、中国七夕日（16 日）。

9 月：世界清洁地球日（14 日）、国际和平日（21 日）、中国中秋节（22 日）、世界旅游日（27 日）、孔子纪年诞辰日（28 日）。

10 月：中华人民共和国国庆节（1 日）、国际人居日（4 日）、国际动物园（4 日）、世界邮政日（9 日）、世界精神卫生日（10 日）、世界标准日（14 日）、联合国日（24 日）。

上海世博会的主题是：城市，让生活更美好。副主题是：城市多元文化的融合。

其意在推进城市经济的繁荣、城市科技的创新、城市社区的重塑和城市和乡村的互动。

城市是人类文明的结晶。它兼收并蓄、包罗万象、不断更新的特性，促进了人类社会秩序的完善。2005 年全世界 65 亿人口中有 32 亿居住在城市。根据联合国预测，到 2010 年，全世界城市人口将占总人口的 55%。

随着城市飞速发展，人们的城市生活也越来越面临一系列挑战：高密度的城市生活模式不免引发空间冲突、人文摩擦、资源短缺和环境污染。如果不加以控制，城市的无序扩展会加剧这些问题，最终侵蚀城市的活力、影响城市生活的活力、影响城市生活的质量。因此，联合国人居组织 1996 年发布《伊斯坦布尔宣言》强调："我们的城市必须成为人类能够过上有尊严的、健康、安全、幸福和充满希望的美满生活的地方。"毋庸置疑的是，城市面临的种种挑战的根源，都在于城市化进程中人与自然、人与人、精神与物质之间各种关系的失谐，这种失谐不加以调整，就必然导致城市生活质量的倒退乃至文明倒退。

2010 年上海世博会倡导的"和谐城市"理念主要体现为多元文化的和谐共存、经济的和谐发展、科技时代的和谐生活、社区细胞的和谐运作，以及城市和乡村的和谐互动。以"和谐城市"理念来回应对"城市，让生活更美好"的诉求，中国将体现 5000 年文明古国对人类未来发展的思考，将成为人类文明的一次精彩对话。

中国 2010 年上海世博会已经创下了世博会历史上的四个第一：第一次以城市为主题的世博会；第一次在一个常住人口超过 1700 万的城市举行世博会；展区选址面积最大（第一）；动迁 272 家企业和 1.8 万多户居民，创下世博会动迁之最（第一）。不仅如此，如果有 200 多个国家的国际组织发展，参观人数达到 7000 万目标，这些都将以最广泛的国际参展度而载入史册。

第 1 题

上海市星光职业技术学校积极响应上海市委，市府在 2008 年 9 月启动"迎世博 600 天行动"的有关指示精神，筹备开展世博指示和文明礼仪培训、志愿者队伍建设、校园环境整治、家庭所在社区文化宣传等形式丰富多样的活动，为此组建了学校"迎世博 600 天行动"领导小组，下设由学生会主席任主任的志愿者征集活动办公室。该办公室张榜"海选"分管宣传工作的办公室副主任。请代拟这份文书，撰文时间是 2008 年 10 月。（15 分）

撰文要求是：信息明确，条理清楚；文种选用准确，格式规范；语言简洁明了，书写端正。撰文必需的要求，凡所给材料未说明。请自行酌情补上。

第 2 题

上海市星光职业技术学校电子商务专业二年级皇甫琴是品学兼优的学生会宣传干

事，她很想为世博会做些力所能及的工作，所以她很想去参加学校志愿者征集活动办公室副主任应聘会。但不巧的是应聘会这天她恰好有选修课。皇甫琴进校以来从来不缺课，就是迟到也没有过。经过一番思考，她还是决定撰文给选修课教师，请老师同意她缺课参加应聘会活动。请代拟这份文书。（10 分）

撰文要求是：信息明确，言简意赅，文体选用准确，格式规范。撰文必需的要素，凡所给材料未说明的，请自行酌情补上。

第 3 题

学生会宣传干事皇甫琴能歌善舞，又擅长演讲。业余时间除了积极参加社会工作外，还主动组织班级的部分同学到学校所在的社区参加敬老和义工活动。她还在教学计划外选修了营销策划、市场调研和会展艺术设计等方向课程。为了能在学校志愿者征集活动办公室副主任应聘会上脱颖而出，她打算撰写一篇讲话稿。请代拟这份文书。（25 分）

撰文要求是：信息明确有感染力，言简意赅有针对性，文体选用准确，格式规范。撰文必需的要素，凡所给材料未说明的，请自行酌情补上。字数在 500 字以内（讲话时间约 2 分钟）。

第 4 题

上海市星光职业技术学校积极组织广大师生了解世博会基本知识，认识上海世博会的主题及其意义，积极筹备开展世博知识和文明礼仪培训、志愿者队伍建设、校园环境整洁、家庭所在社区文化宣传等形式丰富多样的活动。在校园内掀起了"迎世博"热潮。2009 年春节后，学校打算撰文回顾近半年来的有关工作，总结经验，发现问题，以便更好地实施下一阶段的迎世博行动计划。请代拟这份文书。（30 分）

撰文要求是：认真阅读所给材料，了解上海世博会基本知识，联系已有的有关赛题信息，联想所给材料和赛题所提示的信息撰文（也可选择一项活动撰文）。内容正确，分析合理；条理清楚，格式规范；文种选用准确，语言简洁明了，书写端正。撰文必需的要素，凡所给材料未说明的，请自行酌情构思补上。字数不少于 800 字。

2005 年度上海中等职业学校学生作文竞赛应用文试题

1. 在 2005 年初召开的"两会"上，上海市《政府工作报告》中提出未来上海市应该成为"资源节约型城市"。与会代表和委员集思广益，纷纷献出金点子。针对月饼用木包装盒包装，保健品内包装过多过滥的现象，一位人大代表表示，商品过度包装的问题讲了很多年不见改观，现在到了政府采取强制措施禁止浪费的时候了。他建议，市人大和政府尽早出台法规或规定，明令禁止浪费资源的过度包装行为。他提议由市质量技术监督局、物价局、工商局等执法部门联合对商品市场的过度包装行为进行查处，对屡教不改的商家要责令整改或处罚。同时，行业协会也应加强行业自查自纠，通过行业规定来制止生产和销售过度包装的商品。

市商业局认为人大代表提出月饼、保健品等外包装过多过滥的改进建议切实可行，就吸收了人大代表建议并结合自己拟定的具体整改措施，向市政府提出自己的对策意见和请求，并表示如果对策意见可行，就请批复给所有相关责任部门，切实解决实际问题。市政府同意市商业局的处理意见，并向与此项工作有关的市质量技术监督局、物价局、工商局等执法部门行文，要求按商业局的处理意见办理。

请代市商业局拟写这份《请示》和代市政府拟写这份批转性《通知》。要求：展开合理的想象，组织相关写作材料，主题明确，内容比较周全合理，格式正确。

（1）

（2）

2. 滨江市中联使用技术有限公司是一家集技、工、贸于一体，以机电产品开发和自动化工程技术为主的高新技术企业。公司设有制造厂，生产自行开发的产品。同时，作为香港全利发展有限公司华东联络处，主要经营自动化器件，进口汽车配件，提供技术服务。现因发展需要，经市人才服务中心同意，就在2005年3月1日的报纸上公开向社会招聘自动化、机械、营销、行政、财会方面的有关人才。滨江市东海工业学校的陈展同学见报后打算应聘。

请代该公司拟一则《招聘启事》并代陈展同学拟写一封求职信。要求：内容明确、条款或事项清楚（应聘专业背景请尽量结合自己所学习或熟悉的内容），语言简洁，格式正确。所给材料的未尽事项，请自行补上。

（1）

（2）

3. 鸿宇职业技术学校秦志东同学在校方的支持下筹建"朝花文学社"。他找到了校团委张祁同学共同筹建，他们分别任首届社长、副社长。他们先替文学社拟了一个活动制度，规定了入社成员应该遵循的有关纪律；然后张贴招聘启事，健全组织机构和开展活动。

请代该文学社拟一则《文学社活动须知》和一则《招聘启事》。要求：条款或事项清楚，语言简洁，格式正确。所给材料的未尽事项，请自行补上。

（1）

（2）

2003 年度上海市中等职业学校学生作文邀请赛应用文试题

1. 奚国良从上海市轻工业中专学校数控专业毕业后进了国泰机床厂工作，他励志进取，

利用业余时间修完了上海市电视大学数控专业的全部课程，获得了本科学历。又三年后，浙江省金富达有限公司通过报纸向全国诚聘数控机床高级技工，年薪 10 万。奚国良获讯后向该公司寄发了一份求职文书。一个月后，金富达公司函告国泰机床厂，有意商调奚国良，并请该厂大力支持为盼。

根据上述情景内容，请依次撰写这两则文书，并按照这些文书的撰写要领，相应补上所需内容事项。

（1）

（2）

------

2. 外滩是百年上海的象征。而今，两岸高楼林立，形态各异，有万国博物馆之称……更重要的是，由于上海"申博"的成功，到 2010 年的上海，浦江两岸将掀起史无前例的一页，其旅游资源也将为世界所瞩目。"浦江区"（假设的行政区）政府未雨绸缪，于 2003 年 10 月 18 日公示文书，将于 2004 年 1 月 1 日起迁址申博路 1 号办公，并找创意广告有限公司代为撰写文书，说明介绍上海外滩的绚丽景观和特色服务。

根据上述情景内容，请依次撰写这两则文书，并按照这些文书的撰写要领，相应补上所需内容事项，涉及外滩景观内容的部分，可以有分寸地做些虚构。

（1）

（2）

------

3. "东方绿舟青少年活动基地"是集爱国主义教育、军事训练、休闲娱乐为一体的大型活动场所。自开放以来，深受广大市民的欢迎。但是，基地管理人员也发现，部分游客和参与活动的人们，不爱护绿地、攀枝折花、随手抛弃杂物的现象时有发生。为此，基地团总支撰写文书，希望团员青年都能利用节假日积极投入义务劳动，整治环境卫生和养护绿化；同时受基地团员青年行为的感染，一位游客受广大参观游览者

的委托，执笔撰写了一份文书，希望借此规范和加强人们的自律意识，自觉维护基地环境卫生，营造文明游园搞活动的氛围。

根据上述情景内容，请依次撰写这两则文书，并按照这些文书的撰写要领，相应补上所需内容事项。

（1）

2002 年度上海市中专学生应用文写作比赛试卷

上海市中等专业学校语文学科组于 2002 年 5 月 16 日发了一份文书给本市各中等专业学校语文教研组，内容为：2002 年 5 月 23 日上午 9 时 30 分在上海市戏曲学校组织观摩课，希望各学校语文教师积极参加。当天上午 8 时 30 分由该校派车在威海路、黄陂北路交汇处北侧接。上海市红星中等专业学校于 5 月 18 日接到该文书后，特派金伟春等四位语文教师参加。金伟春老师便跟学校财务科商量，写了一份文书，预支了 120元交通费。在听好观摩课后，金伟春等四位老师便来到南京东路逛街购物，后到新城饭店吃饭。吃好晚饭将要离店时，金伟春老师发觉自己的黑色手提包不见了，内有手机一部，人民币 2358 元。金老师很着急，便向该店总经理方柏容反映。方经理一方面叫工作人员拟写了一份文书贴在店门口，另一方面安慰金老师，叫他回家等待消息。过了一天，有位顾客送来金伟春老师遗失的黑色手提包。该店工作人员叫他找方容总经理。但方经理有事外出，该顾客未找到方经理，便写了一份文书放在方经理办公桌上。下午方经理回店看到金伟春老师的黑色手提包及那位顾客写的文书后，立即写了一份文书交给金伟春老师，要他于 5 月 27 日上午 10 时前来认领。金老师接到方经理所写的文书后，准备前往领取，但有个教研组长会议不能参加，于是写了一份文书给教务科长。根据上述内容，请按次序拟写六种文书。如在拟写文书中认为缺少有关项目，可自行补上。

一、第一种文书

二、第二种文书

三、第三种文书

四、第四种文书

五、第五种文书

六、第六种文书

七、请按公文格式要求，在原文上修改下面这份请示

上海市普陀区商业委员会
关于增设长寿路商业网点的请示报告

我区长寿路拓宽后，商业网点比原来减少了三分之一，这对发展经济不利，居民也反映购物不便。现为了发展本区经济，方便居民购物，拟增设食品、餐饮行业九家，需投资 6800 万元。投资款项额由我区自筹解决。

此致

上海市商业委员会

上海市普陀区商业委员会
二○○二年三月二十七日

八、请根据上体内容，代上海市商业委员会拟写一份表示同意的文书。如认为缺少项目，可自拟。

九、请以上海市网络学校办公室名义编发一期简报。要求：①内容自拟；②符合简报要求；③简报文字不少于 200 字。

十、上海市人民政府开出了一份介绍信。请根据要求，叙述顺序注意写出个项目的名称（不要写具体内容）：

1. _____
2. _____
3. _____
4. _____
5. _____
6. _____
7. _____

其中还漏掉意向，请补上 _____

1. _____

2. _____

3. _____

4. _____

5. _____

5. _____

7. _____   6. _____

1993 年度上海中专学生应用文写作比赛试卷

上海市行政管理学校为了适应市场经济的需要，拟开设广告专业，以培养广告专业人才。为此，具体做了以下几件事：

一、1999 年 3 月 5 日拟文上报上海市教育委员会职业技术教育办公室。该室于1999 年 4 月 8 日下文表示同意。

二、于1999 年 4 月 16 日写信给上海商业学校，请求该校速寄一份《广告专业教育计划》一份。

三、于 1999 年 4 月 28 日派李牧，章顺两位老师前往复旦大学新闻学院了解有关该院开设广告专业的情况。该院李院长看了李、章两位老师带去的文书，热情接待了他们，并做了具体介绍。李、章两位老师看了该院的《广告专业课程设置》很有启发，提出想把它带回去学习，并当场写了一份文书。李院长表示同意。

四、于 1999 年 5 月 10 日，以校长室的名义在学校布告栏内贴出了一份文书，请各科室负责人和教研组长于当天下午 3 时半在办公楼会议室参加会议，研究有关广告专业的课程设置于教学计划。

五、于 1999 年 5 月 16 日以书信形式邀请本市部分从事广告业务及教学的专家，于 1999 年 5 月 20 日上午 9 时在学校第一会议室参加论证会，进一步研讨广告专业课程设置和教学计划。在会上，刘校长以学校的名义给田友萍教授一份文书，请其担任《广告学》教师，田教授愉快接受。

六、于 1999 年 5 月 28 日以学校办公室名义除了第 10 期情况简报，具体介绍了筹办广告专业的情况。

根据上述内容，请按次序拟写 10 种文书。如在拟写中认为有关项目，可自行补上。

第一种文书

第二种文书

第三种文书

第四种文书

第五种文书

第六种文书

第七种文书

第八种文书

第九种文书

第十种文书

参考文献

1. 张金英，应用文写作基础. 北京：高等教育出版社，2008

2. 陈秀艳，学写常用应用文. 上海：华东师范大学出版社，2010

3. 苏欣，商务应用文实训. 北京：对外经济贸易大学出版社，2005

4. 孙宝水，应用写作练习册. 北京：高等教育出版社，2006

5. 乔刚，商务应用文写作（教师手册）. 上海：华东师范大学出版社，2008

教学参考资料索取说明

各位教师：

  中国商务出版社为方便采用本教材教学的教师需要，免费提供此教材的教学参考资料（PPT 课件及/或参考答案等）。为确保参考资料仅为教学之用，请填写如下内容，并寄至北京东城区安外大街东后巷 28 号 1 号楼 305 室，中国商务出版社编辑一室，魏红老师收，邮编：100710，电话：010－64218072 64269744，或手机拍照后发邮件至：2996796657@ qq. com 或bjys@ cctpress. com。我们收到并核实无误后，会通过电子邮件发出教学参考资料。

证　　明

  兹证明＿＿＿＿＿＿＿＿＿＿＿大学（学院）＿＿＿＿＿＿＿＿＿院/系＿＿＿＿＿＿年级＿＿＿＿＿＿名学生使用书名是《＿＿＿＿＿＿＿＿》、作者是＿＿＿＿＿＿的教材，教授此课的教师共计＿＿＿＿＿＿位，现需电子课件＿＿＿＿＿＿＿＿套、参考答案＿＿＿＿＿＿套。

教师姓名：＿＿＿＿＿＿＿＿   联系电话：＿＿＿＿＿＿＿＿
手　　机：＿＿＿＿＿＿＿＿   E-mail：＿＿＿＿＿＿＿＿＿
通信地址：＿＿＿＿＿＿＿＿＿＿＿＿＿＿＿＿＿＿＿＿＿＿＿＿＿
邮政编码：＿＿＿＿＿＿＿＿

院/系主任＿＿＿＿＿＿（签字）

（院/系公章）

＿＿＿年＿＿月＿＿日